好看的中国历史故事

历史名人篇

主　编：刘士欣
副主编：李明臣
编　者：耿　润　于见伟
　　　　杨文贞　张梦柔

总　序

　　文化是影响一个民族最持久的力量。

　　尽管中华文明在不同时代有不同的"主流文化"，但它最核心的东西始终没有变，那就是自强不息和家国情怀——这是我们最独特的文化基因。正是凭着这种基因，在我们五千年的文明史中，每当灾难来临、存亡绝续之际，总会有一群"埋头苦干的人，拼命硬干的人，为民请命的人，舍身求法的人"，引领全民族奋力抗争，一次次走向复兴。

　　历史长河中，中华文明每一次走向强盛，都伴随着文化的极大繁荣。进入21世纪，中国再次兴起了文化热。不像此前数十年间出现的或多或少带着"全球化"印记的历次"新文化"潮，这波以中国历史和优秀传统文化为主流的文化热，完全是"中国的"。我将其视为中华传统文化在当代的复兴。

　　我们很荣幸身处这样一个伟大复兴的时代。站在历史的拐点，亲眼见证国家的富强，亲手传递文化的薪火，人生之大幸事，莫过于此。

　　2012年底，我赴欧洲三国为当地华人华侨宣讲中华文化，反响之热烈出乎意料。文明影响力的辐射，首先体现在文化的传播上。在百年未有之大变局来临之际，世界需要了解中国，中国更应该讲好自己的故事。

　　一个民族的历史是这个民族安身立命的基础。讲好中国故事，要先讲好中国历史。中国拥有世界上蕴藏最丰、品质最好、取之无尽的历史资源，这是一座巨大的宝藏，是祖先留给我们无比宝贵的财富。

　　作为一名历史文化传承者无疑是幸福的，但同时也是辛苦的。面对浩如烟海的历史典藏,一个人哪怕穷其一生,也只能窥见一鳞半爪;皓首穷经,所得不过一珠一贝。史道深矣!越是浸淫其中,越是战战兢兢,唯恐所引不真、所究不深、所识不远,轻言漫语而辜负了时代的期许。

讲好中国历史,需要千千万万孜孜不倦的"历史矿工",不厌艰深,把历史宝藏中最精华、最有价值的部分挖掘出来,呈现给大众;也需要千千万万的文化工匠,苦心孤诣,用炽热的情感为这些黄页注入时代的灵魂。在士欣教授的这部书里,我感受到了这种深度和温度。

精彩的文字,源于丰富的阅历和深厚的积累。士欣教授曾在基层埋首三十余年,其中绝大部分时间是和普通群众打交道。他自谦"业余",其实这正好使他跳脱了专业的局限,对历史的理解多了一分现实的厚度,思想也多了一份翱翔的自由。

这套书从读者耳熟能详的历史人物和事件中挖掘出鲜为人知的"背后故事",尊重史料而不盲信,尊重权威而不盲从,难能可贵。所引材料,多为正史信史;所述人事,读者喜闻乐见。"历史名人篇"不怕触及敏感话题,勇气可嘉;"历史真相篇"敢于挑战争议热点,不拘定见;"历史谜案篇"大胆提出新颖观点,自成一说。信手翻来,精彩不断;字里行间,诚意满满;既有知识性,也有趣味性;选题趣旨新奇,着笔视角独特,编排颇具匠心,探究蕴含深意。读来引人入胜,不时发人深思。让人对熟悉的历史,品出了新的味道。

一部好书,最重要的是读者认可。士欣教授的几本书反响都不错,充分说明其思想接通地气、内容贴近读者。他以读者为本的述史态度,令人欣赏。相信这套书也一定能得到读者的喜爱。

愿与士欣教授在传播中国文化的这条长路上,同行共勉!

读史心语

（自序）

说来汗颜，作为一名历史爱好者，我在学生时代几乎没有受过像样的历史教育。生于鸡鸣三县的偏乡僻壤，小学、初中没出村，也没上过一堂历史课。高中在邻村就读，学了几节中国近代史，还是借调的初中物理老师所教。

参加工作后，在偏远乡镇一干就是十年。一年回不了几趟家，又无电视、电脑之类，工作之暇，长夜漫漫，便以读书打发时间。彼时深感学习培训、书写文稿、参加公选、做群众工作，历史知识不可或缺，便恶补这块"木桶短板"，不想竟成其好，至今已有三十余载。

长年读史，如痴如醉，疑问亦油然丛生：提倡"学而优则仕"的"万世师表"孔子为何仕途不畅？伟大的革命先行者孙中山何以有美国国籍？民族英雄郑成功缘何被日本人推崇备至？匈牙利人是中国古代匈奴的后裔吗？蒙古铁骑两度铩羽日本真是因为"神风"？万里长城背后有哪些神奇的故事？……

2006年，在基层摸爬滚打二十年后，我这个出于畎亩的"泥腿子"，被选派到省辖市委党校主持工作十年。这期间，受省委主要领导钦点，借调到省委党校三年多。在"谈笑皆鸿儒，往来有大神"的新环境，诸多疑问也逐渐有了答案，于是在众多师友的殷殷鼓励和帮助下，终于下决心把所读、所思、所悟付诸文字，先后出版了《知行八谈》《辉煌历程》《读史漫记》《读史漫记Ⅱ》等浅陋之作，承蒙读者错爱，反响意外热烈，不禁受宠若惊。

《读史漫记Ⅱ》成稿时，曾忍痛割爱，删掉大量精彩内容，对此，觉得敷衍了抬爱自己的读者朋友，一直耿耿于怀，深以为憾。

史道艰深，常读常新。譬如观山，横看成岭侧成峰；读史亦然，常觉今是而昨非。一个王朝，父死子继、兄终弟及，后继写前任，往往彰功遮过；而王朝更替，后朝写前朝，则大都彰过遮功。所以即便正史也难免失真，何况稗官野史的演绎，每每使读者真假莫辨、良莠难分。而写史者身在局中，亦往往为局所限。世殊时异，俯仰之间，方知纸上得来终觉浅，每瞻顾旧作，常感惭愧；读者谬赞，心尤不安。

终究是读书、写书人的初心使然，又值出版社一再约稿，便借助高校工作的便利，携十几名骨干教师，组成创作团队，在原书基础上，深挖素材，精研史料，详加辨析，适当扩展，戮力打造出了这部新作，既报读者，亦了旧憾。

在工作步伐加快、生活节奏提速的当下，快餐式文化大行其道，碎片化阅读成为主流。抱着鸿篇巨著深读细研的，大抵只能是专业人士，而充斥网络的"历史快餐文"，多失于肤浅、偏狭，谬误甚多，为害不浅。编写这本书，既尊重历史的真实，又力求应和读者的喜好，用通俗轻松的语言，讲好中国故事，旨在使广大普通读者在"悦读"中汲取历史知识，提高史学素养。

中华文明传承数千载，既有鲜为人知的秘史，亦有妙趣横生的趣史；既有汗牛充栋的官史巨著，也有浩如烟海的野史演义，可谓前人之述备矣。然则读史有好恶，辨史有视角，读史之获，窥史之见，品史之乐，得无异乎？本人不愿人云亦云，所写或与正统教科书有些许出入，或与人们印象中的"脸谱"大相径庭，但有乐吾乐者，则快然自足矣！

我本业余，史学肤浅，谬误自然难免。诚请行家指教，不胜感激！

目　录

一、从奴隶到贤相——伊尹 1
　　中华厨艺立本源 1
　　欲图大为无功返 3
　　助商灭夏功勋建 4
　　谋略军事开了篇 5
　　帝师贤相千古传 6
　　【延伸阅读】伊尹故里 8

二、学而优难仕——孔子 9
　　历经磨难受君鲤 9
　　怀才不遇办教育 11
　　四问老子皆为礼 12
　　夹谷会盟大胜利 13
　　遇主昏庸长流离 15
　　失之东隅收之桑榆 16
　　【延伸阅读】搅动天下的纵横家 18

三、大智若愚的商圣——范蠡 20
　　助越称雄不世功 20
　　功成身退隐姓名 21
　　人我共兴成商圣 23

为富施仁传美名 ……………………………………………… 24
　　千金教子大义中 ……………………………………………… 25
　　【延伸阅读】范蠡狗洞遇文种 ……………………………… 27

四、饿死沙丘的雄主——赵武灵王 …………………………… 28
　　少年君主豪气现 ……………………………………………… 28
　　胡服骑射强军建 ……………………………………………… 29
　　一场春梦埋隐患 ……………………………………………… 30
　　英年退位灭中山 ……………………………………………… 31
　　饿死沙丘实为憾 ……………………………………………… 33
　　【延伸阅读】窃符救赵 ……………………………………… 35

五、无冕女皇——芈月 ………………………………………… 36
　　乱中取胜掌大权 ……………………………………………… 36
　　垂帘听政开了先 ……………………………………………… 38
　　真情伪爱巧周旋 ……………………………………………… 39
　　范雎出场势逆转 ……………………………………………… 40
　　【延伸阅读】可悲的楚怀王 ………………………………… 42

六、成败一萧何 生死两妇人——韩信 ……………………… 43
　　寒士落魄历坎坷 ……………………………………………… 43
　　兵仙有幸遇萧何 ……………………………………………… 44
　　楚汉相争功勋特 ……………………………………………… 46
　　鸟尽弓藏王爵革 ……………………………………………… 48
　　失意谋反性命折 ……………………………………………… 50
　　【延伸阅读】象棋的发明人 ………………………………… 51

七、丝路巨擘——张骞 ... 53
孤独海选敢为先 ... 53
劫波渡尽回长安 ... 55
助战有功获封迁 ... 56
再出西域丝路现 ... 58
流风余韵两千年 ... 60
【延伸阅读】苏武牧羊 ... 62

八、凤凰涅槃的史圣——司马迁 ... 63
书香门第育郎官 ... 63
子承父志家学延 ... 64
无妄牵连遭祸端 ... 65
血泪著史终涅槃 ... 67
史家绝唱千古传 ... 68
【延伸阅读】"冯""同"姓氏起源传说 ... 70

九、宦官大发明家——蔡伦 ... 71
悲喜荣辱紧相连 ... 71
精心打造尚方剑 ... 74
跨界发明功盖天 ... 75
一生冰火两极端 ... 77
【延伸阅读】活字印刷术 ... 78

十、中华医圣——华佗 ... 80
不恋仕途转学医 ... 80
投拜名师成大器 ... 81
锲而不舍创麻剂 ... 83
外科手术显奇迹 ... 84

风靡乡邻五禽戏 ………………………………… 86

书焚身死巨憾遗 ………………………………… 87

【延伸阅读】刮骨疗毒现妙艺 ………………… 87

十一、江左风流宰相——谢安 ……………………… 89

风神秀彻名少年 ………………………………… 89

谈玄论道隐东山 ………………………………… 90

化险为夷鸿门宴 ………………………………… 92

淝水之战成经典 ………………………………… 94

芝兰玉树香满园 ………………………………… 95

【延伸阅读】桀骜的谢灵运 …………………… 97

十二、须发白于千字文——周兴嗣 ………………… 99

出类拔萃武帝赏 ………………………………… 99

天地玄黄出华章 ………………………………… 100

书法助其美名扬 ………………………………… 102

经典流传成咏唱 ………………………………… 103

【延伸阅读】最"抠门"的皇帝 ……………… 104

十三、科举制的开创者——隋文帝 ………………… 106

相有奇表终称帝 ………………………………… 106

间北征南谋统一 ………………………………… 108

三省六部官制启 ………………………………… 110

废除九品创科举 ………………………………… 111

刑制改革开皇律 ………………………………… 112

发展漕运促经济 ………………………………… 113

【延伸阅读】隋文帝死亡之谜 ………………… 114

十四、英年溺亡的奇才——王勃 ················ 116
　　满窗日色盈书香 ································· 116
　　少年开挂势难挡 ································· 117
　　斗鸡檄文前程葬 ································· 119
　　游山玩水诗作狂 ································· 120
　　滕王阁序美名彰 ································· 122
　　有缘无分惊悸亡 ································· 124
　　【延伸阅读】一字千金 ·························· 125

十五、江山美人两相失——唐玄宗 ············ 127
　　命运多舛欲图治 ································· 127
　　雄才大略开盛世 ································· 129
　　夺媳为妻不知耻 ································· 130
　　政荒于嬉为情痴 ································· 131
　　江山美人两相失 ································· 132
　　篱下痛楚谁人知 ································· 134
　　【延伸阅读】上官婉儿 ·························· 135

十六、大雅大俗的"诗仙"——李白 ············ 137
　　诗坛巨擘本超俗 ································· 137
　　身世包装显诡俗 ································· 138
　　婚姻选择现世俗 ································· 140
　　干谒拜官彰媚俗 ································· 142
　　以道取仕终流俗 ································· 143
　　【延伸阅读】"酒仙"李白 ······················ 145

十七、文艺皇帝——李煜 ·························· 146
　　无意为帝被加冕 ································· 146

降制示尊求偏安 … 147
　　词学造诣实空前 … 149
　　残害女人上千年 … 151
　　大小周后挚爱传 … 152
　　【延伸阅读】李后主转世 … 154

十八、官场奇人——苏东坡 … 156
　　春风得意马蹄疾 … 156
　　三起三落逆时宜 … 158
　　政争淡去惺相惜 … 160
　　难兄难弟淮阳聚 … 162
　　真情诗文祭三妻 … 163
　　对联逸事雅俗趣 … 164
　　【延伸阅读】洞房花烛考新郎 … 165

十九、旷世才女的乱世情愁——李清照 … 167
　　千古才女词为显 … 167
　　元宵佳节结佳缘 … 169
　　志同道合琴瑟传 … 170
　　酒鬼赌技不一般 … 172
　　二婚不幸遇渣男 … 173
　　家国豪情气冲天 … 175
　　【延伸阅读】最好的爱情 … 176

二十、巾帼英雄——梁红玉 … 177
　　惺惺相惜诉衷肠 … 177
　　飞马传召假劝降 … 179
　　桴鼓相应战镇江 … 180

功亏一篑黄天荡 181
以身殉国忠勇彰 182
【延伸阅读】将门虎子 184

二十一、海上丝路先驱——郑和 186
首下东洋开先锋 186
万事俱备候东风 188
二十余年泛海行 189
兄弟之争家国情 191
魂归大海铸永恒 193
【延伸阅读】兰芳共和国 195

二十二、风流才子——唐伯虎 196
仕途初现家多舛 196
舞弊疑案亲离叛 197
桃花庵里桃花仙 199
宁王府里佯狂癫 201
九个妻妾属谬传 202
【延伸阅读】唐伯虎点秋香 203

二十三、知行合一——王阳明 204
少年立志做圣贤 204
格竹始疑圣人言 205
龙场悟道破玄关 207
建功立业若等闲 209
此生光明圣梦圆 210
【延伸阅读】盗亦有道 212

二十四、不惧倭寇怕老婆——戚继光 ········· 213
英雄出世志不俗 ········· 213
飙发电举倭寇怵 ········· 215
军中戚虎惧内族 ········· 217
成败居正将星枯 ········· 219
【延伸阅读】河东狮吼 ········· 222

二十五、木匠皇帝——朱由校 ········· 224
东林渐彰士风转 ········· 224
继位入主金銮殿 ········· 225
醉心木工学鲁班 ········· 227
乳母僭越规制乱 ········· 228
阉党崛起朝堂变 ········· 230
【延伸阅读】魏忠贤与客氏的下场 ········· 232

二十六、成败皆诚信——胡雪岩 ········· 234
三迁三成缘于诚 ········· 234
仗义疏财财运通 ········· 236
急公募义首富亨 ········· 237
戒欺治业信义盟 ········· 238
佐收新疆建伟功 ········· 240
谎报利息毁英名 ········· 241
【延伸阅读】杨乃武与小白菜 ········· 243

一、从奴隶到贤相——伊尹

【题记】 伊尹是一个弃婴,被人收养长大,后来从奴隶华丽转身,佐汤灭夏开辟商朝。他用独创的烹饪理论治理天下,辅弼五代君王,为相五十余载,被后人冠以中国"第一位贤相""第一位帝师""第一位军事谋略家""中华厨祖"等称号。1913 年,毛泽东在读书笔记《讲堂录》中就三次提到伊尹。毛泽东写道:"伊尹道德、学问、经济、事功俱全,可法。伊尹生专制之代,其心实大公也。尹识力大,气势雄,故能抉破五六百年君臣之义,首倡革命。"那么,伊尹的识力与气势究竟如何?他的传奇故事有哪些呢?

中华厨艺立本源

伊尹,名挚,夏朝末年人,出生后被遗弃在伊水河边的桑林中,幸好一位采桑女奴发现了嗷嗷啼哭的他,便抱了回去并报告给有莘国国君。国君遂命厨师收养了这个弃儿,因为弃儿是从伊水边捡来的,故称之为伊。后来,伊做了"尹"(右相)这一官职,人们便称他为"伊尹"。

在养父的养育下,聪颖的伊尹勤学上进,学会了一手精湛的烹饪技艺,青出于蓝而胜于蓝。由此,他成为有莘国国君的厨师,并被提拔为官,管理膳食。

经过长期实践，伊尹总结出一套烹饪方法，《吕氏春秋·本味篇》做了详细的记载，概括起来主要有五点：

第一，欲烹调美味先了解食材。水生动物、食肉动物、食草动物分别有腥、臊、膻味，只有采用不同的烹饪方法才可做出美味佳肴。

第二，需要好的水质和恰当的火候。凡味之本，水最为始。甘、酸、苦、辛、咸五味的烹调，火是关键，有时需大火，有时需小火。

第三，调味过程十分微妙。调和五味时，有先有后，有多有少，有急有缓，稍有差错，结果大相径庭。

第四，鼎中变化在于心领神会。烹饪的全过程都集中在鼎中，而鼎中的变化精妙、细微，就像阴阳变化、四时更替，只可意会不可言传。

第五，调味适中是最佳境界。精心烹饪成的美味，久而不弊，熟而不烂，甘而不哝，酸而不酷，咸而不减，辛而不烈，淡而不薄，肥而不腻。

伊尹"教民五味调和，创中华割烹之术，开后世饮食之河"，被中国烹饪界尊为"中华厨祖""烹饪始祖""厨圣"等。"五味调和说"与"火候论"，成为中华烹饪与饮食调味理论的源头，对后世影响深远，时至今日仍是中国烹饪的不变之规。

中华文化素有"食药同源""医厨同道"的理念。看到人们治病时，生吃中草药的叶、茎、根等，很难下咽，伊尹就用陶器将药材混合浸泡、煎煮、去渣、取汁，制成汤剂，帮人治病。于是，生药转为了熟药，既增强了疗效，又减弱了毒性，还改善了口感，"汤液疗法"成为几千年来中药疗法的主要剂型。典籍《甲乙经·序》记载："伊尹以亚圣之才，撰用神农本草，以为汤液。"伊尹因发明中药汤剂疗法而被称为"汤剂之父"。

烹食上，"汤"是五味调和之体，合理配伍调料的种类、数量于水中，才能做出集众多营养、美味于一体的汤来。而中药"汤剂"也讲究"和"，追求不同药材互相发生作用，以其整体功能达到治病的目的。伊尹把烹调理论用于制作中药汤剂，既是触类旁通，更是改革创新。

欲图大为无功返

伊尹胸怀大志，既掌握了精湛的烹调技艺，又博学三皇五帝治国方略，因深谙英明君王的施政之道而远近闻名，成了有莘国贵族子弟的师仆。求贤若渴的商国国君成汤多次以玉、帛、马、皮为礼前往有莘国聘请，均遭有莘国国君拒绝。成汤只好另辟蹊径，娶其女儿为妃，密切两国关系。伊尹听说成汤是个做大事的人，便自愿作为陪嫁奴隶来到他的身边。

伊尹做出的饭菜味道极好，成汤吃后赞不绝口，但刚开始并没有重用伊尹，还是让他继续当师仆和厨师。壮志难酬的伊尹为了引起成汤的注意，就故意将饭菜做得咸淡不匀、好坏不一。几次下来，成汤感到不解，便召伊尹询问。伊尹说："做菜既不能太咸，也不能太淡，要调好作料才行；治国如同做菜，既不能操之过急，也不能松弛懈怠，只有恰到好处，才能把事情办好。"成汤十分佩服，认定伊尹是个治国安邦之才，便授以国政。

过了一段时间，伊尹觉得，汤虽仁慈，但国小民寡，即使采纳自己的政见，功效也小而慢；夏桀虽不仁，但为天下之共主，若察纳雅言改进政治，很快可以取得大的成效。于是伊尹到夏劝说夏桀布施德政，行尧舜之道，为万世立法。夏桀却说："吾先祖禹以功得天下，今天下一统，万民各安其业，为君理当享乐，声色犬马，珠宝玉器，应有尽有之；为民理当效力君主，出力吃苦，产物先供君，有宝必献主。君民身份不同，何得同甘共苦？哪个诸侯不纳贡，我必征伐；哪个庶民不服从，我就派官吏斩杀。只有天下人畏惧君主，哪有君主心忧天下人的？"

后来，伊尹进言多了，夏桀不耐烦，群臣生疑忌。有人劝说夏桀杀掉伊尹，夏桀叹道："这个人说得也不错，但我就是不想实行他那一套。我杀个人像踩死个蝼蚁一样，可是我不能乱杀人，现在杀了他，不是让天下人耻笑我吗？你们不要给我出馊点子了！说不定有一天，我会改变主意，采纳他的意见哩。"从此伊尹既不被用，也未受贬，生活待遇还更好了，群臣越发妒忌。

一天，伊尹在野外听见夏人唱道："桀王无道啊！我们累死也吃不饱。成汤仁慈啊！亳人福分好。我们逃到亳地去吧，何必受这穷苦的煎熬！"伊尹听了，不觉泪流满面。第二天，他又向夏桀进言："禹王创建夏朝，至今四百余年，大王若恪守祖训，使民以时，用物俭约，夏将福祚万年，若……"夏桀没听完就打断了他的话，挥手说："先生另寻高明吧！我想清静清静，快快乐乐地过下去。"群臣哈哈大笑，伊尹尴尬地走下殿去。夏桀不但拒绝了伊尹的劝告，不久竟然还杀了进谏的大臣关龙逄。

伊尹看到夏桀毫无悔改之意，立即束装东归。

助商灭夏功勋建

伊尹回到商亳，将夏国的情形告以成汤，并给他讲述远古帝王的业绩和九类君主的作为及结局，劝汤替天行道，伐夏桀而得天下。成汤拔簪一折为二，盟誓说："愿戮力伐夏，同奋斗，共安乐。"又说："人照一照水就能看出自己的容貌，看一看民众就知道国家治理得好不好。"伊尹赞扬道："英明啊！听得进善言，德行才会进步。要治理国家，抚育万民，就得任用有德行做好事的人为官。"在伊尹的辅佐下，成汤行德政，宽民力，发展农耕，铸造兵器，训练军队，国力迅速强大起来。

成汤的强大使桀感受到了威胁。公元前1609年，有人趁成汤觐见夏桀之机告发他有反叛之意，夏桀把成汤囚禁于夏都钧台。伊尹献上许多美女和珍宝给夏桀，请求赦免成汤，并说商征伐那几个诸侯是为夏朝立威，并非反叛。夏桀说："看在你们献来美女、珠宝的份上，就饶成汤一命，料他也翻不了天。"伊尹进而暗中贿赂夏桀的宠臣赵梁。翌年春，夏桀释放了成汤。

成汤回到亳地，更坚定了灭夏的决心。伊尹考虑到夏桀家族为中原之主已历四百余年，声威余绪不可忽视；再者，商为夏之方国，商伐夏有以下犯上之嫌，没有十分的把握不可轻动，因此一定要等大多数方国都不支持夏桀时方可进攻。为了测试"九夷之师"（诸侯军队）对夏桀的忠诚度，伊尹劝说成汤暂时停止对夏献贡。夏桀果然大怒,"起九夷之师"攻汤。伊尹看到九夷之师还听夏桀的号令,就劝成汤恢复了朝贡,同时抓紧做攻夏准备。公元前1601年,成汤再次停止对夏王献贡,夏桀再次起兵,但"九夷之师不起"。伊尹看到灭夏的时机已经成熟,便协助商汤率兵北伐韦、顾、昆吾,剪除了桀的羽翼。

在准备伐夏期间,伊尹多次到夏探查情报,得到许多重要信息。伊尹了解到,夏桀做过一梦:西方有日,东方有日,两日相斗,西方日胜,由此便以为自己居于西方,上天预示他将胜利,于是只在东方设防,放松了西部防卫。伊尹就建议成汤绕道夏国以西,奇袭夏都。

公元前1600年,成汤采纳伊尹建议,亲率死士六千,绕道夏都以西,出其不意地攻入夏都。夏桀仓皇东逃,战于有娀、鸣条,皆败,退守三㚇(今山东定陶西南),又被汤击败。最后,夏桀被擒于焦门,放于南巢,夏朝灭亡。

成汤建立了商朝,登上天子大位,后世称"商汤"。伊尹作《咸有一德》歌颂商汤品德纯正,宜为天下之主。灭夏建商,伊尹立下了首功,汤训示商族对其世代尊崇,一如商王。后世称伊尹为"商元圣"。

谋略军事开了篇

伊尹全程参与了灭夏战略的谋划与实施,其军事思想在灭夏过程中起到了重要作用,一些做法成为千古创举,至今仍在沿用。

舆论战。在准备灭夏期间,伊尹一方面极力宣扬夏桀之暴政,加深人们对他的厌恨,另一方面针对"桀不务德而武伤百姓"的事实,劝汤广布仁德,宽以治民,对内争取民众拥护,对外争取其他方国支持,从而收到了抑彼扬己之效。成汤一时颂声四起,众多方国纷纷归附,"九夷"背夏而向商。

情报战。伊尹堪称中国第一位情报战高手。为了弄清民众对夏桀的态度,以及夏桀军队的部署情况和战斗力,他多次赴夏侦察。在这之前的战争,虽然注意到了侦察敌情的重要,但那种侦察只是纯军事的战场侦察,并未深入敌人内部开展情报搜集。

信息战。为了去夏朝做卧底，伊尹对外不断散播成汤与他不和的消息，甚至让成汤拿箭射伤自己，并派兵到处通缉。伊尹"逃亡"到夏朝都城，当了一个小官，其间为成汤获取了不少有价值的信息。

间谍战。伊尹是中国军事史上"用间"第一人。他利用一切机会收买被夏桀迫害的大臣，离间夏桀和大臣们的关系，激化他们的矛盾，削弱其凝聚力；还成功策反了夏桀的宠妃妹喜。据《竹书纪年》载：桀"命扁伐山民，山民送女于桀，二人，曰琬、曰琰。后爱二人……而弃其元妃于洛，曰妹喜氏，以与伊尹交……"经过伊尹的悉心调教和培养，妹喜成了中国古代头号女间谍，夏朝的情况被源源不断地传到成汤那里，为灭夏战争提供了巨大帮助。后来孙武总结说："能以上智为间者，必成大功，此兵之要，三军之所恃而动也。"

冲破天命禁锢，重视人心向背。伊尹通过对战争进行总结，初步形成了"视民知治不"的思想，即把民众是否拥护最高统治者作为衡量国家兴亡的重要尺度，进而第一次将这一思想用于指导战争。当看到桀"不恤其众，众志不堪，上下相疾，民心积怨"的情况后，伊尹即大胆判断夏已出现了灭亡的征兆，因而与汤共同下定灭夏的决心。人心向背是最大的政治，这在今天看来众所周知，但在三千多年前天命思想占支配地位的奴隶社会，却是创造性的。伊尹不愧为中国军事史上第一位谋略家。

帝师贤相千古传

《孟子》说："汤之于伊尹，学焉而后臣之，故不劳而王。"可见伊尹是商汤的老师，是中国第一位"帝师"，他"以尧舜之道要汤"，"而说之以伐夏救民"。作为中国第一个见之于文字记载的教师，伊尹比"万世师表"的孔子早一千多年。

商朝建立后，商汤封伊为"尹"。《史记·殷本纪》皇甫谧注云："尹，正也，谓汤使之正天下。""正天下"就是要以身作则，做天下楷模。《尚书·周书·君奭》引周公语说:"伊尹格于皇天",即伊尹是代天言事的,他的话就等于天意。伊尹曾说:"天之生此民也,使先知觉后知,使先觉觉后觉也。"

伊尹辅佐商汤健全国家制度,督促官吏尽心尽力报效国家,否则就要受到责罚,甚至废为奴隶。伊尹体察民情,爱护民众,注重农业生产,改善民生。史载,汤时大旱,"伊尹教民田头凿井,用以灌田,今之桔槔是也",还教民做区田法,提高作物产量。商朝初期,政治安定,经济繁荣,国家大治。

商汤死后,因太子太丁已先亡,伊尹便立太丁弟外丙为王,外丙在位三年,崩。伊尹立外丙弟仲壬为王,仲壬在位四年,崩。伊尹又立太丁之子太甲为王。从小娇生惯养的太甲即位后,无视汤法,暴虐乱德,一意孤行,国家一度出现了混乱。

为教育太甲,伊尹毅然将他放逐至商汤陵旁的桐宫中,鞭策他学习和改造,伊尹与诸大臣代摄国政,史称"共和执政",也就是史载的"伊尹放太甲"。伊尹理政之余,著《伊训》《肆命》《徂后》等训词,常去桐宫训教太甲,讲述如何为政、如何继承商汤法度等。太甲在桐宫追思商汤的功业,学习伊尹的训词,深刻反省,自怨自艾:"我小子不明于德,根底不像爷爷成汤,结果是欲败度,纵败礼,败坏了爷爷的法典,灾难降于我身。老天爷作孽还可以补救,自己作孽可就没有了逃路……有了你的教育、挽救,我才知道做人、称王要善始善终。"

三年后,看到太甲确已悔过,改恶向善,伊尹就亲自迎他回朝,还政于他。太甲复位后继承商汤之法,"勤政修德",商朝又出现了清明的局面,"诸侯咸归殷,百姓以宁"。于是,伊尹又作《太甲》三篇褒扬太甲。太甲终成有为之君,被其后代尊称为"大宗"。

太甲崩,已然垂老的伊尹又立太甲之子沃丁为王,自己不再过问朝政,后享年百岁。沃丁以天子之礼葬伊尹于亳城东北(今山东曹县东南殷庙村)。后世商王将伊尹与商汤同等祭祀。

班固《汉书·古今人物表》列伊尹于"仁人"。杜甫有诗曰:"伯仲之间见伊吕,指挥若定失萧曹。"苏东坡著《伊尹论》,称他是"辨天下之事者,有天下之节者","故其才全,以其全才而制天下,是故临大事而不乱"。后人赞伊尹为"千古贤相第一人"。

【延伸阅读】

伊尹故里

关于伊尹的故里,现在一般认为在河南。不过,河南省有三个地方自称"伊尹故里"。

洛阳嵩县的依据是当地的伊尹祠有个尹姑冢,此外,明清时期一些文献也提到嵩县与伊尹有关系。在今嵩县空桑洞西南,有个兀然而立的小山,就有世传成汤聘请伊尹的三聘台,而在城南沙沟龙头村的"元圣祠"右厢房,则专修有三聘台供后人凭吊。

洛阳伊川县则以伊尹母亲生活在伊水的故事为依据,认为伊川为伊尹故里。

追源多数史料以及遗迹遗址,今开封杞县葛岗镇空桑村属伊尹故里的理由比较充分。《杞县志·重修伊尹庙碑》记载:"开封属邑曰杞,去邑二十五里有空桑城。《帝王记》曰:'伊尹生于空桑,即其地也……旧尝有伊尹庙,考之建于商周时……迨宋大中祥符七年,宋真宗车驾幸其庙,亲洒寰轮,刻序铭于石。'"南宋范成大、周辉也曾有过"伊尹生于此"的记录。今天,宋真宗亲立的原碑虽已不存,但碑额尚在伊尹庙遗址处,碑文也保存在《杞县志》及《河南杞县伊氏家谱》中。另外,当地有一条河,据传古时候就叫伊水。

伊尹尚有后裔,大部分居住在开封八里湾镇伊砦村,保存有《河南杞县伊氏家谱》。据载,伊氏已在这一带生活了数千年,传了一百四十多代。

二、学而优难仕——孔子

【题记】 孔子，名丘，字仲尼，鲁国陬邑（今山东曲阜）人，中国古代伟大的思想家、教育家，儒家学派创始人，被后世尊为"圣人""至圣先师""万世师表"。其思想不仅占据中国传统文化主导地位，而且在世界上影响甚巨，联合国教科文组织曾将他评为"世界十大文化名人"之首。

孔子主张"学而优则仕"。《孟子·滕文公》亦记述孔子："三月无君，则惶惶如也，出疆必载质。"说孔子倘若三个月没有做官，便惶惶不可终日，就要携带礼品拜君求官。孔子才高八斗、学富五车，穷其大半生周游列国"跑官求官"，但收效甚微，一生充满"学而优难仕"的失意与无奈。这是为什么呢？

历经磨难受君鲤

孔子，商汤后裔。周初，为安抚商朝贵族，周成王封商纣王之兄微子启于商丘建立宋国。微子启死后，其弟微仲即位，微仲就是孔子的十五世祖。孔子的五世祖孔父嘉是宋国大夫，曾为大司马，封地位于宋国栗邑（今河南夏邑），后在宫廷内乱中被太宰华督所杀，家族移居到鲁国陬邑，失去了在宋国的地位，只保留了士的身份。

孔子的父亲叫叔梁纥，人品出众，博学多才，能文善武，曾官至陬邑大夫，与鲁国名将狄虒弥、孟氏家臣秦堇父合称"鲁国三虎将"。叔梁纥与正妻施氏有九个女儿，没有儿子。他的妾生了个儿子孟皮，却因为有足疾，不能做继承人。叔梁纥便向鲁国颜氏求婚。颜氏有三个女儿，颜父问道："陬大夫叔梁纥的父祖辈六代积德，必出圣贤。虽然叔梁纥年纪大，但这不值得犹豫，你们三个谁愿意嫁给他做妻子？"小女儿颜征在对父亲说："听从父亲的决断。"颜父便将颜征在嫁给了叔梁纥。叔梁纥年近古稀时，孔子出生。不幸的是，孔子三岁时，叔梁纥去世了。不为正妻所容的颜征在，无奈之下带着孟皮和孔子迁到都城曲阜阙里。

鲁国是当时保存周礼最完善的地方，曲阜又是鲁国的政治、经济、文化中心，坚韧而有远见的孔母决定搬到都城，就是为了给孔子提供一个更好的成长环境。也正是都城浓郁的文化氛围，滋养了孔子读书学习的兴趣。但孤儿寡母何其艰难，孔母靠给人家洗衣维持生计，孔子不得不从事一些低贱工作，正如其本人所说："吾少也贱，故多能鄙事。"据传他还曾做过乡间乐队的吹鼓手，别人家有丧事，他就去演奏哀乐赚点微薄收入。穷且益坚，不坠青云之志，孔子立志改变自己的社会地位。

经过多年潜心研读，孔子学会了丰富的礼仪文化知识，对古代典章制度了然于胸，有了明确的世界观和人生观。但他此时还只是立于"礼"，实际生活状况尚无大的改观，依然属于"草根阶层"。

孔子十七岁那年，母亲也去世了。守丧期间，听说太宰季平子设宴飨士，孤苦无依的孔子便来到太宰府上，不料被季氏的家臣阳虎拒之门外："季孙太宰飨士，没有请你来呀！"这一来自贵族府上家臣的羞辱，对孔子不啻当头一棒，他无奈蒙羞而归。

是金子总会发光的。孔子知耻后勇、日夜苦读，二十岁时终以"博学好礼"闻名鲁国，赢得了世人的尊重。公元前532年，孔子娶宋人亓官氏之女为妻。次年，儿子出生，国君鲁昭公派人送来了一条大鲤鱼以示祝贺。

生活的艰辛和对入仕的渴望，一直都让孔子对当权者怀着殷殷期待。国君的一条鲤鱼极大鼓舞了孔子，他为儿子起名为"鲤"，字伯鱼，以作纪念。这是孔子心向仕途的显现，也由此埋下了他坎坷人生的伏笔。

怀才不遇办教育

孔子在《论语·子路》中曾说："苟有用我者，期月而已可也，三年有成。"可见，孔子对自己的政治才能坚信不疑，对自己的政治前景信心十足，但现实并不如他所愿。

在那个讲究血缘宗亲的时代，孔子"贫且贱"的地位决定了他第一次施展才干的起点很低。约二十岁时，孔子在季平子手下做过两次小官，一次是做委吏（管粮仓），一次是做乘田（管牛羊）。以孔子的才干学识，做这样的小官绰绰有余，所以料量升斗，会计出纳，他全部做得井井有条。但这样卑微的位置，根本无法让孔子实现治世理想。

公元前525年，二十七岁的孔子开始兴办私学，传道授业解惑。这是中国最早的私立学校。孔子的学校办得有声有色，门庭若市。他开始小有名气，逐渐引起诸侯的关注。是年，齐景公出访鲁国时会见了孔子，与他讨论秦穆公称霸问题，孔子由此结识了齐景公。

公元前517年，鲁国发生内乱，鲁昭公被迫逃往齐国，孔子也由鲁至齐。齐景公对孔子十分赏识，甚至准备把尼溪一带的田地分封给他，但因与孔子政见不同的大夫晏婴作梗而未成。有一次，齐景公问孔子："如何才能把一个国家治理好？"孔子答曰："君君，臣臣，父父，子子。"意思是国君要像国君的样子，大臣要像大臣的样子，父亲要像父亲的样子，儿子要像儿子的样子，各自严格按照身份、职责行事，就能建立一个秩序良好的社会。公元前515年，齐国的大夫想加害孔子，孔子向齐景公求救，齐景公无奈地说："吾老矣，弗能用也。"孔子只好逃回鲁国。因为情势危急，他逃走时"接淅而行"，就是说仓促中把正在淘着的米提起来就跑。

从三十而立到五十而知天命，孔子没有遇到真正能够出仕的机会。他只好退而修《诗》《书》《礼》《乐》，并继续设教授徒。这既是积极进取的一面，也是怀才不遇的无奈。不过这一阶段是孔子教育事业大发展的时期。《史记·孔子世家》记载:"弟子弥众,至自远方,莫不受业焉。"

四问老子皆为礼

孔子不仅诲人不倦,而且敏而好学。《史记·老子韩非列传》《礼记·曾子问》《庄子》等古籍均记载了"孔子问礼于老子"之事。

约公元前535年,孔子第一次问礼于老子。当时老子正在鲁国游历,应邀在巷党为友人操办丧事。孔子慕名而来,协助他依周礼操办葬礼。送葬途中恰逢日食,老子令送葬队伍停止前行,等日食过后再走。孔子认为中途止柩不合周礼,但老子说:"按照周礼,殡葬确实不能误了吉时,不过具体问题具体对待。昔日诸侯从外地赶到京城朝见天子,日出而行,日落而息,使臣出使外国也没有在夜晚顶着星辰赶路的,送葬也一样,因为在夜晚顶着星辰赶路的人,皆为奔父母之丧或者亡命在逃的罪犯。今天我们碰上日食,还要让人赶路,岂不是诅咒送葬之人是戴罪之身或者在奔父母之丧吗?"

约公元前526年,孔子自认为对周礼的理解还不够系统,就和弟子南宫敬叔一起到周朝都城洛邑,第二次向老子问礼。孔子问:"在什么情况下,各宗庙之神主需要请出呢?"老子答道:"天子或诸侯去世时,由太祝把各宗庙的神主请到太祖庙里,这样做是表示列祖为国丧而聚会,这是礼规定的;丧事办完后,再把各神主请回各自的庙里。"

约公元前514年,孔子第三次向老子问礼。他带着子路等人和准备藏于周王室的书册赶到老子的家乡苦县(今河南鹿邑)拜见老子,说明来意,请老子推荐,却被拒绝了。老子之所以拒绝,不仅因为周王室藏书已名存实亡,更因为老子已有了新境界,不再热衷于周礼了。

约公元前501年,孔子第四次向老子问礼。此时老子已形成了道法自然的天道观,而孔子正苦苦探索天道却不得。听说老子已获天道后,孔子便前往沛地(今江苏沛县)拜见老子。老子说:"阴阳之道目不可见、耳不可闻、言不可传,是通常的智慧所不能把握的。因此所谓得道,只能是体道,如果试图像认识有形、有声之物一样去认识道,是不会得道的。"回到客栈,孔子谓弟子曰:"鸟,吾知其能飞;鱼,吾知其能游;兽,吾知其能走。走者可以为罔,游者可以为纶,飞者可以为矰。至于龙,吾不能知其乘风云而上天。吾今日见老子,其犹龙邪!"

夹谷会盟大胜利

孔子声望日隆,出仕机会终于到来。公元前 501 年,孔子被任命为中都宰,此时他已五十一岁了。原来,那时鲁国国君的权力形同虚设,国政都操纵在以季氏为首的"三桓"(世卿孟孙氏、叔孙氏、季孙氏)手中,而季氏又被他的家臣阳虎所控制,史称"陪臣执国政"。阳虎两次请孔子出仕,孔子动心了。弟子们非常不解,因为这些权臣正是他口中的"乱臣贼子",而孔子这时却要服从他们。但孔子有自己的打算,他认为如果能得到权臣的帮助,自己便有可能实现理想,打造出第二个"周"。但由于种种原因,最终孔子还是没能实现这一计划。

塞翁失马,焉知非福。此后鲁国局势陡变:阳虎不满足手上的权柄,企图通过政变尽灭三桓,但计谋失败,狼狈地逃亡齐国。这时季桓子才幡然醒悟,只有孔子才是真正为自己着想的人,于是请孔子出山,任中都宰(都城长官)。

孔子治理中都一年,卓有政绩,被升为司空(主管工程营建),不久又擢为大司寇(主管刑狱),并一度代理宰相。在大司寇任上,孔子办的最为成功的一件事,是赢得夹谷会盟胜利。

公元前 500 年,齐景公想联合鲁国共同对付吴国,就写信给鲁定公,约他在齐鲁交界的夹谷会盟,并企图利用这个机会要挟鲁国。

鲁定公接信后,有些犹豫:齐强鲁弱,齐以前多次侵占鲁国土地,这次主动和好结盟,许是有诈。束手无策之际,他把孔子请来商议。孔子说:"举行和平盟会一定要有武力做后盾,而进行军事活动也一定要有和平外交的准备……"鲁定公采纳了建议：召大夫申句须为右司马，乐顾为左司马，各率兵车五百乘从行；又命大夫兹无还率兵车三百乘，距夹谷十里扎营。诸侯会盟须有得力大臣当助手，称作"相礼"（司礼），鲁定公遂委孔子当此重任。

当鲁定公到达夹谷时，齐景公早已筑起盟会高台。双方以简略的会遇之礼相见，谦让着登上高台。互赠礼品、敬酒后，齐国一方派俘虏来的莱人军士蜂拥到台前喧嚣呼啸，威慑鲁定公。孔子快步登上高台，边保护鲁定公退避边说："两国国君在这里举行友好会盟，夷狄俘虏竟敢拿着武器意图不轨，这绝不是齐君和天下诸侯友好邦交之道。异国不得谋我华夏，夷狄不得扰乱中国，俘虏不可扰乱会盟，武力不能逼迫友好。否则，这是对神明的不敬，从道德上讲是不义，从为人上讲是失礼。齐侯不会这么做吧？"齐景公理屈词穷，不得不挥手让莱人撤去。

过了一会儿，齐国方面奏起宫廷舞乐，一帮歌舞艺人和矮人小丑开始表演歌舞杂技、调笑嬉戏。孔子又快步登上台阶说："卑贱之人竟敢戏弄诸侯国君，罪当斩。请右司马速对他们用刑！"于是，申句须飞驰而至，刀斩了戏耍队中的领班人。齐景公脸上露出惭愧的神色，又见孔子怒气冲冲，申、乐二将英勇，遂不敢轻动。

正当齐、鲁两国就要歃血为盟时，齐国在盟书上加了一段话："齐国将来发兵远征时，鲁国假如不派三百乘兵车从征，就要受到制裁。"孔子针锋相对地回应："要让鲁国出兵跟从，齐国应归还我汶河以北的属地，否则齐国也要接受处罚。"

齐景公准备设宴款待鲁定公。为了尽快回国、以防不测，孔子对齐大夫梁丘据说："齐、鲁两国的传统礼节，阁下难道没听说过吗？会盟既然已经完成，贵国国君却要设宴款待我国国君，这岂不是徒然烦扰贵国群臣？何况牛形和象形的酒器，按规矩不能拿出宫门，而雅乐也不能在荒野演奏。假如宴席上配备了这些酒器，就是背弃礼仪；假如宴席间一切都很简陋，就如同舍弃五谷而用秕稗。背弃礼法贵国就会恶名昭彰，宴席简陋有伤贵国国君的脸面。宴客是为了发扬君主的威德，假如宴会不能发扬威德，倒不如干脆作罢更好。"于是齐国取消了宴会。

齐国国君回到都城，责备群臣说："孔子用君子之道辅佐国君，而你们却用偏僻蛮荒的少数部族的行为方式误导我。"随后，齐国归还了以前侵占鲁国的土地。

夹谷会盟大大提高了鲁国的威望，鲁定公对孔子更为信任和器重。

遇主昏庸长流离

孰料，形势很快急转直下。当时鲁定公长期受制于"三桓"势力，治国理政颇受掣肘。公元前498年，为削弱"三桓"势力，壮大鲁国公室，孔子在鲁定公支持下"堕三都"，即拆毁"三桓"所建私邑。但在"三桓"势力阻挠下，"堕三都"半途而废，孔子与"三桓"的矛盾激化。

公元前497年，发生了一件让孔子失望至极的事。齐国因担心鲁国任用孔子而变得强大，遂送八十名美女和一百二十匹良马给鲁定公，欲陷他于声色犬马之中。鲁定公果然中计，非但疏于朝政，且因"三桓"构陷对孔子也渐趋冷淡。不久，鲁国举行郊祭，依循惯例，祭祀后祭肉分送众大夫，但孔子却没有收到。

孔子满怀忠君报国之志，一心投身父母之邦，竭尽所能推动鲁国富庶强大，刚刚稍有作为，却因齐国的离间、"三桓"的构陷和国君的昏庸而废，着实万分委屈与无奈。被遗弃的痛苦和耻辱，使已五十五岁的孔子萌生退意，痛定思痛之后决定弃官离鲁另寻出路。临别鲁国之际，孔子恋恋不舍、饱含哀愤、弹琴寄情而作《龟山操》："予欲望鲁兮，龟山蔽之，手无斧柯，奈龟山何。"而后凄然长叹离去。不想，这一去竟然是长达十四年的流亡。

孔子带弟子首站到达卫国（今豫北一带）。卫灵公起初很尊重孔子，按照鲁国的俸禄标准发给俸粟，但没让他参与政事。孔子在卫国住了约十个月后，听信谗言的卫灵公对他起了疑心，派人公开监视。孔子只好带着弟子去往陈国。路过匡城时，因误会他们被围困了五日，后逃至蒲地，又碰上卫国贵族公叔氏发动叛乱，再次被围。逃脱后，孔子师徒无奈返回卫国。卫灵公听说后非常高兴，亲自出城迎接。此后孔子几次离开卫国，又几次返回，这一方面是由于卫灵公对孔子时好时坏，另一方面是孔子离开卫国后也别无去处。

在卫国期间，为了仕途梦想，孔子一度走起了"夫人路线"。他去拜会了卫灵公的夫人南子。美貌动于天下的南子作风向来不端，孔子此举引起子路强烈不满和质疑，为此老夫子狼狈地对天发誓："予所否者，天厌之！天厌之！"归根结底，这都是仕途情结惹的祸。

公元前493年，五十九岁的孔子离开卫国经曹、宋、郑至陈国，在陈国住了三年。吴攻陈，兵荒马乱，孔子不得不带弟子离开。楚国人听说孔子到了陈、蔡两国交界处，便派人去迎接。陈国、蔡国的大夫们知道孔子对他们的作为不满，怕孔子到了楚国受到重用对他们不利，于是派服劳役的人将孔子师徒围困在半道。孔子一行前不着村，后不靠店，所带粮食吃完，绝粮七日，最后还是子贡找到楚国人，楚派兵解围，孔子师徒才免于饿死。六十四岁时，孔子又回到卫国，六十八岁时在其弟子冉求努力下，奉迎回鲁，有心从政但依旧被敬而不用。

"沽之哉，沽之哉，吾待贾者也。"孔子曾多么渴望得到统治者的青睐，然而汲汲数十年，除了在故邦鲁国短时间任过官职外，没有一个诸侯国真正愿意给其一展才华的舞台。回到鲁国，孔子已是暮年，雄心壮志消磨殆尽的他，自忖很难再有大的政治作为。归鲁后，孔子将主要精力用于培养弟子和整理文化典籍，白天杏坛讲学，夜晚编撰史籍，仕途梦想就此雪藏。

失之东隅收之桑榆

孔子终生执着追求致仕，亦有独到的政治主张，但当时的统治者都对他若即若离、敬而远之，他真正参与政治的时间只有四年而已。是什么导致孔子壮志难酬呢？当局者迷，旁观者清。对于这位端坐圣坛千年的智者，我们虽无法近身详观细枝末节，却可从旁观者的角度管窥一二，找到他仕途不畅的根由。

孔子继承了西周以来把"礼"作为治国之经纬的思想，形成了以礼乐教化治国安邦的总体思路。加之,孔子成长于没落贵族家庭,自幼丧父,虽靠自我努力身怀六艺,但几欲涉足政治却不得,这充满挫折的经历使他愈加坚信,修身与自省才是到达理想彼岸的途径。所以,孔子根据周礼创造性地提出了"仁"的思想,即在完善伦理道德基础上构建良好的社会秩序,极力强调"克己""复礼""为仁由己"等观念。

孔子政治思想的核心是"礼"与"仁",最终目的是用仁政和德治施于民、治于国,以通过个人和整个社会的道德重建来重返大同社会。这些主张更多地寄希望于人之本性的自觉,充满浓厚的理想主义色彩。但是,孔子生活的春秋末期,奴隶制已日薄西山,代表新兴地主阶级的势力纷纷登上舞台,社会形态发生了前所未有的变化。温文尔雅的周礼已然崩溃,原本维持社会政治的"礼乐"制度遭到肆意践踏。例如,当时的鲁国,政权长期受控于大臣,后来鲁昭公竟然被臣子季孙氏赶到了齐国,以德治国成了空话。虽然孔子在鲁国执政期间"鲁国几兴",但他的治国理念是要复兴周道,尊崇周礼,这种理念显然与现实格格不入。因为当时周天子式微,诸侯间的兼并战争频繁,政治格局变化无常,"富国强兵"才是克敌制胜之道,面临强敌环伺、重兵压境的各诸侯国,强烈需要无坚不摧的军队、强大无比的经济,孔子却主张推行"礼"与"仁",显然是脱离了各政权当局的利益追求和现实需要。所以,孔子的理想虽好,却曲高和寡,不合时宜。正所谓,理想很丰满,现实很骨感。

智者有言,成功需要仰望星空与脚踏实地完美结合,成功的政治家需要审时度势,权衡利弊,继而决断取舍。而在当时,孔子既不重视利用各种政治势力或顺应政治潮流,也不善于适时做出必要的妥协和调整,而是更多地表现出一个理想主义者对超越时代之信念的坚守,所以,当政的君王们不是为了博取爱贤之名对其敬而不用,就是干脆不予理睬。结果,孔子这个执着到近乎迂阔的理想主义者,一生痛苦于政治抱负无法实现,却不知痛苦的根源,乃是其仰望星空与脚踏实地的脱节。

"自古圣贤皆寂寞。"孔子终生奔走呼号却几无所获,他无疑是寂寞的,不过他寂寞在当时,却不朽于后世。

孔子没有沉溺于怨天尤人和愤世嫉俗的泥沼,无论在为官奉君政务繁忙时，还是在逃难途中濒临饿死的绝境下，他都不曾放弃过治学和施教，终于在文化教育方面取得了卓越的成就。他"好古敏求""学而不厌"，积极探索修身齐家治国平天下之道，曾修《诗》《书》，定《礼》《乐》，序《周易》，作《春秋》；他始终"诲人不倦"，从三十岁"设学于闾里"开始，就以"有教无类"的理念创办私学，打破了贵族对文化教育的垄断，突破了社会对受教育者的种种限制和束缚，促进了文化的传承。

孔子行教逾半个世纪，培养弟子达三千余人，出类拔萃者七十二人。他的思想学说和事迹，弟子们各有记录，后来汇编成博大精深的《论语》。他在实践、思考和积淀中，总结升华出了一个泽被后世的思想体系——儒学，这个思想体系是他坚守理想的结果，也构成了中国传统文化的精髓。

孔子辞世三百多年后，汉武帝采纳董仲舒的建议，"罢黜百家，独尊儒术"，儒学遂成国学。此后，儒家思想被不断发扬光大，逐渐成为中国传统社会的主流思想，孔子被推崇为天下人顶礼膜拜的"圣人""至圣先师""万世师表"。后人赞曰："若天不生仲尼，则万古如长夜。"生前寂寞身后名，踽踽独行的孔子，不会想到自己的政治、治学、教育理念在后世如此大放异彩。失之东隅收之桑榆，是对这位执着的理想主义者最好的回报。

不论是追溯历史，还是放眼当代，孔子善于思考、勇于行动，为政治理想"知其不可"却恒"为之"的执着精神值得每一个逐梦人认真学习。

【延伸阅读】

搅动天下的纵横家

公元前483年，齐国大夫田常企图"代齐"，但因忌惮高氏、国氏等人的势力，决定调虎离山，让他们率军伐鲁。孔子听说祖国有难，就派高足子贡解救。

子贡先到齐国游说田常:"您支出去的对手若攻打较弱的鲁国,必胜,地位将更稳固;若与较强的吴国作战,必败,您想控制齐国就容易了。您先让军队暂缓进兵,我去说服吴王救鲁,到时您让高氏、国氏率领军队对付吴军。"田常信服,依计而行。

子贡到达吴国,劝吴王夫差救鲁立信天下。夫差担心越国乘虚偷袭,子贡自称可劝越助吴。夫差欣允。子贡来到越国,向越王勾践献上破吴复仇之计。勾践大喜,派大夫文种带大量财宝向吴示忠,并表示愿亲率士兵做前锋。

子贡又前往晋国对晋王说:您赶紧备战,提防吴国。

不久,吴王率军伐齐,大胜,鲁国得以保全。后夫差与晋国等诸侯会盟于黄池,越国乘机偷袭吴国。听到消息,夫差匆忙结束会盟回援,但因国力透支,最终身死国灭。勾践灭吴三年后做了天下霸主。

司马迁评价道:"子贡一出,存鲁,乱齐,破吴,强晋而霸越。"

三、大智若愚的商圣——范蠡

【题记】 范蠡,春秋末期著名的政治家、军事家、经济学家,被后人称为"商圣""文财神"。他虽出身贫贱,但博学多才,因不满当时楚国政治黑暗而投奔越国,助勾践兴越灭吴,一雪会稽之耻;功成名就后激流勇退,三致千金三散千金。世人誉之:"忠以为国,智以保身,商以致富,成名天下。"

助越称雄不世功

范蠡出生在春秋末期的楚国宛地,父母早亡,哥嫂把他抚养成人。范蠡从小天资过人、敏而好学,十几岁便已成为远近有名的饱学之士。

无奈春秋末年,门第观念严重,"世袭制"是社会的主流,范蠡在楚国报国无门。好在不久,孤独愤世的他遇到人生知音——楚宛(今南阳)令文种。当时吴楚相争,楚助越制吴,在文种的游说下,范蠡随之来到了越国,任大夫一职。

公元前496年,吴王阖闾攻打越国,在"欈李之战"中大败,伤重而死。弥留之际,他嘱咐儿子夫差一定要为自己报仇。公元前494年,越王勾践听说吴国日夜练兵,准备复仇,便打算先发制人。范蠡预料此战凶多吉少,极力劝阻,勾践却执意出兵。果然,越国在会稽山大败。吴王夫差没有采纳伍子胥"今不灭越,后必悔之"的进言,以两年后越王勾践带妻子到吴国当奴为议和条件，罢兵而归。

勾践本想带文种赴吴为奴，但范蠡说："四封之内，百姓之事……蠡不如种也。四封之外，敌国之制，立断之事……种亦不如蠡也。"他自告奋勇随勾践赴吴。到达吴国后，三人历尽屈辱。为取得信任，勾践曾以为夫差治病之由，亲尝他的大便，最终感动夫差。伍子胥虽力阻夫差放虎归山，但终归失败。为奴三年后，勾践回到越国。

回国后，勾践居于会稽山，卧薪尝胆，发愤图强。范蠡替勾践拟定复国计划，他建议勾践发展经济、增强军力、亲近百姓、稳定社会，复兴之时，韬光养晦，不能让吴国有所察觉。为了提高军力，范蠡重建都城，且故意建了两座城，一大一小，小城是建给吴国看的，而大城建得残缺不全，面对吴国的方向，不筑城墙，以此迷惑夫差。范蠡和文种还制定了"灭吴九术"来消耗吴国的实力。

而吴王夫差盲目争霸，不顾民生，还杀了忠臣伍子胥，重用被越国收买的伯嚭执掌国政。

公元前482年，时机终于到来了。吴王夫差率精锐北上，与诸侯在黄池会盟，只剩下老弱残兵留守都城。勾践派遣精锐军队偷袭吴国，吴军战败，太子被杀。吴王正在会盟，害怕天下耻笑，便封锁了消息。会盟结束后，吴王携厚礼向越国求和。越国此时还没有实力灭吴，遂暂时罢战。公元前475年，越国再次伐吴。被困了三年后，吴军全线崩溃，夫差逃到姑苏台，同时向勾践乞和，企望能像二十年前那样，允许保留吴国社稷，自己倒过来服侍勾践。勾践动摇了。关键时刻，范蠡陈述利弊，打消了勾践的念头。夫差见求和不成，后悔当初未听伍子胥的忠告，羞愧不已，以发蒙面，自刎而亡。此后，勾践挥师北上，与众诸侯会盟于彭城邑，称霸中原。

范蠡用他的超群智慧、过人胆识，谱写了助越争霸的传奇。

功成身退隐姓名

公元前490年，勾践回国后，范蠡和文种帮他制定的"灭吴九术"第四条是:"进美女与吴王,乱其心,虚其体。"文种为此带着善相人者,遍游国中,选得两名美女,一名叫郑旦,貌美如花,千娇百媚,越国难求,世上少有;另一名叫西施,连郑旦都相形失色,真正是举世无双!

范蠡把二人接到都城,训练了整整三年,西施和郑旦从内到外脱胎换骨,由懵懂青涩变得魅惑无边。二人到了吴王夫差身边,很快得宠。夫差为西施修筑了馆娃宫、玩月池、琴台、采香径、长洲苑、响屐廊和玩花池等专享之地,终日沉迷女色,无心国事,最终亡国。

越灭吴后,范蠡携西施归国。庆功宴上,范蠡觉察到勾践对西施别有用心。果不其然,当晚勾践便下令西施伴寝。西施不从,勾践大怒。此事也惊动了越王后,她陪伴勾践入吴为奴三年,受尽屈辱,九死一生,怎能容西施这个威胁存在,于是进言道:"这样的亡国之人,是不祥之物,应当处死。"

勾践虽因被拒恼羞成怒,但并不想取西施性命,只说:"亡吴之功,终归是西施当属。"越王后说:"西施虽有功,可毕竟红颜祸水。大王您想一想,那么强大的吴国都能被她祸害,何况我们越国?"勾践无言以对。

范蠡也向勾践谏言:"大王,您要吸取吴王教训,避免被美色诱惑,尽早处决西施。"越王后及群臣的谏言让勾践很无奈,只好说:"西施到底是一个弱女子,又有功于越国,该如何处决呢?"范蠡不慌不忙地说:"可用牛皮裹住,扔至水中。"勾践叹一口气,遂把此事交与范蠡处置。

一个月黑风高之夜,西施被人带至西湖的一条船上,行至湖心沉入水中。当人们对西施之死惋惜不已时,又一个惊人的消息传来,范蠡也失踪了。

原来,越国复国后,范蠡有意归隐。一日,范蠡去见勾践:"臣曾听说'主忧臣劳,主辱臣死'的说法。二十多年前,大王受辱于会稽山,微臣之所以忍辱偷生,只为日后复兴越国,一雪前耻。如今吴国已灭,如果大王愿意赦免臣的罪过,臣希望能够隐离。"

勾践一听,"神色凄然"地说:"全越国我最敬佩的便是你,寡人想寄身听命于你,你却说要离去,这是要置我于无所依靠啊!先生若留在我身边,我将和您共享越国。先生倘若私自离去,必将身败名裂,一家老小难保!"

勾践挽留范蠡之言,看似敬重有加,实则暗含杀机。范蠡辅佐勾践多年,对他甚是了解，如若真的留下来，难逃一死，所以断然表示："大王，臣既已下定决心离去，家人又有何妨？请大王自勉，臣就此告辞！"虽然勾践仍表慰留之意，但范蠡还是归还官印及赠品，散尽家财后，乘一叶小舟离去。

《史记·越王勾践世家》记载，范蠡离开越国、抵达齐国后，给文种捎信说："越王为人长颈鸟喙，可与共患难，不可与共乐。子何不去？"他奉劝文种早点离开，以免落个"狡兔死，走狗烹"的下场。文种没有听从规劝，最终被勾践以"作乱"罪名赐剑而亡。

若干年后，齐地出现了一位巨商，家财万贯，夫人美艳如花，夫妇情感真挚，传说他们就是范蠡与西施。范蠡与西施相伴余生，这个故事美则美矣，可其真实性很值得怀疑。南开大学孙立群教授认为：西施的原型是有的，只是后来不同时代的人们注入了新的内容，使她的形象更加丰满生动。因为人们不愿意看到那么美艳的女子被推到水中淹死，所以又演绎出她和范蠡的美满结局。

人我共兴成商圣

范蠡离开越国来到渤海南面安家创业，改名"鸱夷子皮"。"鸱夷子皮"原义为牛皮做的酒囊，用时可盛酒，不用时可折叠收藏，反映了范蠡历经万事后能屈能伸、追求自由、不恋功名的超脱心境。

渤海滩上的百姓，自古就有煮盐的传统，但都是一家一户一口锅，一条扁担两只箩。初盐煮出来后，再徒步七八十里，挑到集市去卖，聊以糊口。后来，战乱频频，海盐难销，灶户纷纷停业另谋生路，许多人家陷入衣食无着的困境。

范蠡在沿海村落张贴告示，大量收购海盐，价格从优，同时还高薪招聘技术熟练、经验丰富的盐工。不久，"鸱夷盐场"正式开张，十几口煮锅，夜以继日、灶火熊熊，一个昼夜便可生产千余斤海盐。新老灶户，凡能煮盐的，都搭起了窝棚架起了煮锅。渤海滩顿时红火起来。"鸱夷盐场"的盐，很快便堆成一座小山。进入腊月，鸱夷子皮命人带着车队，直奔秦国。"鸱夷盐场"的盐颗粒硕大、色泽晶莹、质地优良，很快就被抢购一空。

不仅如此，人们还发现，这位从齐国来的鸱夷子皮先生，风度儒雅，谈吐不俗，当地的一位大商家还与他建立了长期合作关系。返程时，鸱夷子皮从秦国购回上等的皮毛、铁制农具等，在齐国卖掉，这样一来一往，赚了双倍利润。从此，高挂着"鸱夷子皮"旗帜的马车，不停地辗转在秦国、晋国和楚国的驿道上，生意越做越大。"鸱夷子皮"的大名不胫而走。

春秋末年，征伐不断，范蠡发现：越国一带需要大量战马，而北方马匹剽悍便宜，如果运到越国，一定能大获其利。北方的马贩到南方，如果船运，费用很高，且正值兵荒马乱，沿途常有强盗出没，马匹很可能运不到越国就被抢走，不仅血本无归，连身家性命都成问题。一天，一条消息使范蠡喜上眉梢。原来，在齐鲁早就有人做南北间往来的生意了，这个人就是赫赫有名的巨商姜子盾。

南方人怕热，喜欢北方生产的麻质衣服。姜子盾的麻布生意做得很红火，两年间几乎占领了越国麻布市场。他实力雄厚，搞定了沿途的劫匪大盗，从齐国到越国，一路安全顺畅。

第二天，范蠡便写了一张启事，差人贴到城门口，上面写道：鄙人刚刚组建了一支马队，共有马一百五十匹，往来齐国和越国之间运送货物。为了开张志庆，特开展酬宾活动。凡近日需要运送货物到南方者，均可前来联系业务，三个月内，一律免费。报名不分先后，量大从优。不出所料，姜子盾听到这个消息后，觉得可以省下一大笔运费，便找到范蠡，要他帮忙运送麻布去南方，范蠡自然满口答应。借着姜子盾的护卫，马被安全地送到了目的地。

短短几年，范蠡家资巨万，成为齐国首富，留给后人《范蠡商训》等多部经商之策，被誉为"商圣"。

为富施仁传美名

俗话说：树大招风，人怕出名。齐国老百姓觉得鸱夷子皮很有才能，居然联名呼吁他出山为相。呼声很快传到国君齐平公耳中，齐平公便派人请鸱夷子皮做齐国宰相。

时值田氏专政，齐国政治环境十分恶劣，齐平公虽然继承了王位，但只是一个傀儡。精明的政治家范蠡怎么可能去蹚这个"政治浑水"，给不掌实权的齐平公出谋划策呢？又怎么可能和弑君的田常为伍呢？《史记》记载，范蠡闻讯喟然叹曰："居家则致千金，居官则至卿相，此布衣之极也。久受尊名不祥。"

不久后，范蠡邀来朋友，把数十万家财尽数分给他们，只留下些便于携带的珠宝作为日后经商的资本，连夜走小道离开了。

但也有史料记载范蠡因在齐国经商，迫于政治压力，曾接受相印，担任宰相三年。

范蠡离开齐国，来到宋国的陶邑（今山东境内），再次改名换姓，自称朱公。陶邑交通便利、客商云集，是诸侯国间商品交易的中心城市，司马迁誉之"天下之中"。在这里，范蠡率领家人重新创业，不久便成为当地首富。傍晚时分，范蠡经常四处转转，看到哪一家屋顶上没有升起炊烟，就命家人把粮食送去，大家都尊称他"陶朱公"。

范蠡在仕途巅峰时激流勇退，"三致千金三散千金"，将其全部回馈给了乡邻，不仅彰显了乐善好施的美德，而且表现出大智若愚的智慧。

千金教子大义中

范蠡居住在陶邑时，次子因好斗武勇杀了人被楚国囚禁。

范蠡说："杀人偿命，理所当然。但'千金之子，不死于市'。"他便安排小儿子装上千镒黄金去解救次子。大儿子坚决要求去，朱公不允。大儿子说："家中有长子，就叫家督（督理家事）。目前弟弟有难，你不派我，而派小弟去，这是嫌我没本事。"因而无地自容，便要自杀。范蠡夫人帮言道："现在派小儿子去，不一定就能使二儿子生还，而你却先白白伤了大儿子，这怎么好呢？"朱公只好派长子去，并写了一封信，要他交给好朋友楚王宠臣庄生，吩咐道："你到了地方，就把这千金放在庄生家，任凭他处理，千万别过问。"

长子出发时，还带了私房钱准备作打点之用。到了庄生家，朱公长子送上书信和金钱。庄生说："你尽快回去，不要留在这里；即便你弟弟出来，也不要问原因。"朱公长子离开后，并没有回家，而是留在楚国，把私下带来的金钱拿去送给一个楚国主事的达官贵人。

庄生虽然居住在贫穷的小巷，但廉洁正直，举国上下都很尊敬他。朱公送的金钱，他本打算事成之后归还，所以就对妻子说："这是朱公的钱，日后是要归还的，不要动它。"

庄生入宫见楚王，说："近日，我夜观天象发现对楚国不利，大王要注意啊。"楚王素来相信庄生，便说："现在怎么办才好呢？"庄生说："治理国家须仁政。只有施以恩德，才可免除其害。"楚王决定，封三钱之府，以节俭爱民，大赦囚犯，行善免灾。

楚国贵人惊喜地将此事告诉朱公长子，长子认为，楚王本来就要行大赦，二弟理所当然会被放出来，把金钱送给庄生纯属浪费。于是，他又去见庄生。庄生吃惊道："你怎么还没回去？"长子说："当初是为我弟弟的事来见你，现在楚王已决定大赦囚犯，所以我再来辞谢。"庄生知道他的来意，便说："你把金子带回去吧！"朱公长子也不客气，暗自兴奋。

庄生因被朱公长子轻蔑和猜疑而十分气愤，便再次觐见楚王说："我前些天说星象之事，您用修德的方式来破除它，很好。但是，外面的人都说，朱公的儿子杀了人，被囚禁在楚国，他的家人拿了许多金钱贿赂您手下的人，所以您的大赦并不是怜悯楚国百姓，而是为朱公儿子开脱罪责。"楚王大怒："陶朱公再富，与我何干，我们楚国难道稀罕他那俩钱？"便命人先杀了陶朱公的儿子，再下发赦免令。

朱公长子只能带着弟弟的尸首，扶丧而归。范蠡夫人和同乡都十分悲哀，范蠡长叹道："我就知道老大一去，他的弟弟必死。他并非不爱弟弟，而是不舍钱财。他自小与我在一起，亲见我谋生艰辛，所以对钱财看得重；至于小儿子，他一出生就见我万贯家财，习惯了奢华生活，不知谋生不易，自然就会仗义疏财。之所以打算派小儿子去，就是因为他能舍弃钱财。长子不能舍财，终究害了弟弟，这是意料之中的事，悲痛又有什么用呢？"范蠡夫人看着儿子的尸体，心如刀绞，泪如雨下。她解开车上的麻袋，掏出里面的金子一边扔到湖里，一边哭诉道："要这些金子干什么？都是金子害了儿子。"后来，人们把范蠡夫人扔金子的地方称为千金台。

只是范蠡的做法让人匪夷所思，以他辅佐越王勾践运筹帷幄的大智慧，在明知利害关系的情况下，怎么会唐突地拿儿子的生命做赌注呢？也许，范蠡痛悔教子无方致成大祸，便以此血泪惨事教诲长子、三子："钱财如刀，可救人亦可杀人；钱财如水，既载舟也能覆舟。"后庄生告慰："范老先生丧一子而救两子，此亦大幸矣！"

【延伸阅读】

范蠡狗洞遇文种

楚昭王时，楚国名士文种到宛地任县令，听说范蠡年纪不大但很有才华，就差官员去拜访他。手下人回来说："范蠡行为怪异，疯疯癫癫，不值得邀请。"文种却说："一个人有才能，必假装疯狂，来掩盖其贤德。"此后文种多次拜访，范蠡都避而不见。

一日，文种又亲自探访，却发现范蠡家大门紧闭，正要下车，忽见院墙下的一个破洞里有个人蓬头垢面，趴在那里冲着自己学狗叫，手下人说："这就是范蠡。"众乡邻都围着看热闹。手下的人怕文种难堪，忙用宽大的衣袖把洞遮住。文种却说："我听说狗只对着人叫，他对着我学狗叫，意思是说我是个人，是看得起我呀！"于是文种下车便拜。谁知范蠡看也不看，文种只好怅然离去。

第二天，范蠡对哥嫂说："今天有贤人来拜访我，请借给我一套干净衣帽。"刚穿戴梳洗完毕，文种就来了。两人交谈后，相见恨晚，遂结为终身知己。这就是南阳广为流传的"范蠡狗洞遇文种"的故事。

四、饿死沙丘的雄主——赵武灵王

【题记】 赵武灵王,嬴姓,赵氏,名雍,赵国第六位国君。他推行"胡服骑射",收服林胡、楼烦二族,吞灭中山国,修筑"赵长城",短短十几年就将赵国的综合国力提升到列国领先水平,是战国时期一位具有雄才大略的杰出君主。然而,敢为天下先的赵武灵王却遭沙丘之乱,被幽禁三月,活活饿死。有人说,这全缘于他的一场春梦。那是一场美梦,还是一场噩梦?

少年君主豪气现

赵雍是战国时期赵国赵肃侯嫡子。常言道:"自古英雄多磨难。"赵雍小时候,母亲就不在了。他悲伤了一阵子,但很快抖擞精神,跟着老师攻读史书典籍,学习治国经验。

赵国、魏国、韩国是从晋国分离出来的三个诸侯国,合称三晋。赵肃侯在位时,赵、魏两国关系不睦,经常交战,韩国是双方都着力拉拢的对象。

为了密切与韩国的关系,赵肃侯让太子赵雍到韩国做人质。在韩国两年,少年赵雍老成持重,进退有据;对韩国君臣彬彬有礼,尽量展现善意,很受好评。每当有他国使者来韩都时,他都派人细心打探,时刻关注动态,掌握信息,研判后传回国内。

公元前326年，赵肃侯崩，十五岁的赵雍回国继位。为了加强与赵国的友好关系，韩威侯决定派兵护送。政治头脑过人的赵雍当即承诺五年后迎娶韩国公主。在韩国支持下，赵雍顺利继位，成为赵国第六代君主，后人称赵武灵王。

对于十五岁的赵武灵王来说，父亲的葬礼实在凶险。赵肃侯后期，为扫除赵国南向中原的最大障碍，他听从苏秦建议，连续发动合纵攻势打击魏国，魏国实力被严重削弱。赵肃侯死后，魏惠王欺赵新君年幼，立即联合楚、秦、燕、齐四国，假以会葬之名，各派精兵万人，伺机图赵。

战争一触即发，国家危在旦夕。在托孤重臣肥义建议下，赵武灵王决定针锋相对，以鱼死网破的决心、破釜沉舟的气势，迎接居心叵测的"贵宾"。

赵武灵王迅即命令全国进入紧急状态，全军实施一级戒备，充分做好应战准备；利用地缘优势，联合韩国和宋国，使赵、韩、宋三国形成品字形态势；重金贿赂越王无疆攻楚，迫使与赵国不搭界的楚国把注意力转移到老对手越国身上；重金贿赂楼烦王进击燕国和中山国，使它们自顾不暇；通知会葬的五国军队不得进入赵国边境，只许使者携带吊唁之物入境。

燕、楚两国被制约后，魏、秦、齐三国见赵军戒备森严，且赵、韩、宋联盟已成，不得不打消瓜分赵国的念头。魏惠王发起的五国图赵联合行动，就这样被赵武灵王挫败了。年少的赵武灵王初登君位便经受住了严峻考验，显示出雄才大略。

胡服骑射强军建

消除了外部威胁后，赵武灵王开始着手整顿吏治、革新政治。他任命阳文君赵豹为相，重用叔父公子成、肥义等人，国内局势很快稳定。他简政放权，减轻民众负担，操练军队，适时主动在列国发声，扩大赵国影响力。同时，他提拔了一批年轻人登上政治舞台，如赵文、周袑、富丁、赵固等，为臣僚队伍注入新的活力。

公元前316年，燕国国相子之篡位，燕王被黜，史称"子之之乱"。齐国打着"靖难"旗号派军队深入燕境,烧杀抢掠,差点灭掉燕国。为改善与燕国的关系,树立赵国的正面形象,赵武灵王将在韩国做人质的燕国公子姬职迎到赵国,立为新的燕王,然后派将军乐池护送回燕。公元前311年,姬职正式登上王位,是为燕昭王。赵武灵王的义举,赢得了列国赞誉,燕昭王更是感恩戴德。

那个时期,北方的楼烦、林胡、匈奴等胡人部落经常和赵国发生战争。胡人身穿短衣、长裤,作战骑在马上,开弓射箭轻松自如,往来奔跑迅速敏捷,而赵国军队虽然武器较为精良,但多是步兵和战车混合编制,加上官兵身穿长袍,甲胄笨重,骑马很不方便,所以在交战中常常处于不利地位。鉴于此,为取胡人之长补中原之短,打造一支战斗力强大的军队,减弱中原轻视胡人的心理,推进民族融合,公元前307年,赵武灵王决定向胡人学习,推行"胡服骑射",就是学习胡人穿衣、骑马、执兵等。他首先请教原为楼烦人的大臣楼缓,讲了自己的打算,得到大力支持。

要学习骑射,必须首先改革服装,采用胡人的短衣、长裤服式。公元前302年,赵武灵王开始改革。他的做法首先遭到以公子成为首的一些人的反对。为了说服公子成,赵武灵王亲自到他家做工作,用大量事例证明胡服骑射的好处。公子成终于同意,并带头穿上了胡服。但仍有一些王族公子和大臣极力反对,他们指责说:"衣服习俗,古之理法,变更古法,是一种罪过。"赵武灵王批驳道:"德才皆备的人做事都是根据实际情况而采取对策的,怎样有利于国家的昌盛就怎样去做。只要对富国强兵有利,何必拘泥于古人的旧法。"在大臣肥义等人的支持下,赵武灵王力排众议,强令在全国推行胡服。因为在日常生活中穿着胡服非常方便,所以改革很快得到民众拥护。

推广胡服成功后,赵武灵王接着训练骑兵队伍,改进军事装备,最后打造出一支比齐国技击、魏国武卒、秦国锐士战斗力更强的军队,为其开疆拓土提供了强大保障。

一场春梦埋隐患

公元前321年,赵武灵王兑现诺言,迎娶韩国公主做夫人。二人感情很好，生下了长子赵章，可惜，不久，夫人就去世了。这让自幼聪慧的小赵章处处显示出一副少年老成的样子，为人处世十分谨慎。赵武灵王见儿子争气，也很高兴，就册立其为太子。

如果事情就这样发展下去的话，赵章将顺理成章继承大位。然而，他的命运，以及赵国的命运，却因赵武灵王的一场春梦而改变。

公元前310年，赵武灵王到大陵游玩，晚上梦见一个美女对着他抚琴轻歌："美人荧荧兮，颜若苕之荣。命乎命乎，曾无我嬴。"失去韩夫人后，赵武灵王一直郁郁寡欢，正愁找不到可心的女人呢，这不是来了吗？他欣喜若狂，一觉醒来，却发现只是一场美梦，不由惋惜、徒叹。

也许是太爱梦中的那个美女了，一次在与大臣们饮酒时，赵武灵王毫不掩饰地讲了出来，还具体描绘了少女的形象。言者无意，听者有心。大臣吴广觉得赵武灵王说的太像自己的女儿孟姚了，于是把孟姚献了出来。赵武灵王一看，这不正是梦中的那个美少女吗？立即将其纳入宫中，宠爱有加。时人称孟姚为吴娃，意思是吴美女。

做王后不久，吴娃就为赵武灵王生下了王子赵何。谁知红颜薄命，公元前301年，与赵武灵王相伴了九年的吴娃，留下几个年幼的儿子走了。临死前，从没求过赵武灵王的吴娃，请求册立赵何为太子。悲痛欲绝的赵武灵王，当即便答应了。

当年，赵武灵王就改立赵何为太子，改封赵章为安阳君；命周袑、肥义等人做新太子的师傅，悉心教导。

英年退位灭中山

公元前299年，赵武灵王做出了另一个震惊朝野的重大决定——提前退位，让十岁的儿子赵何继承王位，是为赵惠文王。他自号"主父"，即君主的父亲。

好好的国君不当，为什么要当"主父"？原因有二，一是赵武灵王不想让宠爱的幼子输在起跑线上，要让他早些执掌权力，锻炼政治能力；二是赵武灵王不想再被内政上的琐事烦扰,想专心军事建设和对外战争,国内政治、经济事务全部交由赵何负责。为了保证胡服骑射政策依然能得到全面执行,赵武灵王在退位前任命推行"胡服骑射"的大功臣肥义为相,兼任赵何的师傅,千叮万嘱他一定要辅佐赵何当一个富国强兵的强势君王。

身为"主父"期间,赵武灵王有三件壮举名留青史。

假扮使官出访秦国。公元前298年,凭借当年迎立秦王之功,赵武灵王向秦国施加压力,迫使秦昭襄王嬴稷任命楼缓为秦相,以便为赵国谋得更多的利益。楼缓入秦时,赵武灵王扮作随从,跟在左右。进入秦地后,赵武灵王对沿途的地形地貌细加考察。进入秦都咸阳,楼缓会见秦国大臣时,赵武灵王也都在侧观察,对秦国大臣的贤庸强弱作深入了解。楼缓劝赵武灵王不可久留,以免被人识破。赵武灵王提出,走之前要亲眼见一见秦昭襄王。由于此前发生过秦昭襄王扣留楚怀王事件,楼缓起初坚决不同意,但在赵武灵王的坚持下,不得不答应。赵武灵王在国内很少抛头露面,只有军中之人对他比较熟悉。除了少年时与韩、魏两国国君见过面外,即便是赵武灵王立的燕昭王和秦昭襄王,赵武灵王都没见面。此次赵武灵王要见秦昭襄王也不是一时兴起,他想亲自了解这位秦王的为人,以便日后对秦决策。在秦国森严肃杀的王宫,面对庄重威仪的秦昭襄王和宣太后芈月,赵武灵王毫无紧张之色,不卑不亢,对答如流,令宣太后对他产生了怀疑。使团走后,秦昭襄王派人潜入赵国打探,才得知那个"状貌甚伟,非人臣之度"的使者竟是赫赫有名的赵国"主父"。

兵不血刃收服楼烦。公元前297年,赵武灵王巡视刚刚夺取的云中、雁门二郡,结果遇到楼烦王的军队。先前,楼烦王约林胡王共同击赵以收复失地,但林胡王认为赵军精锐难敌,不愿冒险。部下也劝楼烦王不要轻举妄动,可楼烦王不听,强令部众随己出击。见到赵武灵王的大部队,楼烦王的部下畏缩不前。赵武灵王知道他们怯战,于是派使者请楼烦王来见。在知道楼烦王被赶到阴山以北、生活很不如意等情况后,赵武灵王允许楼烦王率部回归河套故地,但要服从赵国的命令;接受楼烦人加入赵国的军队和官府。楼烦王见可以回归河套地区,而且没有什么损失,便同意了。楼烦部众知道赵国骑兵的待遇优厚,于是纷纷脱离楼烦、归附赵国。

四、饿死沙丘的雄主——赵武灵王

挂帅出征消灭中山。中山国原为白狄族,春秋时被称为鲜虞(也作鲜于),虽然不是一流强国,但正好楔在赵国的中央地带(全境只有东北角一小块与燕国接壤),因而代郡、邯郸、上党郡与旧都晋阳(今山西太原)四个重镇交通不便。赵国是一个北为游牧文明、南为农耕文明的国家,本来就存在严重的分裂趋势,中山国横亘中央使偏居南端邯郸的赵国对北方的控制更加不便。而且中山是一个游牧民族国家,插在农耕文明重镇邯郸与游牧文明重镇代郡之间,使代郡的离心力更强了。由于楔入赵国版图内,中山还经常受齐国唆使攻击赵都邯郸,成为赵国的心腹大患。赵武灵王即位后,就秉承先君遗志,多次展开对中山的进攻。公元前296年,赵武灵王终于大获全胜,吞并了中山国,将国王迁往肤施(今陕西榆林)。不久,中山国国王与楼烦王联合谋反,均被赵武灵王攻杀。在赵武灵王的授意下,赵惠文王下令将中山国改属代郡,设官镇守,赵国的版图由此大为扩展。

饿死沙丘实为憾

赵武灵王本以为传位后,政务由儿子打理,自己可以专心拓土开疆,可是,他渐渐感受到了压力。因为赵何在肥义等重臣的悉心辅佐下,逐渐适应并进入了角色,以赵王名义发号施令、治国理政,成为国内的政治核心。

赵武灵王此时才四十多岁,正当壮年,还有极强的权欲。为了夺回至高权力,他找到了赵章。赵章本无过错却被废太子之位,正一肚子不满呢,见父亲来找,遂一拍即合。在赵武灵王的默许下,赵章和老师田不礼大肆发展势力,要与赵王对着干。赵武灵王想:这样一来,赵何会请自己出面协调,自己就可以重出江湖,收回权力了。

一次,群臣前来朝拜。主父让新王主持,自己从旁暗中观察群臣和王室宗亲。看到赵章身材高大,反倒向北称臣,屈居于弟弟之下,主父心生怜悯,就想将国家一分为二,一为赵国,赵何做赵王,一为代国,赵章做代王,以此来弥补对赵章的亏欠,以及对韩氏夫人的愧疚。但是,赵武灵王想错了。一朝天子一朝臣，赵何已经是名正言顺的赵王，本人不会允许赵章分权，大臣们也不会同意主父重新掌权。

公元前295年，两派势力终于在赵武灵王居住的沙丘宫（今河北省邢台市广宗西北）展开了终极对决。赵章打着主父的旗号，以选看墓地为名，诏赵惠文王去沙丘。赵惠文王只得在肥义和将军信期的陪同下前往。到沙丘后，赵惠文王居一宫，赵武灵王与公子章居一宫。

田不礼劝公子章杀了赵何，再控制赵武灵王，继而以"奉主父之命"的名义称王。于是公子章借用赵武灵王的令符请赵何到主父宫议事。肥义感觉形势不妙，要赵惠文王与信期加强防卫，自己先去一探究竟，不归即为事变。

肥义进入主父宫后，没有见到主父，却见到了公子章和田不礼，自知回不去了。公子章与田不礼见以主父的名义都调不动赵王，知道他已有所准备，便决定抢先动手，就杀了肥义，再遣使者调赵王，如其不来，立即进攻。

赵惠文王见肥义未归而使者又至，明白了一切。经过逼问，得知肥义已被杀，信期怒斩使者，率军杀向主父宫，与迎面而来的公子章、田不礼及其部众展开激战。权臣李兑与公子成也很快率军赶到，参与平叛。赵惠文王的军队不久就控制了局面，田不礼被杀，公子章退入主父宫。

信期、李兑、公子成等率军将主父宫团团围住。李兑想向赵惠文王请示如何处置，公子成制止说："以目前之势，如果请示，赵王很难亲口下达诛其父兄的命令，如此，围攻主父宫、赶杀公子章就会成为莫大的罪过。而如果不请示，自己临机处置，赵王也一定会接受这个结果。"李兑与信期觉得很有道理，于是派兵攻入主父宫，诛杀公子章及其党羽。主父欲拼一死，但公子成等人只围不战，毕竟他是主父，谁敢以身弑君？却也不放主父走，因为他若是活着出去，肯定追究叛乱之事。想来想去，干脆让他自生自灭吧，即使以后赵王问起，也不会说什么，毕竟这样做是为了维护他的江山，他能不接受这份"好意"吗？于是，公子成、李兑将宫里的宫女、内侍全部赶走，之后封门、断粮、断水，将主父困在了沙丘宫里。

三个多月后，李兑命令士兵打开宫门，毫无意外，他们看到的是赵武灵王的尸体，就连树上的鸟蛋和幼鸟，都已被吃得干干净净。赵惠文王对主父之事一直不问,直到公子成报丧,才"痛哭一场",命令厚葬,举国致哀。

一代雄主赵武灵王竟落得如此悲惨下场,令人唏嘘。

【延伸阅读】

窃符救赵

公元前257年,秦国围攻赵都邯郸,赵孝成王向魏国求援。魏安釐王派晋鄙率兵十万前往,但怕秦国报复止步邺城。

信陵君是魏安釐王的异母兄弟,其姐姐是赵孝成王叔父平原君的夫人。接到平原君的求救信,信陵君请魏安釐王速令进兵,遭拒,无奈之下亲赴邯郸。经过魏都东门时,多次受过他帮助的守门老人、隐士侯嬴进言道:"您如此前往,岂不有去无还?如姬很得魏王宠爱。昔日,其父被害,是您帮她报了仇。何不请她窃出魏王兵符?您再挥军救赵。"信陵君即派宠妾颜恩入宫。

如姬果然答应帮忙,灌醉魏王盗出了兵符。信陵君带着兵符再向侯嬴辞别时,侯嬴说:"我的朋友朱亥,隐在屠市,是少见的勇士,我让他陪您前去,晋鄙若不交权,就让朱亥杀之。"

信陵君来到邺城,对晋鄙说:"将军带兵已数月,大王让我来接替。"晋鄙接过兵符仍半信半疑。信陵君一个眼色递过,朱亥抡锤便是一击,晋鄙登时气绝。

当夜,信陵君选出精兵八万,急赴邯郸,秦国撤围,赵国得救。

五、无冕女皇——芈月

【题记】战国时期秦国的宣太后芈月，既有说不完的传奇，也有道不尽的非议。她雄才大略、杀伐决断、纵横捭阖，巾帼不让须眉，不仅是中国历史上第一位"太后"，而且执掌朝政长达四十年，开启太后专权先例，是一个稳、准、狠的角儿，堪称吕雉、武则天、慈禧的先师。而在宫闱幕后，她还有不少风流韵事，令后人感叹。

乱中取胜掌大权

芈月，"其先楚人，姓芈氏"，是楚威王最宠爱的小公主。楚威王死后，芈月的母亲向氏被楚威后逐出王宫，芈月和弟弟芈戎苦度时日。为生活所迫，向氏改嫁给了一个小卒魏甲，生下儿子魏冉。聪慧绝顶的芈月与楚公子黄歇青梅竹马，真心相爱，但后来被作为嫡公主芈姝的陪嫁媵侍远嫁秦国，魏冉也跟着到了秦国。

芈姝当上了秦国的王后，芈月成为姬妾。姐妹之情在芈月生下儿子嬴稷后渐渐出现隔膜，芈姝处处打压防范芈月。直到称"太后"前，芈月的称呼一直是"芈八子"。战国时代，后宫除了王后以外，其他姬妾的地位从高往低依次是夫人、美人、良人、八子、七子、长御、少御等，"八子"的地位并不

五、无冕女皇——芈月

高。"芈月"这个名字,是后人根据兵马俑上的残字"芈月",以及阿房宫筒瓦上秦惠文王妃子"芈月"的合体陶文推测而来。

秦惠文王嬴驷死后,登基的秦武王对芈月母子很不友好,不仅没有提升他这位庶母的品级,还把她的儿子嬴稷送到遥远的燕国当人质。战国时代的质子,往往是待宰的羔羊、砧板上的鱼肉。此时的芈月母子过着骨肉分离、朝不保夕的日子。

困境之中的芈月做梦也想不到,四年的煎熬后,竟然是命运的大反转:儿子嬴稷登上秦国王位,而她成为中国历史上第一位"太后"!这一切戏剧性的转变,源于一个人离奇死亡、两个人鼎力相助和一连串的血腥宫斗。

离奇死去的是秦武王。秦人尚武,秦武王是个超级举重迷,喜欢"举鼎",并招募了任鄙、乌获、孟说等一批大力士,不但经常与他们比试气力,还把他们封为高官。公元前307年,一心要树立秦国威风的秦武王率大军抵达洛阳。可能是喝多了酒,他居然在孟说的教唆下以举龙文赤鼎的方式向周王室示威。然而,青铜大鼎是那么好举的吗?一举之下,大鼎旁落,秦武王的胫骨当场被砸断。几天后,二十三岁的秦武王"绝膑而死",成了天下的笑话。无处泄愤的秦惠文后为给儿子报仇,把酒后闯下滔天大祸的孟说灭族。因为酗酒,孟说付出的代价,堪称前无古人、后无来者。

鼎力相助的两个人是魏冉和赵武灵王。魏冉因才干过人,一直得到秦惠文王和秦武王重用,积累了相当的实力。秦武王意外死后,因其无子,诸兄弟围绕王位展开了激烈争夺。为了引发秦国内乱,在燕国的配合下,赵武灵王派人将在燕国为人质的公子稷护送回国。魏冉这时挺身而出,和姐姐芈月以及背后撑腰的燕赵两国一起,拥立公子稷为王。秦惠文后和武王后婆媳俩则共谋拥立秦惠文王次子——公子壮(史称"季君")为王。实力决定一切。公元前306年,二十岁的嬴稷成为新秦王,即秦昭襄王,芈月自称"太后"。

宫斗仍在继续。公元前305年,不甘大权旁落的秦惠文后、任庶长的公子壮、公子雍等发动政变,史称"季君之乱"。然而,政变很快被实力强大的魏冉平定。魏冉不仅果断将他们全部处死,而且还捎带着将武王后赶回了娘家魏国。成者王侯败者寇。尘埃落定之后,三十岁出头的美妇人芈月成了大赢家。

垂帘听政开了先

在群雄争霸、刀光剑影的乱世年代，男人主宰一切，做女人已是不易；在国君年幼、内忧外患、江山飘摇的国家，做太后更不易。王室内部争夺君位的动乱平定后，宣太后以秦昭襄王年幼为名，宣布亲自主政，魏冉辅政。"母后临政，自秦宣太后始"。

为巩固儿子的王位，初掌大权的芈月用了最有效的方法——联姻。她为儿子迎娶当时强国楚国的公主为王后，同时将秦国公主嫁与楚国，另外，任用亲信掌控军政大权。母亲的族人向寿担任宰相，一同为相并控制兵权的魏冉被封为穰侯。宣太后另封芈戎为华阳君，后改封新城君；封儿子公子芾为泾阳君，公子悝为高陵君。穰侯、华阳君、泾阳君、高陵君，人称"四贵"。

宣太后主政不久，楚怀王派兵攻韩。韩襄王多次派使者向秦国求救，但宣太后顾及楚国是自己的娘家，不同意出兵。韩国又派尚靳以唇亡齿寒的道理劝说秦国尽快派兵，宣太后便把他召来当面解释："解救韩国，每天要耗费数以千计的银两，秦国能有什么好处呢？"

无奈之下，韩襄王又派张翠出使秦国，先说服了左丞相甘茂。甘茂向秦王和太后进言说："韩国一旦投靠楚国，楚、韩就会联成一股力量，魏国就不敢不听摆布，这样一来，楚、韩两国就会挟持魏国危害甚至攻打秦国。您看坐等别人进攻与主动进攻别人相比，哪样有利？"秦国这才出兵救韩，楚国撤军。

公元前298年，宣太后和秦昭襄王共同召见赵国为秦国推荐的宰相楼缓。一番谈话后，宣太后认为使团中的一名随从绝非寻常。秦昭襄王对母亲的话半信半疑，第二天便派人去馆驿再召使者入宫。谁知使者已在前日会谈之后连夜返回赵国了。打探后才知，这位使者竟然是赵国的主父赵武灵王。

对于处理对外关系，宣太后也独具慧眼。公元前287年，齐、赵、韩、魏、楚五国合纵攻秦未能成功，诸侯在成皋（今河南荥阳）停战。秦昭襄王想让韩国公子成阳君兼任韩、魏两国的国相，韩、魏两国不同意。宣太后对秦昭襄王说："不要任用成阳君，其曾因你困于齐国，在他穷困时，你没有任用，当他受宠时，你又要任用，他不会满意；况且，韩、魏两国不同意，任用成阳君会有损于秦国与这两国的关系。"秦昭襄王听后打消了念头。

从秦昭襄王本人的角度来说，母亲和舅舅把持朝政，自己说了经常不算，滋味确实不好受，但从国家的角度来看，他们却是立下了大功，为秦国扩张了不少地盘。这单从"四贵"增加的封地就可看得出来。穰、宛、邓三地，是从韩国攻占得来的，新城是从楚国掠来的，定陶本来是齐国的。宣太后和魏冉还发掘出一位"人才"——武安君白起，这位降世杀星在长平一战中几乎屠尽了赵国的男人。赵国君臣肯定为当年护送嬴稷归国即位并帮助宣太后夺权悔青了肠子。

宣太后统治秦国长达四十年之久，在南面夺取了楚国的鄢、郢等重镇，在东面攻破了齐国，还曾多次攻打韩、赵、魏三国，扩张领土。史载当时的秦国"东益地，弱诸侯，尝称帝于天下，天下皆西向稽首"。

真情伪爱巧周旋

芈月年轻守寡，因为身份不可能再下嫁于人，于是有了许多情人，风流韵事层出不穷，其中最夸张的一段便发生在她与义渠王之间。

义渠是西戎最强大的一支，盘踞于泾水北部至河套地区，即今天的甘肃、宁夏一带，战斗力很强，像顶在秦国后心的一把刀子，对一心想要东出函谷关、争雄天下的秦国是致命威胁，两国之间时战时和。公元前319年，秦国攻打义渠夺取了郁郅。为了报复，义渠于次年参与了齐、楚、韩、赵、魏、燕六国合纵攻打秦国的战役。秦以锦绣千匹、美女百名拉拢义渠王，被拒之门外。义渠起兵伐秦，大败秦于李帛。因为这一重创，秦国不得不放缓东进步伐，把战略重心重新转向义渠。公元前314年，秦惠文王再次调集重兵，从东、西、南三面攻入义渠，先后夺取二十五座城池。义渠疆域大大缩小，实力锐减，迫不得已又归附秦国。

　　秦昭襄王继位、宣太后摄政后，义渠王到秦国朝拜。见到年轻的新秦王，桀骜不驯、身强力壮的义渠王颇为蔑视，好像分分钟都有可能重新反叛。在这种情形下，芈月决定改以怀柔和拉拢的策略。看到前来朝贡的义渠王投向自己的目光后，她灵机一动，心生一计。一夜风流之后，义渠王拜倒在芈月的石榴裙下，成了宣太后的伴驾情夫，戾气大减，叛乱的心思也就消弭在温柔乡了。此后，他经常来咸阳与宣太后暗通款曲，乐不思蜀。如此，宣太后笼络义渠王长达三十年之久，使秦国腾出手来发展经济增强国力，在诸侯国间攻伐不止，屡有斩获。

　　三十年后，秦国已成为诸侯国中的老大，不惧义渠的威胁了。公元前272年，宣太后择日将义渠王诱到甘泉宫"度假"，在温柔乡中突然变脸将其杀掉，后很快派兵灭掉了义渠，将其领地全部收入囊中，设立了陇西、北地、上郡三郡。经此稳、准、狠的一招，秦国不仅扩张了疆域，而且西部边陲再无后顾之忧，为宣太后的玄孙嬴政放手一搏、横扫六合、一统华夏奠定了重要基础。宣太后的运筹帷幄、杀伐果断由此可见一斑。

　　宣太后在与义渠王来往的三十年中，为义渠王生下两个儿子。其本意应该是利用私生子继承义渠的王位，从而兵不血刃将义渠收归秦有。但两个儿子都没养成，血缘怀柔政策失败。这促使她最终向义渠王下了杀手。

范雎出场势逆转

　　事业永无止境，权力就像鸦片。宣太后执政期间，攫取邻国疆土，独霸军政大权，肆意任人唯亲。秦昭襄王只能隐忍着老娘和"四贵"的飞扬跋扈，不敢表现出异议与不满。面对超级控制，他似乎麻木了，直到一个人出现。这个人就是范雎。

　　魏国人范雎，是一个难得的政治人才，口才极佳，曾游说列国，但没有成功，只好回到魏国，在中大夫须贾门下做事，后被怀疑通齐卖魏，差点被相国魏齐鞭笞致死。好在机缘巧合，秦昭襄王派使臣王稽出访魏国，范雎便在朋友帮助下，随王稽潜逃至秦。

公元前270年，范雎拜见秦昭襄王，抨击魏冉越过韩、魏而进攻齐国的做法，提出了"远交近攻"的策略，主张将近处的韩、魏作为兼并目标，而与远处的齐国等保持良好关系。秦昭襄王深表赞许，拜范雎为客卿。之后，范雎又提醒：秦国王权太弱，需要加强！据《战国策·秦策三》记载，范雎讲：臣在山东时，只听说秦国有太后、穰侯、泾阳君、华阳君、高陵君，而不知有秦王。宣太后专行无忌，穰侯遣使臣不奏，高陵君出入不报，泾阳、华阳君随心所欲判决事务。国家由这几人操纵，文武诸臣心中哪还有大王？如此下去，政令又怎能出自大王之手……淖齿控制齐政，最后将湣王吊在庙堂大梁上，湣王毙命。李兑执掌赵国，围困赵武灵王三个月，将他活活饿死。当今秦国，太后、穰侯呼风唤雨，高陵、泾阳推波助澜，都是淖齿、李兑一类的人。臣有幸今日尚能看见大王孤立于朝堂，真担心将来主持国政的君王不再是大王的子孙！

听了这番话，秦昭襄王不寒而栗，对范雎说："当年齐桓公得管仲，把他称为'仲父'，今日寡人得先生，先生也是寡人的'叔父'啊！"

范雎献策后，经过数年运筹，公元前266年，秦昭襄王迁"四贵"于函谷关外，拜范雎为相。随后，宣太后也交出政权，于次年离开咸阳来到自己的封地芈阳，彻底退居幕后。

芈月感情开放，有情夫，有男宠，即使到了老年，还宠爱魏丑夫。即将去世时，她传令让魏丑夫为自己殉葬。魏丑夫得知后十分害怕，请芈月最为信任、足智多谋的大臣庸芮前去游说。庸芮先问宣太后：人死后是否能感知到人间的事情，宣太后回答说不能。庸芮继而说：既然人死后没有知觉，那您为何要将自己心爱的人置于死地？如果死人真有知觉，那么您带着魏丑夫又怎么见先王呢？宣太后听了觉得有理，便收回了旨令。

公元前265年，宣太后去世，享年七十七岁，葬于芈阳骊山。一代女枭就此谢幕。

【延伸阅读】

可悲的楚怀王

公元前328年,熊槐继位,是为楚怀王。当时,楚国是诸侯国中面积最大、人口最多、军队最强的。公元前318年,以楚怀王为纵长,楚、齐、赵、魏、韩、燕、义渠七国合纵伐秦,但因各怀异心,为秦所破,天下形成楚、齐、秦三大势力,而楚、齐结盟。

公元前312年,秦国派张仪游说楚怀王:只要楚国与齐断交,秦愿割让六百里商於之地。鬼迷心窍的楚怀王竟与齐国断了交,但只得到六里地。恼羞成怒的他三次发兵攻秦,均遭惨败。公元前301年,秦出兵大败楚国,齐也联合韩、魏袭楚,楚国进一步没落。

公元前299年,在攻占楚国八城后,秦昭襄王约楚怀王在武关会盟。楚怀王不听屈原等人劝阻,决意前往,结果被同父异母的妹妹宣太后芈月和外甥秦昭襄王扣留。他拒绝割地保命,被囚禁。不久,楚国立太子熊横为王。

公元前297年,楚怀王侥幸逃脱,秦兵迅速封锁了通楚道路。楚怀王无奈逃往赵国,但赵国不敢让其入境。他又逃往魏国,不幸被追兵捉住。公元前296年,楚怀王客死咸阳,秦昭襄王把他的遗体送还楚国,"楚人皆怜之,如悲亲戚"。

六、成败一萧何 生死两妇人——韩信

【题记】 韩信，汉初三杰之一，中国历史上杰出的军事家。在楚汉战争中，韩信显示出卓越的军事才能，身经百战无一败绩，被奉为"兵仙""战神"。他的军事韬略为后世所推崇，战例被凝练出明修栈道、暗度陈仓，背水一战，四面楚歌，十面埋伏等成语。然而这样一位叱咤风云、为汉室立下汗马功劳的开国功臣，却惨遭吕后杀害并诛三族，结局令人扼腕叹息。其故里淮阴侯庙内有副楹联："成败一萧何，生死两妇人。"寥寥十字，高度概括了他大起大落、传奇而悲剧的一生。

寒士落魄历坎坷

韩信出身楚国没落贵族家庭，少有大志，心气极高。母亲去世时，尽管没钱安葬，他也坚持要把墓地选在地势较高、地形开阔的地方，以便将来能够安置万户人家为其母守墓。

韩信虽然志向远大，却无一技之长以谋生。母亲死后，他的生活极为落魄，连吃饭都成了问题。为了填饱肚子，他厚着脸皮到好友南昌亭长家寄食。几个月下来，引起亭长妻子不满。有一天，亭长妻子天亮前就做好饭，韩信来时他们已经吃完了。韩信自知被嫌弃，"怒，竟绝去"。

愤怒不能解决吃饭问题。韩信只好去河边钓鱼，但经常一无所获。一位常在河边洗丝的漂母看他可怜，接连几十天给他饭吃。有一天，韩信对这位善良的漂母说："将来我一定重重报答您。"漂母听后生气地说："你这么大个人还不能养活自己，我是看你可怜，哪里想要你报答！"说得韩信羞愧难当。

韩信虽然吃了上顿没下顿，却很重视自己的形象，不管走到哪儿都喜欢佩着剑——他仅有的财产。淮阴街上有个屠户很看不起韩信，有一天在大街上拦住他说："你虽然身材高大，还佩着剑，其实是个胆小鬼。你要是条汉子，就拿剑刺我；若是个胆小鬼，就从我胯下爬过去。"韩信打量了他一会儿，俯下身子从他胯下爬了过去。屠户哈哈大笑，淮阴整条街上的人都嘲笑韩信怯懦无能。

公元前209年，项梁起兵反秦。军队到了淮阴时，韩信带剑投军，但未得重用。项梁战死后，他归属项羽，当了一名郎中，在项羽帐下执戟站岗。韩信数次为项羽出谋划策，但均未得到采纳，郁郁寡欢。

公元前207年，项羽率各路诸侯四十万大军攻入咸阳，焚咸阳宫，屠秦宗室，然后自称西楚霸王，大封诸侯。他把刘邦"封"在了汉中和巴蜀偏远之地，把关中之地封给章邯等三名秦国降将，严密封锁了出汉中的通道。韩信知道刘邦志在天下，便离开项羽，追随刘邦而去。

然而，刘邦见过韩信后，只安排他做了管理仓库的小官。后来韩信犯法当斩，同案的十三个人都已处斩，轮到韩信时，他抬起头对监斩的夏侯婴说："汉王不打算得天下吗？为什么杀掉壮士？"夏侯婴见他相貌威武、言语不凡，就放了他，并把他举荐给刘邦。

韩信大难不死，还受到贵人相助，但并未时来运转。刘邦仍然没有特别重用他，而是让他管理粮饷。

兵仙有幸遇萧何

不久，韩信引起了上司萧何的注意，几次交谈后，萧何被韩信的见识和韬略深深折服。这时,汉军中不少将领不堪汉中贫瘠之苦,纷纷逃亡。韩信料想萧何应该已向刘邦举荐了自己,但刘邦迟迟没有回应,肯定是不想重用自己,失望之余,他决定离开刘邦,另择明主。

一天晚上,韩信乘着茫茫夜色,不辞而别。萧何听说后,来不及向刘邦报告,骑着快马连夜急追,次日清晨,终于在崎岖的山道上追上了韩信。他向韩信承诺,回去就向刘邦举荐他做大将军。刘邦听说萧何跑了,如同失去了左膀右臂,一夜未眠。忽然听说萧何回来了,他又气又喜,见了就骂:"你为什么逃跑?"萧何说:"我没有逃跑,是追人去了。"刘邦问:"你追的是谁?"萧何说:"韩信。"刘邦又骂道:"将领跑了十几个你都没有追,却去追一个韩信,分明是撒谎!"萧何说:"那些军官一抓一大把,而韩信举世无双。大王如果满足于待在汉中,则不必用韩信;如果想争夺天下,则非韩信不可。而且要用他,就必须让他做大将军,不然他还会跑。"刘邦说:"好吧,你把他叫过来,我封他做大将军。"萧何说:"封个大将军,岂能像吆喝小孩似的,须择吉日,正式登坛拜将。"刘邦对萧何向来言听计从,就同意了。不久,刘邦拜韩信为大将军,统管全军。这一年,韩信年仅二十五岁。

拜将仪式结束后,刘邦请韩信对局势"发表高见"。韩信说:"大王在勇敢、强悍、仁厚、兵力方面与项羽相比,谁强?"刘邦沉默了好长时间才说:"不如项羽。"韩信说:"我也认为您比不上。但是,尽管项羽震怒咆哮时,千百人大气都不敢喘,他却不能任用有才能的将领,所以不过是匹夫之勇罢了。项羽待人恭敬慈爱,将士生病,他心疼得流泪,把自己的饮食分给他们,但等到将士立下战功、该加官进爵时,他却把刻好的大印攥在手里,磨得失去了棱角也舍不得给他们,这就是所谓的妇人之仁。项羽违背义帝的约定,将自己的亲信分封为王,诸侯们都愤愤不平。项羽军队经过的地方,没有不横遭毁灭的,天下人几乎都恨他。他虽然名义上是霸主,实际上却失了人心,所以他的优势很容易转化为劣势。如果大王能反其道而行之,任用英勇善战的将领,把天下分封给有功之臣,兴正义之师,顺应将士们东归的心愿,有什么样的敌人不能击溃呢?况且项羽分封在关中的三个王,原来都是秦将,他们率领的数十万关中子弟不是被杀死就是被活埋,唯独他们三人活得好好的,关中的父老兄弟对他们恨入骨髓。而大王进入关中，秋毫无犯，约法三章，百姓没有不拥戴大王的。根据诸侯的成约，大王理当做关中王，项羽却把大王贬到汉中，秦地百姓没有不怨恨的。如果大王想向东挺进，只要一道文书就可以平定关中。"刘邦听了韩信这番分析，如醍醐灌顶，相见恨晚。后世学者对韩信的《汉中对》评价极高，认为不亚于诸葛亮的《隆中对》。

刘邦当即决定放弃张良"站稳脚跟、徐图关中"的战略，让韩信立即谋划出兵关中。刘邦还完全同意了韩信的军改方案，给予他极大的信任和支持，不仅出入同车，而且常常把自己的饭分给韩信，甚至把衣服脱下来给他穿。

数月后，汉军上下焕然一新，士气旺盛。韩信见时机成熟，明修栈道、暗度陈仓，五路出击，连战连捷，不到一个月就夺取了关中。韩信首战大捷，赢得了全军上下的信赖。

楚汉相争功勋特

公元前206年，刘邦利用项羽到齐地平叛之机，联合各路诸侯，打着为义帝报仇的旗号，突然向项羽发难，楚汉战争爆发。刘邦令韩信守关中，自己亲率五十六万联军，攻占项羽的都城彭城。项羽闻讯，率三万精骑千里奔袭，大败刘邦，并一路追击到荥阳。幸得韩信率兵及时赶到，将项羽死死挡住，刘邦才稳住阵脚。

公元前205年，刘邦采纳韩信"先弱后强"的策略，令韩信率两万汉军攻打项羽的盟友魏国。韩信采用声东击西之计，一边佯装强渡蒲坂津，一边亲率主力从夏阳用木桶巧渡黄河，一举攻破魏都安邑，然后前后夹击，生擒魏王，平定魏国。

公元前204年，韩信率五万汉军平定代国，随后进攻赵国。井陉道是进入赵国必经之地，道路狭窄难行，赵王亲率二十万大军在井陉口迎战。韩信大胆引兵进入井陉道，离赵军三十里下寨。半夜，他选两千轻骑兵，命他们每人持一面红旗，从小路绕到赵军营寨后面隐蔽起来，然后让副将传令全军："今天打败赵军之后会餐。"将士们谁都不相信。天亮后,韩信派一万人为先头部队,背靠河水摆开阵势,赵军看见,都大笑不已。韩信亲率主力,击鼓进军井陉口。赵军统帅率主力出营迎战,战斗良久,韩信佯装不敌,丢下旗鼓,退到河边的阵地,赵军随后掩杀而至。在营中观战的赵王见状,倾巢而出加入追击。背水结阵的汉军退无可退,无不拼死作战,赵军一时无法取胜。这时,埋伏在赵军营寨旁的两千汉军看到赵军倾巢而出就冲入赵军营垒,拔掉赵军旗帜,竖起两千面汉军的红旗。赵军统帅得知大营被占,大惊失色,以为留在营寨的赵王已被汉军俘虏,顿时阵势大乱。汉军乘机两面夹击,大破赵军,斩杀赵军统帅,活捉了赵王。此战,韩信用"置之死地而后生"的战术,背水一战,创造了以少胜多的经典战例。

战后,众将向韩信请教:为何违背兵法列阵,竟能取得胜利?韩信回答说:"兵法上不是说'陷之死地而后生,置之亡地而后存'吗?我们的士兵大多没经过训练,这与赶着街上的百姓去打仗无异,在敌占优势的情况下,他们如果知道有路可逃,一打起来肯定都跑掉了,还怎么取胜?"众将听了,莫不佩服。

接着,韩信招降了燕国。这样,仅用了不到一年时间,韩信就平定了魏、代、赵、燕四个国家,控制了整个北方。

公元前204年,刘邦在成皋被项羽打得惨败,与夏侯婴二人渡过黄河,径奔韩信军营。他们先在旅馆住了半个晚上,选在凌晨来到韩信军营,自称是汉王派来的使者,进入韩信大帐,趁他熟睡,将印符拿走,然后召集众将领集合,宣布任命韩信为丞相,命他攻打齐国,随后把韩信所有的部队都带走了。刘邦之所以能如此顺利地夺取韩信兵权,是因为在他身边安插了很多心腹,而韩信对此全然不知。

韩信没多久就又组织起几万人,准备攻齐。未到黄河渡口,刘邦手下的谋士郦食其已将齐国劝降,韩信便打算撤军。他手下的谋士蒯通进言说:"将军统帅数万人马,用了一年多不过打下赵国五十多座城池,而郦食其靠耍嘴皮子就拿下了齐国七十余城。一个将军反倒不如一个说客吗?何况你奉诏攻齐,并没有接到汉王停止进攻的命令,何不继续进攻?"于是韩信立即对齐国发动了突然袭击，击溃了齐军主力。齐王田广怒不可遏，认为郦食其是个骗子，把他投入锅里煮了。

项羽派大将龙且救援齐国，与韩信在潍水对阵。韩信事先用沙袋在上游将潍水截住。两军交战后，韩信佯败，退到潍水对岸。龙且率军渡潍水追击，韩信命上游决河放水，把龙且的军队隔成两段，汉军转身猛烈攻杀，全歼过河楚军，斩杀龙且，然后渡过潍水，追击溃逃的楚军，把他们全部俘虏。齐王见势不妙逃走，不久被杀，齐国全部平定。

公元前203年，韩信派人向刘邦上书，要求封自己为"假齐王"。当时，刘邦正被项羽围困在荥阳，情势危急，看了上书，勃然大怒，大骂韩信不救荥阳之急、竟想自立为王。张良、陈平暗中踩刘邦的脚，刘邦顿悟，改口骂道："大丈夫平定诸侯，要做就做真王，何必做假王？"于是派张良带着诏书前去封韩信为齐王，然后把他的部队都征调走了。

鸟尽弓藏王爵革

龙且战死，使项羽产生了恐惧，派人游说韩信反汉联楚。韩信谢绝说："我事项王多年，官不过郎中，位不过执戟。话没人听，计没人用，所以才离楚归汉。汉王授我上将军印，让我率数万之众，脱衣给我穿，分饭给我吃，对我言听计从，所以我才有今天。汉王如此待我，我若背叛不会有好结果。我至死不叛汉，请替我谢谢项王美意。"

蒯通劝韩信说："当今刘、项二王的命运都握在您的手里。您助汉王，汉王胜；助楚王，楚王胜。您应该抓住这个机会和他们三分天下，鼎足而立。我听说：'天与弗取，反受其咎；时至不行，反受其殃。'请您三思。"

韩信说："汉王对我不薄，我怎么能够背信弃义呢！"蒯通说："您功劳之大无可再封，已经让汉王感到威胁，我很替您担忧啊。"韩信说："我考虑考虑。"过了数日，蒯通再次劝说韩信，韩信不愿意背叛刘邦，谢绝了他的建议。

公元前202年，刘邦与韩信、彭越约定合围楚军，但韩信和彭越都失约没

六、成败-萧何 生死两妇人——韩信

有出兵,结果导致刘邦在固陵(今河南太康)遭楚军反击,大败而归。于是,刘邦听从张良之谋,把陈(今河南淮阳)以东至海边的广大地区作为齐王韩信封地,并由韩信指挥对楚最后决战。于是韩信指挥五路大军共六十万人马,合围项羽。在垓下,韩信与项羽展开决战,大败项羽,并将楚军重重包围。入夜,韩信令汉军四面唱起楚歌,使楚军丧失斗志,又安排了十面埋伏防止项羽突围,最终将楚军聚歼于垓下,项羽在乌江自刎。司马光在《资治通鉴》中评论道:"汉之所以得天下者,大抵皆信之功也。"

项羽死后,刘邦率各路诸侯平定鲁地,用突然袭击的办法,驾车驰入韩信军营,直接解除了他的军权。公元前202年初,改封韩信为楚王。不久,韩信等人拥立刘邦为皇帝,公元前202年2月,刘邦登基,是为汉高祖,定都长安。

韩信就国后,召见送给他饭吃的那位漂母,赠予黄金千斤。而对南昌亭长只赐了百钱,韩信说:"您是小人,做好事有始无终。"至于曾经让自己受到胯下之辱的淮阴屠户,韩信任用他做了中尉,并告诉手下说:"这是位壮士。当年侮辱我的时候,我难道不能杀他吗?但杀掉他无益,所以我忍了一时的侮辱而成就了今天的功业。"

韩信做楚王不久,项羽手下大将钟离眜前来投奔。刘邦吃过钟离眜的大亏,十分恨他,听说钟离眜在楚国,下令让楚王逮捕他,韩信窝藏不报。

韩信初到楚国时,巡视县邑,进出都带着武装卫队。有人上书告发韩信谋反。刘邦召集诸将,征求意见。诸将都说:"应该马上发兵,去活埋了这小子。"刘邦半天没说话,私下征求陈平的意见。陈平问:"我们的兵有楚国多吗?"刘邦回答:"没有。"陈平又问:"诸将有谁是韩信的对手?"刘邦说:"没有。"于是陈平给刘邦出主意,假托巡视诸侯、游云梦泽之名,让韩信到陈地拜见,乘机抓捕他。刘邦接近楚国边境时,韩信曾想发兵造反,转念一想,觉得自己没犯啥罪;但去见刘邦,又怕被擒。有人对韩信说:"杀了钟离眜去朝见皇上,皇上一高兴,就没事儿了。"韩信找钟离眜商量,钟离眜说:"刘邦之所以不攻打楚国,是因为我在您这里,您想逮捕我取悦汉王,我今天死,您也会紧跟着死的。"他自刎前对韩信说:"您不是个忠厚的人!"韩信拿着钟离眜的人头去见刘邦,结果一见面刘邦就命令武士将其绑了,扔在随行的

车上。韩信喊道:"果真像人们说的一样,'狡兔死,走狗烹;飞鸟尽,良弓藏;敌国灭,谋臣亡'。现在天下已经平定,我也该遭烹了!"刘邦说:"你不要叫,有人告你谋反。"刘邦命令给韩信戴上刑具,但到了洛阳,就赦免了韩信,贬其为淮阴侯。

失意谋反性命折

贬为淮阴侯后,韩信和当年的部下、封了侯爵的周勃、灌婴等同列,他因此感到很丢人,整日闭门不出,对刘邦怨恨不已。有一天,韩信拜访樊哙。樊哙曾经是韩信下属,对韩信极为敬重,跪拜送迎说:"大王竟肯光临,真是我的荣耀。"韩信却自嘲说:"我这辈子竟然和樊哙这般人为伍了。"樊哙是刘邦的连襟,功勋卓著,也封了侯爵,如此人物,韩信竟耻于与之同列,可见他自视之高。

韩信知道刘邦忌惮自己,常常托病不上朝。有一次刘邦召见韩信,议论了将军们的高下后,上问曰:"如我,能将几何?"信曰:"陛下不过能将十万。"上曰:"于君何如?"信曰:"臣多多而益善耳。"上笑曰:"多多益善,何为为我擒?"信曰:"陛下不能将兵,而善将将,此乃信之所以为陛下擒也。且陛下所谓天授,非人力也。"此话虽先抑后扬,给了刘邦面子,却隐含有刘邦不过是先天命好罢了,论带兵打仗远比不上他的意思。

公元前200年,韩信旧部陈豨被任命为钜鹿郡守,向他辞行,韩信支开左右侍从对陈豨说:"你管辖的区域,是天下精兵聚集之处;而你是陛下信任的臣子。如果有人告发你谋反,陛下一定不会相信;再次告发,陛下就会怀疑;第三次告发,陛下必然大怒而亲自率兵征讨。你若起兵,我将在京城助你一臂之力。"陈豨向来敬佩韩信的谋略,答道:"好,唯将军之命是从。"

公元前197年,陈豨果然起兵造反,刘邦亲率大军前去征讨。韩信托病没有随从,暗中和家臣谋划,打算夜里假传诏书赦免狱中的罪犯,发动他们袭击吕后和太子。恰在此时,一位门客犯错被韩信关了起来,门客的弟弟为救哥哥便向吕后告密韩信谋反。吕后与萧何商议后，决定诱杀韩信，于是传话说陈豨已被平定，命诸侯与群臣入朝祝贺。韩信起初称病不肯入朝，萧何亲往力劝："即使有病也应该强打精神参加朝贺。"韩信对萧何这位伯乐非常信任，便去了长乐宫，结果被吕后斩于钟室，并被夷灭三族。韩信临终前说："吾悔不用蒯通之计，乃为儿女子所诈，岂非天哉！"韩信死时，年仅三十六岁。

叹韩信一生，成也萧何，败也萧何；落魄时得救于漂母，功成后惨死于吕后。国士无双，结局悲惨。盖世名将，就此落幕。

耐人寻味的是刘邦对韩信之死的表现："高祖已从豨军来，至，见信死，且喜且怜之。"

司马迁对韩信之死也表示了同情，评价道："假令韩信学到谦让，不伐己功，不矜其能，则庶几哉！"

【延伸阅读】

象棋的发明人

象棋是中国传统棋种，来历传说不一，以下说法流传最广。

刘邦统一天下后，屡建战功的大将韩信被吕后诱捕入狱。一天，狱卒给韩信送饭时，眼里的泪花直打转，韩信感到不妙，就问："吕后是不是要对我下毒手了？"狱卒点头。韩信大笑道："打完兔子杀猎犬，射尽飞鸟藏良弓嘛！从古至今都是这样，没啥可怕的。"说罢，韩信取来一根筷子，在地上画了个方框，在框中画了一条"界河"，接着又在界河两边各画了三十六个节点，说："本侯今年刚好三十六岁，一生助汉灭楚，屡立大功，到头来却死在一个女人手里。你平时对我百般照料，我没机会报答你了，就把生平所学的奇术传给你吧。"他让狱卒取来纸笔，把纸裁成三十二个小块，布在方框内界河两方。一面的十六块纸片各写上帅、仕、相等字，另一面的十六块纸片写上将、士、象等字。摆好后，韩信边移动纸片边告诉狱卒："这个方框就是千军万马的大战场，两面各代表一方的军力。用兵之道，贵在主帅多谋善断，通盘筹划，奇正配合。"并具体地教狱卒如何跳马、出兵等。

此后，韩信每天都和这个狱卒守着方框（棋盘）研究兵法。不久，韩信被吕后杀死，那个狱卒也逃走了。他躲在深山里，搭了间草棚，开荒种地，一有空闲，就专心研究韩信传授的奇术。因纸片易烂，他就换成了扁圆形小木头坨儿，为好区别又染成红、黑两色，并据"奇"的谐音，把"奇"叫作"棋"，还写了一本《棋谱》传给了儿子。

后世许多卓越的军事家都是象棋高手，如文天祥、朱德等。

七、丝路巨擘——张骞

【题记】 西汉初年，中原与西北游牧民族匈奴时有冲突，屡遭失利。一代雄主汉武帝继位后，为扭转这种困局，便把视野投向茫茫西域：联合诸国抗击匈奴，以求边境安宁。然而西域去国万里、一路大漠风沙，谁敢去完成这个伟大使命呢？只有非常之人，才能为非常之事，创非常之功。开通西域的非常之人，便是赫赫有名的张骞。

孤独海选敢为先

公元前 3 世纪，在欧亚大陆北部的原为夏后氏遗民、后与当地土著融合的游牧民族匈奴，逐渐建立起匈奴帝国，由中央王庭、东部的左贤王和西部的右贤王三部分组成。冒顿单于时期，匈奴帝国达到鼎盛，占领了东达辽河、西至葱岭、南达秦长城、北至贝加尔湖一带的广大区域，并不断袭扰汉朝边境，成为汉朝的心腹大患。

为解决北部边患，公元前 200 年，汉高祖刘邦亲率三十余万精骑北伐匈奴。铜辊告捷后，他乘胜追击，不料中了诱兵之计，被围困在白登山，最后采取陈平之计，巧以重金贿赂单于阏氏，汉高祖才得以脱险。

公元前 192 年，高祖去世三年后，冒顿单于变本加厉，竟写信调戏吕太后:"听闻汉君已逝,你独守空房,我与你一样老来鳏寡,欲与汝合婚,以尽鱼水之欢。"吕太后见信大怒,但无奈国力虚弱,只好回信说:"我已年老色衰,无力服侍大王,愿送年轻、貌美公主,永续两国之好。"此后,西汉采取和亲输贡策略,以休养生息。经过六十多年持续发展,社会经济迅速恢复,国力蒸蒸日上。

公元前140年,刘彻继位,是为汉武帝。他决心洗刷多年耻辱,一面更化改制,广招天下贤良;一面准备反击匈奴。

恰在此时,汉武帝从俘虏口中得知大月氏与匈奴有不共戴天之仇。起初,月氏人在祁连山一带活动,那里牧草丰盛、牛羊成群。他们过着天堂牧歌般的生活。月氏人实力强大,在河西走廊的主要民族中有着举足轻重的地位,乌孙、康居、匈奴诸族都曾受其奴役。后来,月氏被异军突起的匈奴打败,其国王的头颅竟被匈奴老上单于制作成饮器,月氏人虽极为愤慨,却无能为力,被迫西迁。大部分月氏人来到伊犁河流域及伊塞克湖附近,这部分人被称为"大月氏",还有一小部分月氏人向东南迁徙,与在河西走廊与祁连山间的古羌族融合,称为"小月氏"。

汉武帝闻讯当机立断,在全国海选使者,欲联合大月氏抗击匈奴。然而张榜一月有余,却无人揭榜。原因是什么呢?

原来,西域当时在人心目中是不折不扣的化外之地。《山海经》记载了很多出没西域的怪物,比如犀渠,看起来像一头黑牛,声音柔弱如婴儿,但会张开血口吃人;又如九尾巨蛇,每个尾巴都有毒孔,分分钟能把人毒死;还有傲因,是一种介于人和猛兽之间的生物,穿着像人类,却有利爪,专食人脑。这些介绍令人不寒而栗!加之汉朝与匈奴素有仇怨,世人对匈奴有着"不通教化,茹毛饮血,杀人如麻"的认知,因此,出使西域犹如驾一叶扁舟去独闯波涛汹涌的大海一样,被认为是不可能完成的事。

眼看榜期要到,却无人敢揭,汉武帝心有失落。忽然,侍者禀报郎官张骞揭榜,汉武帝喜出望外。张骞是建元二年的郎中,博学多识,且为人慷慨、意志坚韧。在汉武帝眼中,张骞无疑是出使西域的合适人选。

公元前138年,汉武帝举酒饯别,使命在肩的张骞接过符节,挂缰大喝,带领由胡人堂邑父做向导的一百多人使团,向茫茫西域进发。

劫波渡尽回长安

　　寻找大月氏,使团需取道匈奴境内。进入陇西后,只见日色昏黄,满目寂寥;寒风呼啸,蓬蒿断落,野草枯黄一片;远处山峰重叠错乱,鸟儿飞过也不肯落下,只留下几声悲鸣划过寒空。环境险恶,加之补给不支、饮食粗糙,许多人病死于途中。

　　使团走了数十日,张骞隐隐约约望见一群人影晃动,心里暗喜,但随着人影迫近,才发现他们个个威猛彪壮,身挎利剑,策马汹汹。张骞又心生忐忑,生怕遇见了匈奴士兵。但他故作雄壮,保持着大汉使节的尊严和威仪。不幸,来人正是休屠王的骑兵。一番理论后,休屠王并没有杀害张骞,而是把他押送至王廷龙城(今和硕柴达木湖附近)。

　　由于和亲政策,单于对张骞使团还算客气,举行了盛大的欢迎仪式。张骞虽然没说出使大月氏的意图,但单于似乎猜了出来:"月氏在吾北,汉何以得往使?吾欲使越,汉肯听我乎?"遂扣留张骞,并安排一个匈奴公主与之成亲。

　　起初匈奴人看管很严,但张骞为人慷慨又颇讲义气,深受匈奴人喜欢。在匈奴生活期间,他全方位了解匈奴的风土人情、治理策略以及通往西域的道路,并学会了匈奴人的语言。转眼就是十年,当初意气风发的张骞,如今已两鬓斑白,但他始终不忘使命,随身携带符节,时刻寻觅机会逃走。

　　公元前129年,匈奴数万铁骑侵犯上谷,汉武帝兵分四路反击并取得龙城大捷,张骞和助手趁防备松懈连夜逃出。那一夜,凛冽的西风卷起漫天黄沙,张骞脚步一顿,向东极力远眺千里之外的"未央宫阙",然而目力所及皆是黑暗,于是只能叹一句"君恩未得报,何论身命倾!"他们跋涉数月,历尽坎坷,翻越帕尔米高原来到大宛国。一向威仪的张骞此时疲惫不堪,衣衫褴褛,一行人犹如集体行讨的丐帮。

大宛国（今乌兹别克斯坦、塔吉克斯坦和吉尔吉斯斯坦三国交界区）早就耳闻汉朝富饶，想要结交，只是没有机会，如今见使团突然找上门来，便极尽地主之谊。张骞说了出使西域的初衷，并承诺如果大宛国给予支持，功成之后汉朝必馈赠大量金银财宝。国王毋寡欣然应允，热情安排向导、翻译及车马随护一同前往康居国。康居人对汉使十分友好，又护送张骞一行到大月氏。

大月氏败于匈奴、月氏王死后，王后带领民众一路向西，先是占据乌孙国地盘，后被乌孙王猎骄靡打败，只得翻越葱岭来到阿姆河流域建立政权。阿姆河流域沃野千里，物产丰富，大月氏民众安居乐业，逐渐过起乐不思蜀的生活，对匈奴复仇的意愿也慢慢淡化。张骞利用各种机会向大月氏王后陈说利弊，但王后态度暧昧，始终没有给出明确答复。等了一年有余，张骞无功而返。

张骞吸取上次被扣教训，改走南道，打算由昆仑山北麓经瓦罕走廊、塔什库尔干、于阗（今新疆和田）、扜弥（今新疆科里雅），再经青海羌人区回长安。但自从张骞逃离后，与汉朝连年征战的匈奴人日夜把守南山（祁连山）地区。结果，张骞又被匈奴抓住并押至龙城。公元前126年，匈奴军臣单于去世，其弟伊稚斜打败太子自立为单于，张骞趁此内乱之机，带领助手堂邑父和妻子逃回长安。

出发时，张骞二十五岁，经过漫长的十三年的生死冒险，一百多人的使团如今只剩下他和助手堂邑父。汉武帝听闻张骞回来了，简直不敢相信自己的耳朵，一时间，记忆如潮，涌向脑海。在大殿内，他满目搜索着张骞的影子。见到汉武帝，原本有千言万语的张骞，却一时哽咽，不知从何说起，所有的心酸、苦楚都化为一衫泪水。朝堂上的群臣无不满含敬意地注视归来的英雄。

张骞这一次出使西域，虽然没有达到目的，但对西域的地理、物产、风俗习惯有了比较详细的了解，为汉朝开辟通往中亚的交通要道打下了基础。

助战有功获封迁

公元前127年，匈奴左贤王部进犯上谷、渔阳。汉朝材官将军韩安国率七百人出战，负伤败阵，退守壁垒不出。"是时虏言当入东方"，汉武帝遂命韩安国部向东移驻右北平，以阻挡匈奴向东方深入，同时令车骑将军卫青、将军李息急速出兵云中，突袭匈奴防守薄弱的河南地。卫青、李息率部出塞后，从云中向西大迂回包抄，突然掩袭匈奴白羊王、楼烦王并一举击溃之。是役，汉军歼敌数千人，俘获伏听者三千多人及牛羊百余万头，收复了河南地全部土地，穿行千余里到达陇西。随后，汉武帝在河南地置五原郡与朔方郡，并采纳中大夫主父偃的建议，修筑朔方城，招募十万内地居民至朔方实边。昔日匈奴刺向汉朝后背的利刃，迅速转变为汉军指向匈奴前胸的长戟。

公元前124年春，北方大旱，大量牲畜死亡，加之怨恨西汉收复河南地，匈奴右贤王便数次进袭朔方，杀掠吏民，企图夺回河南地。为确保朔方，汉武帝命卫青率三万骑出高阙，并指挥游击将军苏建、强弩将军李沮、骑将军公孙贺、轻车将军李蔡四位将军俱出朔方，远程奔袭右贤王庭；同时，以大行李息、岸头侯张次公为将军，率部出右北平，牵制左贤王部。张骞刚从西域归来，对匈奴的排兵布阵、作战思维、水草分布了如指掌。基于此，张骞以校尉身份跟从卫青出击匈奴右贤王部。

卫青率军连夜奔袭。倨傲的右贤王认为汉朝军队不可能短时间赶来，因此饮酒大醉，与爱妻酣眠。他哪里知道，卫青已趁着夜色策马奔驰，悄悄完成了对他的包围。战斗打响后，右贤王从梦中惊醒，发现大势已去，遂"夜逃，独与壮骑数百驰，溃围北去"。这场夜袭卫青大获全胜，俘获匈奴一万五千人，牲畜数万头，被兵家誉为传奇。汉武帝接到战报后，喜不自胜，马上派特使捧着印信，到军中封卫青为大将军。

同年秋，不甘失败的伊稚斜单于亲率人马再次袭击代郡，汉都尉朱英被杀，数千汉人被俘。刚打过胜仗的汉军岂肯罢休。公元前123年春，卫青两次从定襄出兵，斩获匈奴万余人。

漠南的几次关键战役，张骞"知善水草处，军得以无饥渴"，保证了战争的胜利。因其助战有功，汉武帝封他为"博望侯"，封地在今天的南阳市方城县博望镇，取"博广瞻望"之意。

再出西域丝路现

与匈奴作战期间，汉武帝多次向张骞询问西域等国的情况。张骞认为乌孙国连接天山南北，地缘战略突出，建议招乌孙东返敦煌一带，与汉共同抵抗匈奴："今单于新困于汉，而故浑邪地空无人。蛮夷俗贪汉财物，今诚以此时而厚币赂乌孙，招以益东，居故浑邪之地，与汉结昆弟，其势宜听，听则是断匈奴右臂也。既连乌孙，自其西大夏之属皆可招来而为外臣。"这就是西汉著名的"断匈奴右臂"战略。

一天，张骞想起他曾在大夏国看到有人卖蜀锦和蜀地邛竹杖，当时经询问得知这些商品是通过身毒国（今印度）贩来的。他由此断定经西南可到达身毒国，并最终可至西域，于是向汉武帝建议从西南开辟一条道路，绕过匈奴去西域。汉武帝认为可行，并让他负责寻找新通道。

公元前122年，张骞委派王然于等人，经四川宜宾地区，分四个方向去寻找通往身毒国的道路。由于山高路险，行进十分困难，并未到达目的地。其中一路人马到达昆明后，听说西边一千多里外有一个滇国，打仗不用骑马，而是骑大象。于是，他们改变路线开始寻找滇国。当他们会见滇王时，滇王竟好奇地问："汉朝同我们滇国比较，哪一国更大呢？"使者到达夜郎国时，夜郎侯也问了同样的问题，这就是"夜郎自大"典故的由来。汉使还发现，西南各地的少数民族对汉朝的情况也几乎一无所知。

此后，汉王朝加强了同滇国、夜郎及西南少数民族的联系。公元前111年，汉王朝正式设置牂柯、越嶲、沈黎、汶山、武都五郡，后又置益州、交趾等郡，基本上完成了对西南地区的开拓，为打通南方丝绸之路创造了条件。

公元前121年夏，汉武帝令霍去病率军出击河西地区，并派张骞、李广率万余骑兵出右北平，进击左贤王部。由于张骞立功心切，私自改变行军路线，部队惨遭失败。按军法，张骞应被处死，他拿钱赎命，才逃过一劫，被贬为平民。霍去病在河西地区获得大捷，汉武帝在这里先后设置了武威、酒泉、张掖、敦煌四郡。匈奴在河西走廊基本没有了立足之地，被迫北迁。正如匈奴民谣所述："亡我祁连山，使我六畜不蕃息；失我焉支山，使我妇女无颜色。"

公元前119年，卫青和霍去病各率五万大军，击败匈奴，取得了决定性胜利，此后"匈奴远遁，漠南无王廷"。这一年，汉武帝重新启用张骞为中郎将出使乌孙，并配以大量持节副使，联络西域诸国。张骞顺利到达乌孙国后，发现乌孙国情况比预想的复杂。此时，乌孙王猎骄靡已垂垂老矣，太子蚤早逝，他临死前苦苦哀求父王把王位传给儿子军须靡，千万不要让他人取而代之。太子所说的"他人"正是他的弟弟，朝中的实权人物，善于带兵打仗，但时时窥视王位。猎骄靡由于爱子心切就答应了太子蚤的请求。但孙子军须靡势单力薄，猎骄靡不得不分出一万多人马保护他，自己留一万多骑自保，这样乌孙就形成了三足鼎立之势，陷入分裂。当张骞提出乌孙东迁浑邪故地的建议时，乌孙王无暇东顾，没有答应。久经磨砺的张骞深知任何外交活动都不能一蹴而就。于是，他一方面派遣随行的副使到大宛、康居、大月氏、大夏、安息、身毒等国交流；另一方面他留在乌孙国继续游说，但始终没有得到回应。

公元前115年，乌孙王派遣向导和使者护送张骞回汉。张骞回国后，被武帝封为大行令，位列九卿。公元前114年，一生致力于通使西域的张骞完成了终生使命，享年五十岁。张骞去世后几年，派往西域的副使，在各国使者的陪同下陆续归来。汉朝威名大震，张骞曾经的"博望侯"封号成了汉朝使者的代名词。

来到汉朝的乌孙使者目睹了大汉的强大富饶，回去后向乌孙王做了汇报，乌孙遂与汉朝通婚交好。公元前105年，乌孙国以一千匹马为聘礼，迎娶江都公主刘细君，细君公主在复杂微妙的乌孙国中处变不惊，长袖善舞，经常"置酒饮食，以币帛赐王左右贵人"，博取乌孙贵族欢心。她的机敏、练达和真诚，很快赢得了乌孙王的信赖和臣民的尊敬。据《汉书》记载，西汉和亲的女子，姓名可考者数人，但真正获得成功的，刘细君是第一人，这次和亲也标志着张骞出使的成功。

张骞两次出使西域之前，西域与汉朝的交往是零星的、断续的、小规模的民间交流，张骞两次出使西域后变成了大规模、持续、官民结合的交流。一条与西域各国相连的陆上交通大动脉形成了，它东起长安，经甘肃、新疆，到中亚、西亚,并连接地中海各国。二百年后,经由这条大动脉,中国的丝绸、瓷器、先进文化源源不断输送传播到西域各国,开启了亚欧大陆经济和文化交流、发展的新篇章。

1868年,德国地理学家李希霍芬来到中国,开始了为期四年的考察。归国后,他在巨著《中国——亲身旅行的成果和以之为根据的研究》中首次提出"丝绸之路"这个概念。1936年,瑞典探险家斯文·赫定出版《丝绸之路》。从此,"丝绸之路"一直沿用至今,成为张骞留给世界的弥足珍贵的遗产。

流风余韵两千年

张骞开启的西域之行,促进了汉朝和西域的交流,西域天物奇宝源源不断输送到汉朝。据史书记载,汉武帝专门辟出奇华殿存储西域的各种宝物:海中明珠、玳瑁、犀牛角、孔雀翎随处可见;于阗玉石、细布、香料等琳琅满目。上林苑中有一座扶荔宫,种植各种奇花异草和稀有果树,包括菖蒲、百本、山姜、十本甘蕉、龙眼、荔枝、橄榄、葡萄、石榴等。

在诸多佳果中,石榴和葡萄最为著名。公元前119年,张骞二使西域,来到安石国。其时,安石国正值大旱,庄稼枯黄,赤地千里。张骞便把汉朝水利技术传授给他们,救活了大片庄稼,同时也救活了御花园内的石榴树。在张骞回国时,安石国国王送给他许多金银珠宝,他却只带回了一些石榴种作为纪念品。回到长安后,这些石榴种被种植在上林苑、骊山脚下,也就是今日的西安临潼地区,临潼也成了我国最早的石榴产地。

张骞出使大宛国时,看到葡萄并带回种植。葡萄晶莹剔透,甜美可人,受到广泛喜爱。葡萄之所以珍贵,还在于其酒难酿。据传,在东汉灵帝时,扶风的富人孟佗用一斗葡萄酒贿赂大宦官张让,张让立刻让他担任了凉州刺史。文人墨客也多有诗赞美,唐代诗人王翰的《凉州词》堪称佳篇:

七、丝路巨擘——张骞

葡萄美酒夜光杯，欲饮琵琶马上催。

醉卧沙场君莫笑，古来征战几人回。

葡萄带给国人浪漫唯美的陶然诗意，而西域宝马则成了挑起战争的"祸端"。张骞第一次出使西域归来后，曾向汉武帝禀报，大宛国高山上有一种难以驯服的野马，为了得到这种野马的基因，大宛人将一些母马放入高山，与野马交配，产下的宝驹体型好、速度快、耐力强，在奔跑中身上渗出像血一样的汗液，被称为"汗血宝马"。

张骞二次出使西域归来时，乌孙国送了几十匹良马和牧草良种。汉武帝在河西走廊设立牧师苑，培育山丹马，但他对汗血宝马还是念念不忘。公元前104年，他命使臣重金求购，但大宛国视汗血宝马为国宝，不仅予以拒绝，而且杀了汉使。汉武帝大怒，派贰师将军李广利讨伐大宛国。一场因汗血宝马引起的战争，历时四年，最终以大宛国送汉朝善马数十匹，中马以下三千匹而结束。

张骞去世一百多年后，出生在扶风的班超，受其精神熏陶，自小立志：立功异域，万里封侯。后来，班超投笔从戎，北击匈奴，平定西域五十多个国家，受封定远侯。他以百折不挠的毅力实现了自己的理想，成为张骞之后又一个出色的大家。

公元97年，甘英奉班超之命率团出使大秦。他们从龟兹出发，经过疏勒，翻越葱岭，抵达大宛、大月氏，然后到达安息，最终来到波斯湾东岸的条支。甘英成为首位到达波斯湾的中国人。

唐代高僧玄奘从长安出发，渡尽劫波到达印度，带回经书六百多部。归来后，他与弟子一起潜心翻译经书千余部，所撰《大唐西域记》对后世影响深远。

明代航海家、外交家郑和秉承"内安华夏，外抚四夷，一视同仁，共享太平"的外交理念，七下西洋，完成了人类航海史上的伟大壮举，成为"海上丝路先驱"。

【延伸阅读】

苏武牧羊

公元前100年，匈奴且鞮侯单于继位，尊大汉为"丈人"，并将扣押的汉使送回长安。作为回应，汉武帝派中郎将苏武出使答谢。不料，使团准备返回时，匈奴内乱，苏武一行因受牵连被扣留。

最初，单于百般威胁利诱，但苏武始终不屈服。时值严冬，大雪纷飞，单于命人把苏武丢进一个露天地窖，断绝食物和水。过了好些天，单于见苏武竟然还活着，便把他流放到北海（今贝加尔湖一带）放羊，并说："什么时候公羊生了羊羔，我再让你回汉。"

苏武在北海持节放羊，苦度时日，渴了就吃一把雪，饿了就捡野果充饥，冷了就抱羊取暖。这样日复一日，年复一年，苏武也熬得须发皆白。

公元前85年，匈奴再起内乱，单于又派使者与汉通好。汉昭帝要求放回苏武等人，匈奴骗说苏武已死。后来，汉使买通单于手下，得知苏武下落，便对单于说："我们皇上在上林苑射下一只大雁，它脚上拴着一条绸子：苏武说他在北海放羊。"单于看瞒不过，只好放回苏武。公元前81年，在北海牧羊长达十九年的苏武回到汉地，官拜典属国。

八、凤凰涅槃的史圣——司马迁

【题记】中国漫长的历史长河中，从来不乏史学家，却没有人像他一样废寝忘食，用赤诚之心谱写无韵之离骚；含垢忍辱，用顽强之志铸就史家之绝唱。他就是中国历史上前无古人、后无来者的忍辱修史第一人——司马迁。他如何在读万卷书、行万里路的人生历练中成为京城学霸？他又是怎样在泰山与鸿毛的生命追问中、在呕心沥血的执着中走向人生巅峰？让我们走近司马迁，明悟史圣的凤凰涅槃之路。

书香门第育郎官

司马迁，字子长，西汉夏阳（今陕西韩城）人，生于史官世家。其先祖自周代起就担任王室太史，掌管文史星卜。但后来家道中落，祖父司马喜通过四千石粮捐来一个有名无实的"五大夫"爵位，全家才得以免除徭役。其父司马谈饱读诗书，通晓先秦诸子，是当时颇有名气的大学者，公元前138年出任太史令，恢复了祖传的史官恒业。

为了让司马迁更好地了解乡野生活，体验民间疾苦，司马谈把他留在龙门老家。在群山环抱、环境优美的故乡，司马迁过着耕读自娱的生活。在家世传统熏陶下，司马迁从小就喜爱读书，十岁时便能诵读《尚书》《左传》《国语》

等书。启蒙教育为司马迁打下了坚实的文学根基，也在他年幼的心灵中埋下了对史学的使命感和责任感。

公元前127年，司马迁移居京城。出身书香门第又有名师指导，加之勤奋好学，他渐渐成为京城小有名气的青年才俊。读万卷书，还要行万里路。在司马谈有意安排下，时年二十岁的司马迁，开始了人生第一次壮游。他"网罗天下，放失旧闻"，足迹踏遍大江南北、黄河两岸，正如《太史公自序》所言："二十而南游江淮，上会稽，探禹穴，窥九疑，浮于沅湘；北涉汶泗，讲业齐、鲁之都，观孔子之遗风，乡射邹峄；厄困鄱薛彭城，过梁楚以归。"

游学生活培养了司马迁恢宏的气魄、超凡的思维、宽阔的视野和高远的格局，也成就了他旅行家的美名，他因此与张骞、玄奘、徐霞客并称古代四大旅行家。

公元前124年，汉武帝下诏择"博士弟子员"，远游归来不久的司马迁参加了考试且成绩优秀，被选为高弟。在太常孔臧推荐下，司马迁任近侍郎中。尽管郎中的地位不高，一般职责是"掌守门户，出充车骑"，但能够接近皇帝，颇有光彩。

为了全面了解孔孟之道，入仕后的司马迁拜学于孔安国。他发现自己学到的知识不过是九牛一毛而已，从此更是披星戴月地苦读古今典史，汲取营养。公元前111年，因才能突出，司马迁以皇帝特使身份奉命视察和安抚西南少数民族，对祖国西南地区的地理、物产、民情、风俗有了更深入的了解。

从学霸华丽转身为武帝侍郎，一系列的基层实践，使司马迁的学识得到锤炼和升华，历史知识和生活经验也更加丰富，为他以后撰写《史记》奠定了坚实的基础。

子承父志家学延

按当时惯例，史官是世袭的，有义务记载帝王圣贤的言行，也有责任搜集整理天下的遗闻古事，更有道义通过叙事论人而为帝王提供借鉴。恰逢明主盛世，司马谈担任太史令长达三十多年，以接续家世传统为荣，把修史作为自己的神圣使命，致力于整理中华民族数千年历史，写一部规模空前的史著。他执着于这个理想并着手搜集材料，无奈年事已高，要独立完成这部史著，无论是时间、精力、还是才学都不够，因此寄厚望于司马迁。

公元前110年，汉武帝前往泰山举行封禅大典，司马谈随行途中病危，滞留洛阳。司马迁出游归来，见到父亲最后一面。宏愿未竟的司马谈拉着他的手泣不成声，殷切地说道："我们的先祖是周朝的太史，职掌天文之事，功名显扬。后因家道衰落，未能把家学传统发扬光大。如今，我一病不起，生命将息。难道祖先的荣耀要断送在我手里吗？现在天子继承汉朝千年一统大业，在泰山封禅，而我不能随行，这都是命啊！都是命啊！我死后，你一定要做太史，做了太史，不要忘记我要撰写的史著啊……春秋以降四百余年，诸侯兼并，史书丢弃殆尽。如今汉朝兴起、海内一统，明主贤君、忠臣死义之士，我作为太史未能予以论评载录，断绝了天下的修史传统，感到很惭愧，你可要记在心上啊！"司马迁流着泪说："儿虽愚笨，但会详述您所整理的历史旧闻，不敢有所缺漏。"

公元前103年，三十八岁的司马迁继任太史令，"绝宾客之知，忘室家之业，日夜思竭其不肖之材力，务一心营职"，开始在"金匮石室"（古代指国家收藏重要文献的地方）孜孜不倦地阅读皇家藏书，研究整理各种史料。

无妄牵连遭祸端

为修改秦汉以来的颛顼历为夏历，司马迁一边整理史料，一边参加改历。公元前104年，我国第一部历书《太初历》完成。随后他着手《史记》的写作。当司马迁秉承父志、潜心著述时，一场飞来横祸降临到他头上。

公元前100年，苏武作为汉使出使匈奴被扣。汉武帝闻讯大怒，经过一年周密准备，派两路大军讨伐匈奴。一路由汉武帝宠妃李夫人的哥哥贰师将军李广利率三万部下，从酒泉出发进攻天山一带的匈奴右贤王；一路由骑都尉李陵率五千骑兵深入敌后牵制。不料,李陵部在浚稽山遭遇匈奴单于三万重兵。但李陵毫无畏惧,挥军拼杀,歼敌数千。单于大惊,急召八万大军全力围攻。李陵率部且战且退,顽强抵抗。战斗最激烈时,双方一天交战数十次,匈奴又损数千人,始终无法取胜。就在单于撤兵之际,李陵手下有一个叫管敢的士兵,因被校尉凌辱而投奔了匈奴,告诉单于李陵孤军无援。单于得知实情后大举围攻,李陵部矢尽援绝,被困峡谷。在离边塞仅有一百里的地方,李陵终因寡不敌众,力竭被俘。

消息传到长安,武帝大怒。几天前还在夸赞李陵英勇善战的群臣,此时纷纷指责李陵。当司马迁正愤怒于安享富贵的朝臣对冒死涉险的将领毫无同情心时,恰逢汉武帝询问他对此事的看法。司马迁便直言陈说李陵平时克己奉公、身先士卒,有名将之风。此次出征,他孤军奋战、血染寒山,英勇可嘉,降敌属一时无奈,如有机会,他定会报效汉朝。未料,此番言论却惹得汉武帝勃然大怒,认为司马迁故意为李陵开脱,有损贰帅将军李广利的威望,下令将司马迁打入大牢。

说到此事,还得从李广利、司马迁和李陵三人的纠结关系说起。司马迁的妻子,姓柳名倩娘,是西汉名将李广的外孙女,父亲柳振庭是一位诗、书、画都极擅长的读书人。柳倩娘美艳动人,颇有才学,在父亲的影响下,五岁时随父亲学画,十岁时,画山水人物、花卉鸟木,闻名乡里;十五岁通读"六经",翻读《庄子》《离骚》等名著。柳倩娘长大后,随母亲赴长安看望外祖父李广,在外祖父家邂逅了一位才华横溢、温文尔雅的青年才俊。表兄李陵告诉她那位青年叫司马迁,是他的至交好友。在还没有与司马迁见面之前,柳倩娘已读过司马迁的大作,深深为他的才学折服,如今见得真容,更是芳心暗许。

谁料,才貌双全的柳倩娘却被汉武帝最宠爱的李夫人的兄长李广利看上,意欲纳为小妾。柳倩娘宁死不从,后为躲避李广利逼婚,在表兄李陵的帮助下,暂躲在太史府。从此她与饱学多才的司马迁相知相识,两情相悦,结下姻缘,但是李广利与李陵、司马迁因此结下了冤仇。现实有时超出人的想象,总是不经意间让看似无关的人物相遇、相知、乃至相恨……

司马迁下狱后，汉武帝有所悔悟，一面赏赐逃回来的李陵部下，一面又派公孙敖带兵深入匈奴抢回李陵。公孙敖辗转多日无功而返，为了向汉武帝交差，就说李陵正在训练匈奴兵准备攻打汉军。这下汉武帝彻底愤怒了，不仅将李陵一家灭族，又下诏定司马迁以"诬罔"之罪。其实真正帮助匈奴练兵的人不是李陵，而是另一个名叫李绪的汉朝降将。李陵被俘后并非真心投降，作为名将李广之孙，他时刻想着回归大汉。不料就在他谋划怎样逃走时，却传来了全家被抄斩的消息。一怒之下，李陵真的投降了匈奴。

"诬罔"乃死罪，按照汉律如想免去一死，可纳钱五十万或接受宫刑。司马迁经济条件并不宽裕，五十万钱无疑是天文数字，众亲友惧怕汉武帝，对司马迁唯恐避之不及，无人借钱给他。事已至此，司马迁只有两种选择：要么接受宫刑，要么被处死。他又将何去何从呢？

血泪著史终涅槃

对于宫刑，司马迁在《报任安书》里说道："太上不辱先，其次不辱身，其次不辱理色，其次不辱辞令，其次诎体受辱，其次易服受辱，其次关木索、被箠楚受辱，其次剔毛发、婴金铁受辱，其次毁肌肤、断肢体受辱，最下腐刑，极矣！"宫刑既残酷地摧残人体，也极大地侮辱人格，一般人宁赴死也不堪此辱，对心境高远的士大夫司马迁而言，更是一种难以接受的奇耻大辱。

面对奇辱，司马迁也想过一死了之，但每每想起父亲弥留之际的遗愿、自己为之呕心沥血的史著尚未完成，便心如刀绞。在极度悲愤中，他头脑中盘旋着这样的思考："就这样一死了之吗？选择一死固然悲壮，毕竟虽死有节，但寻死实为一种逃避生命担当的懦夫行为！"积淀入灵魂的史官责任感又让他在极度痛苦中，顿悟了人生的意义，决心"隐忍苟活"，完成自己和父亲的未竟之愿。于是，他"就极刑而无愠色"，以惊人的毅力忍受着肉体和灵魂上的巨大摧残。对理想的坚定、事业的执着，超越了生死荣辱，司马迁以极大的勇气完成了生命的另一种新生，真可谓凤凰涅槃。在生命价值抉择上，司马迁留给后人一句回响千古的话语:"人固有一死,或重于泰山,或轻于鸿毛。"

公元前94年,也许是良心有所发现,或是出于其他方面考虑,汉武帝觉得对司马迁的处罚确实过重,于是任他为中书令。司马迁以戴罪之身,担任这样的职务,被一些人视为"尊宠任职",但这无疑是往他伤口上撒盐,令他愈加悲愤。

司马迁从先贤身上领悟精神,汲取力量,形成了面对困境的磨难观:"盖文王拘而演《周易》;仲尼厄而作《春秋》;屈原放逐,乃赋《离骚》;左丘失明,厥有《国语》;孙子膑脚,《兵法》修列;不韦迁蜀,世传《吕览》;韩非囚秦,《说难》《孤愤》……"司马迁见贤思齐、自强不息,把磨难踩在脚下;苦心孤诣、挺身而出,挑起属于自己的那份历史重担。宫刑后十四年里,他拿起如椽大笔,以血泪为墨,发愤著书,虽常痛苦得"肠一日而九回",每每"汗未尝不发背沾衣也",但"所以隐忍苟活,幽于粪土之中而不辞者,恨私心有所不尽,鄙陋没世,而文采不表于后也"。

"李陵之祸"使司马迁的人生由平淡转为曲折;灵魂的触动促他发愤著书,把深切的生命感受灌注其中。从某种意义上说,没有"李陵之祸",就没有司马迁千古英名;没有李陵事件,《史记》或许进入不到人性与灵魂的深处。

正如古罗马作家朗格纳斯所说:"伟大的作品是伟大灵魂的回声。"司马迁以坚如磐石的信念正视磨难,超越生死,发愤著书,孕育伟大作品,成就千古人格。经过十四年努力,司马迁终于完成"究天人之际,通古今之变,成一家之言"的《史记》,他也因此被世人尊为"史圣"。

史家绝唱千古传

《史记》记载了上起黄帝时代,下至汉武帝太初年间,长达三千年的历史,全书包括十二本纪、三十世家、七十列传、十表、八书,共一百三十篇,五十二万余字。它开创了我国纪传体通史的先河,被列为"二十四史"之首。

司马迁首创的纪传体编史方法为后来历代正史所传承。

在《史记》之前，有以年代为序的"编年史"，如《春秋》；有以地域为限的"国别史"，如《国语》《战国策》；有以文诰形式保存下来的"政治史"，如《尚书》。可是没有跨越上下几千年、包罗万象又融会贯通、脉络分明，像《史记》这样的通史。《史记》规模宏大，体系完备，与后来的《汉书》《后汉书》《三国志》合称"前四史"，与司马光的《资治通鉴》并称"史学双璧"。

《史记》还被认为是一部优秀的文学巨作，在中国文学史上占有重要地位，对后世文学的发展产生了深远影响。司马迁创造性地把文、史熔铸于一炉，可谓"史蕴诗心、诗具史笔"。鲁迅一生酷爱《史记》，在其《汉文学史纲》讲义中曾写道："武帝时文人，赋莫若司马相如，文莫若司马迁。"还说司马迁写文章"不拘于史法，不囿于字句，发于情，肆于心而为文"，《史记》不失为"史家之绝唱，无韵之《离骚》"。这一评价成为评论《史记》的不朽名言。

司马迁撰写《史记》，态度严谨，实录精神是其最大的特色。他写每一个历史人物或事件，都经过大量研究，并对史实反复核对。汉朝史学家班固评价司马迁："其文直，其事核，不虚美，不隐恶，故谓之实录。"从皇帝到王侯贵族，到将相大臣，再到地方长官等，司马迁都不会抹杀他们神奇、光彩的一面，但也会揭露他们腐朽、丑恶的一面。例如，对汉武帝，司马迁既肯定他的雄才大略、文治武功，又大胆揭露其任用酷吏、残害百姓、穷兵黩武、迷信求仙的不足；对汉王朝开国皇帝刘邦，司马迁既肯定其结束楚汉纷争、统一天下的历史功勋，同时又刻画了其虚伪、狡诈、自私、刻薄的无赖面目。司马迁对历史上维护国家利益的功臣良将，如廉颇、蔺相如、李广等进行了颂扬；同时也热情地歌颂了广大被压迫人民的反抗精神，如在《酷吏列传》中承认了"官逼民反"的合理性，对人民的反抗表示同情和理解；在《陈涉世家》中歌颂了秦末农民起义，肯定其合法性和正义性。司马迁对历史人物的抑扬褒贬，承载着他的实录批判精神。

作为一位杰出的文学家、思想家和历尽磨难的悲剧英雄，司马迁已经成为一种精神和品格的象征，为千秋万代所崇敬与怀念。在司马迁后人居住地陕西韩城徐村，有一条流传下来的古训"风追司马"，是以提醒后人追忆、缅怀和敬仰司马迁做人的品格和精神。

司马迁的最后结局如何？遗憾的是，从公元前90年起，司马迁消失在历史舞台，虽历代都有专门研究《史记》的学者，然而在浩如烟海的史籍中却找不到他最终所归的只言片语。

【延伸阅读】

"冯""同"姓氏起源传说

因司马迁对《史记》据实而录，在称赞汉武帝功德的同时，也斥责其"内多欲而外施仁义"，汉武帝知晓后，勃然大怒，将司马迁抄家下狱。

为了免遭满门抄斩之祸，司马迁的夫人便让两个儿子逃回老家韩城。族长司马厚召集族人商议，决定让司马迁的两个儿子身藏《史记》副稿，连夜出逃并改姓、迁居。于是，长子在"马"字旁加两点，改姓"冯"；次子在"司"字旁加一竖，改姓"同"。他们逃往荒无人烟的巍山老牛坡下，定村名为"续村"，表示"高门之续"；后又担心被官家识破，改村名为"徐村"，"徐""续"同音，意在延续司马迁之骨血，又有"余村双人"寓意，暗指司马迁有两子。

如今，每逢清明节，前往司马迁墓前拜祭的人群中，有不少便是姓"同"和姓"冯"的。

九、宦官大发明家——蔡伦

【题记】 造纸术是我国古代"四大发明"之一。它结束了"简重而帛贵"的历史,极大地推动了文化的传播与交流,加快了人类文明进程。作为蔡侯纸发明者的蔡伦,千百年来备受人们尊崇,被奉为"造纸鼻祖""纸神"。20世纪70年代,美国人麦克·哈特在《影响人类历史进程的100名人排行榜》中,将蔡伦排在第七位,在哥伦布、爱因斯坦、达尔文之前。2007年,美国《时代》周刊评选人类"有史以来最佳发明家",蔡伦又榜上有名。然而,这位伟大的发明家背后有哪些无奈与辛酸呢?

悲喜荣辱紧相连

蔡伦,字敬仲,东汉桂阳郡耒阳人,是中国古代蔡侯纸的发明人。史书上关于蔡伦的记载很少,《后汉书·宦者列传》只用二百八十个字便概括了他的一生。

关于蔡伦为何入宫当宦官,史无确载,后世大致有两种说法:一种说法是出身于普通农民家庭的蔡伦,从小英俊可爱,聪慧灵活,讨人喜爱。汉章帝刘烜即位后,常派人在全国挑选俊俏可人、聪明伶俐的美男童入宫。75年,蔡伦被选,入宫净身为太监。另一种说法是蔡伦出身于大凑山下一个铁匠世家。

卫飒上任桂阳郡太守后，在桂阳设置铁官，蔡家因此与朝廷官员攀上关系。75年，由官员推荐，蔡伦进宫做了宦官，成了华南地区第一位走进朝廷、进入皇宫为官的人。

东汉时期，为了加强中央集权，宫廷内设置了中常侍、黄门侍郎、小黄门等宦官职务，负责传达皇帝诏令，阅览尚书进呈的文书。由于蔡伦勤奋好学，做事尽心敦慎，遂被任命为小黄门。小黄门虽然是低级宦官，却可以接触到皇帝，这无疑给聪明机警、头脑灵活的蔡伦提供了施展才干的舞台。几年后，蔡伦又被提升为黄门侍郎，掌管宫内外公事传达及引导诸王朝见等事务。

时有窦氏被选入宫。窦氏绝非等闲之辈，能言善辩、巧舌如簧，且权欲极强。《后汉书》记载，她觐见马太后时"进止有序，风容甚盛"，而觐见汉章帝时又风情万种、千娇百媚，让汉章帝觉得"雅以为美"，很快就博得了汉章帝和马太后的欢心。她入宫不久被立为后，"宠幸殊特，专固后宫"。但她有一个致命的缺陷——不能生育，这意味着后位不稳。79年，宋贵人的儿子刘庆被立为太子，窦皇后坐卧不安，唯恐有朝一日"后宫宝座"的位子移至宋氏，便准备陷害宋贵人。

机会终于来了。82年，宋贵人患病，写信让家人送些生菟进宫，这本是寻常之事，但家书被窦皇后的耳目截获。窦皇后立即散布流言，诬陷宋贵人企图行"巫蛊之术"，用生菟"挟邪媚道"。"巫蛊之术"向来是皇室大忌，一旦定罪必死无疑。窦皇后使出浑身解数，欲将此案做成铁案，一举铲除宋贵人。

汉章帝不辨是非，相信了"巫蛊"之说，废太子刘庆为清河王，令宋贵人迁至下等住所。为防宋贵人东山再起，窦皇后指定精明强干的蔡伦审理此案。蔡伦接到旨意后自然会意，通过严刑拷打，把诬陷做成铁案，并建议汉章帝绞死宋贵人，虽然皇帝不允，但宋贵人终因不堪受辱而服毒自尽，其父也被罢官归乡，不久死去。

刘庆被废后，汉章帝立刘肇为太子。这正合窦皇后之意，因为在"巫蛊案"之前，窦皇后已采用威逼利诱等手段，逼梁贵人将儿子刘肇过继给了自己。按说目的已经达到，可刘肇的生母犹在，窦皇后还是心有不安，为了彻底断绝刘肇与生母的关系，她又与蔡伦合谋作"飞书"（匿名信）诬陷梁贵人的父亲梁竦图谋不轨，致梁竦被杀，梁贵人为此郁郁而终。窦皇后这才如释重负，心无旁骛地专固后宫。

88年，汉章帝病故，十岁的刘肇继位，是为汉和帝。因和帝年幼，朝中一切大权尽归窦太后。不到三十岁的蔡伦因功得以擢升，从月俸六百石的黄门侍郎一跃升为月俸两千石的中常侍，这是宦官中的最高级职务，官至九卿，地位显赫，随侍皇帝，且"豫参帷幄"。

窦太后掌权之后，对娘家极为纵容，给予兄弟窦宪等人高官。窦家兄弟擅威权，让和帝无法接触臣僚，只能与宦官相处。蔡伦看不惯，便与大宦官钩盾令郑众合谋，扶助和帝。92年，和帝利用宦官，在清河王刘庆等人的帮助下，设计粉碎窦氏兄弟的擅权阴谋。窦太后退出政治舞台，于97年病逝。

蔡伦在汉和帝即位以及对抗窦氏家族中，均有功劳，因而也得到汉和帝的欣赏，他时常陪伴汉和帝左右，汉和帝甚是依赖这位蔡先生，史载蔡伦"尽心敦慎，数犯严颜，匡弼得失"。

102年，汉和帝立邓绥为皇后。邓绥是当时最著名的女学者班昭的学生，她出身豪门，天资聪慧、才学渊博，性情谦和平易，工于心计，生活上更是俭朴节约。邓皇后见证过蔡伦的聪明与机智，也非常欣赏，并给予很大的信任和支持。

蔡伦顺风顺水地在中常侍位置上干了十几年后，宫廷内部又发生了大变。105年，汉和帝突然驾崩，太子刘胜本该继位，因他身患重病，邓太后将只有八个月大的次子刘隆立为皇帝，自己临朝称制。可惜刘隆命短，不久就夭折了。邓太后与兄长邓骘商议后，决定扶清河王刘庆之子刘祜即位，是为汉安帝，邓太后仍临朝称制。

造化弄人，蔡伦当年逼死的宋贵人正是刘祜的祖母。对于刘祜来说，如果不是窦太后及蔡伦的迫害，不仅祖母不至于蒙冤而死，父亲刘庆的太子之位也不会被废。因此，他视窦太后和蔡伦为不共戴天的仇人。窦太后虽死，但蔡伦尚在，所以，刘祜继位对蔡伦来说就像是头顶上悬了一把剑，不知道什么时候会落下来。幸而此时刘祜尚且年幼，朝政大权实际还掌握在邓太后手中，蔡伦才暂时无忧。107年，邓太后为了嘉奖蔡伦长期的忠诚和勤勉，封他为龙亭侯，食邑三百户，封地在龙亭县（今陕西洋县），这是东汉第二个封给宦官的侯爵（第一个是郑众）。不久，蔡伦又被加封为长乐太仆，成为邓太后的首位近侍官，这是太后最信任的人才能担任的职务，此份殊荣在东汉以来的宦官中还未得见，所以蔡伦受到了满朝文武的羡慕与奉迎。他时刻担心的事非但没有发生，反而晋爵封侯、位极人臣。但烈火烹油、鲜花着锦的荣耀背后，危机也悄悄逼近。

121年，邓太后薨，汉安帝亲政。此时汉安帝已二十八岁，他等得太久了，心中积郁了太多的仇恨与愤懑。亲政后，他马上为屈死的祖母平反，追赠谥号。他给了"仇人"蔡伦一个机会——去廷尉那里自首。事已至此，蔡伦选择了沐浴更衣后服毒自尽，平静地结束了自己的一生。

精心打造尚方剑

92年的一天，和帝在御花园练剑，只听"砰"的一声，天子剑折于青石，身边的人都吓得跪倒在地，和帝大怒："把造剑之人抓来！"

蔡伦不愿意看到阎王发怒鬼遭殃的一幕，情急之下道："皇上息怒，臣愿意为皇上打造秘剑。"和帝转怒为喜。自此蔡伦将工作重心移至尚方（古代制造帝王所用器物的官署），开始督造皇家所用器物。任职中常侍的蔡伦本可坐在高高的位置上尽情享受阿谀奉承，但他宁愿以位尊九卿之身去兼任尚方令，并且做得有声有色。

为了打造上好的天子剑，蔡伦先是在皇家藏书馆遍览工艺群书，又到皇家作坊查看制作流程。他打听到民间有一位铸剑技艺高超的老工匠，便上门请教。虽然时值盛夏，炎热难当，但为了掌握关键技术，蔡伦赤膊上阵，任凭汗水流淌。

蔡伦刻苦钻研的精神感动了老工匠，老工匠亲手传授独门淬火技巧，还教他在淬火后用蚕丝试剑的锋利程度，从而掌控淬火进程。经过反复试验，蔡伦终于在尚方造出绝世宝剑——天子剑。得到宝剑，和帝大喜，想给蔡伦升官，但蔡伦推辞不受。和帝对蔡伦更加赞赏。

对于爱不释手的宝剑,和帝想赐予它名字,心想此剑出自尚方,便以"尚方"命名。不过据历史资料,"尚方宝剑"不只出现在东汉。西汉时期,尚方剑被称为"斩马剑",《汉书·朱云传》记载,直言敢谏的朱云请汉成帝赐"尚方斩马剑",用以诛杀帝师安昌侯张禹,结果差点丢了自己的性命,演绎了"折槛朱云"的故事;《宋史》记载,忽必烈时,道士张留孙治愈了皇后的病,"帝后大悦,命尚方铸宝剑以赐";明朝朱元璋设置御史台,赐予出巡御史"尚方宝剑",持之即可先斩后奏……至于"尚方宝剑"的称谓,有学者认为皇帝御用的刀剑出自尚方,自然剑也就被称为"尚方宝剑"。

《广雅·释器》所记古宝剑有"蔡伦"之名,大概就是因为蔡伦职掌尚方时监制精良秘剑。东汉崔寔《政论》记载:"有蔡太仆之弩,及龙亭九年之剑,至今擅名天下","蔡太仆""龙亭"指的都是蔡伦,他已成为兵器"品牌"。

跨界发明功盖天

任何发明创造都不是凭空而来的,宦官与工程师本是风马牛不相及,是何机缘让蔡伦改进了造纸术、发明了蔡侯纸呢?这要从邓皇后说起。

邓皇后文化修养极高,酷爱文墨。102年,她初登后位,为了普及知识,组织鸿儒校订经书,需要大量的书写用品。当时的书写材料主要是简牍和绢帛。简牍不仅制作麻烦,而且书写、携带、保管都极不方便。据传,秦始皇每天批阅的简牍文书有一百二十斤。西汉时,以辞令见长的文学家东方朔向汉武帝写个奏章竟用了三千根竹简,进呈皇帝时由几个身强力壮的武士抬进宫去,汉武帝两个月才看完。书写的文件多了,所使用的简牍既多且重,人们往往用"汗马牛""充栋宇"来形容,于是有了"汗牛充栋"这个成语。春秋末期,人们把字写在丝帛上面,这种书叫帛书。绢帛虽轻但非常昂贵,不能大范围应用。邓皇后生性节俭,总是希望有一种廉价又轻便的书写用品能够代替绢帛,她对改革书写用品的需求，激起了蔡伦强烈的责任感，蔡伦决意制造一种经济实用、物美价廉的新型书写用品。

当然，伟大的发明并非简单的"上有所好，下必甚焉"就能产生。蔡伦本就聪明好学、善于钻研。他每逢休假，不是闭门思索技术难题，就是外出考察，很快从一个门外汉变成了一个谙熟制造的行家。

在此之前，已经有人试图改进用于书写的用品，甚至还出现有低级粗糙的麻纸，于是蔡伦总结前人经验，广泛采集材料，反复筛选和实验。功夫不负有心人，一次，他路过洛河边，发现有好几棵大树倒地腐烂，树上有一层与赫蹏（古代用以书写的小幅绢帛）相似的东西，于是请教当地村民，村民告诉他："京师连年大雨导致水位上涨，一些树木被河水冲倒，浸泡在水中腐烂，过些时日树上就会形成这种东西。"难道这是树皮形成的？蔡伦突然意识到这也许就是自己苦苦寻找的材料！

于是蔡伦在洛河边搭建一个临时作坊，修了一个小池子引水入内，将树皮投入池中浸泡，之后放在太阳下暴晒，将晒过的树皮兑石灰浆放石臼中捣成浆糊状，然后分离其中的纤维组织制成新浆，即纸浆，最后用"漂絮"的方法，把捞出的纸浆均匀地平摊在细密的帘子上，滤去水分，晾干，揭下来，这就是成品纸了。

这种纸用手抚摸有凹凸感，蔡伦发现这是一些细小杂质造成的，如何解决这个问题呢？他忽然想起制剑时淬火工艺中的控温。受此启发，他把捣成的纸浆闷在大锅里面蒸煮，之后再捣至手感细腻，这样造出来的纸洁白、光滑，不仅原料普遍，成本也很低廉。看着自己多年的探索终于有了成果，蔡伦激动万分。

蔡伦又想，麻纸能否用这种方法改良呢？他便找来麻绳头、破麻衣、破渔网和破履等，先用水浸湿，使之润胀，洗去污泥、杂质，剁碎，再按照造纸的程序进行实验，结果造出的纸虽然有些微黄，但与之前的麻纸有天壤之别！

105年，蔡伦将自己的造纸方法和过程写成奏章，连同造出来的植物纤维纸和麻纸一起呈报汉和帝。汉和帝大加赞赏，并诏告天下，推广蔡伦的造纸技术，"莫不从用焉"。后来，人们把用这种方法造出来的纸称为"蔡侯纸"。就这样，邓皇后与蔡伦，一个一国之尊，一个忠心耿耿；一个酷爱文墨，一个潜心钻研，他们的相遇为改进造纸术以及蔡侯纸的诞生创造了最佳条件。这是机缘的巧合，也是历史的幸运。

蔡侯纸的出现，使汉文化成为东方文化的主流，中国汉文化传播迅速甩开欧洲，汉朝也成为当时世界上最强大的帝国。

中国造纸术大约从4世纪末开始传入朝鲜、日本，后又经阿拉伯、埃及传至西欧。1150年，西班牙建立欧洲第一家造纸厂。至此，廉价耐用的纸张开始取代欧洲中世纪长期使用的羊皮和小牛皮。13世纪中期，毕昇于11世纪发明的活字印刷术也传入欧洲。纸和印刷术的结合相得益彰，结束了欧洲人抄写一篇《圣经》需要三百多张羊皮的历史。西方文明因此走向辉煌。可以毫不夸张地说，如果没有中国的造纸术和印刷术，就没有世界文明的进步。

一生冰火两极端

蔡伦一生，为官四十六年，侍奉四个幼帝，投靠两个皇后，身居列侯，位尊九卿。他改进造纸术，发明蔡侯纸，厥功至伟、彪炳史册，受到全世界人民景仰。由于他的努力，人们掌握了用树皮、石灰等廉价原料，生产出适于书写的植物纤维纸，并且这种生产技术推广全球，钜惠世界，这是不争的事实。

蔡侯纸的出现替代了传统的书写材料，结束了"简重而帛贵"以及西方使用小牛皮和羊皮作为书写材料的历史，使文字得到迅速而广泛的传播，文明获得世界性的空前发展。作为蔡侯纸的发明者，蔡伦被称为"改变世界文化面貌的中国第一位伟大发明家"，名垂后世。但是，蔡伦在宫廷斗争中扮演了极不光彩的角色，被很多后世学者认为是其终身的污点。为了权力，他对上谄媚，对下欺压，巴结权贵，参与阴谋，陷害无辜。在窦皇后陷害宋贵人和梁贵人的事件中，他充当了帮凶角色，最终以惨死而告终。《后汉演义》对蔡伦和张衡这两位东汉时期的发明家都有记载，对张衡称颂有加，但对蔡伦只做了简略描述，而对他在宫廷中为虎作伥的事迹写得栩栩如生。

东汉时期,宦官与外戚交替干政并互相争斗,但权高位重的蔡伦被史书记载"数犯严颜,匡弼得失",可见蔡伦也算是匡扶大局、勇敢正义的人。然而,宦官囿于皇宫,时刻处在政治斗争的风口浪尖,往往被迫追风逐浪、身不由己。因为窦皇后,蔡伦卷入最黑暗的宫廷斗争,成为一个帮凶;因为邓皇后,蔡伦又成了纸的改良者,钜惠世界。我们只能说,蔡伦这一生既是深陷阴暗斗争、以惨烈悲剧告终的一生,也是福泽后世、无上荣耀的一生,宛如一半是冰、一半是火,这是时代为这位伟大发明家造就的对立与统一的结局。

【延伸阅读】

活字印刷术

宋时,雕版印刷广为盛行。

雕版印刷的过程,是在木板上雕刻成凸起的反体文字,在文字上刷墨,铺上纸,用软刷子在纸上轻轻刷过,揭下来,纸上就有了白底黑字。

时有湖北省蕲水县直河乡布衣毕昇,跟随刻字功夫远近闻名的杭州西山"神刀王"学习印刷。有一次,师傅雕刻晋代书法家王羲之的《兰亭集序》,让毕昇观摩。刻到最后一行时,毕昇一不小心碰了师傅的手臂,刀下那个"之"字刻坏了。

毕昇难过至极。夜晚,他翻来覆去睡不着觉,不断地埋怨自己,后来突然冒出一个念头:雕版印刷每遇新的内容都要重新刻版,太麻烦了,能不能把雕版上的字改成可更换的活字呢?于是,他一有空儿就琢磨。一天,他在西湖边散步,看见一个江湖画师正在往一幅风景画上盖图章,凑近仔细一瞧,那画师竟把三枚图章串在一起盖。毕昇饶有兴趣地看了一会儿,忽然,他猛一击掌,高兴地大叫起来:"有办法了!有办法了!"

他一溜烟跑回住处,用胶泥做成一个个规格一致的毛坯,在一端刻上反体单字,字划凸起的高度如铜钱边缘的厚度;接着用火将这些字烧硬,按韵排列放在特制的木格里，贴纸条标明，方便取用；然后制作一个铁框，在框内涂上热化冷固的药液后按需排字，排满一框就成一版；再用火烘烤，等药液稍微熔化，用一块平板把字面压平，药液冷却凝固后，就如同雕版。这样就可以印刷了。

采用活字印刷，可根据需要随时排字，只需排版而不需要每次刻版，既简单灵活，又方便轻巧，提高了印刷效率。

十、中华医圣——华佗

【题记】 华佗,东汉末年亳州人,与董奉、张仲景齐名,史称"建安三神医"。他不求名利,不慕富贵,深入民间,足迹遍及神州大地。他精通医道,在内、外、妇、儿各科的临床治疗中创造了许多医学奇迹,有"中华医圣"之美誉。他研制"麻沸散",开世界麻醉手术之先河,被誉为"外科鼻祖"。他编创的"五禽戏"流传至今,已被列为国家非物质文化遗产。

不恋仕途转学医

古老的涡水波光粼粼,静静地流过一马平川的豫东淮北平原。谯县(今安徽亳州)宛若淮北平原上的一颗遗珠。这里曾以商汤故都南亳著称于世,春秋时期为陈国焦邑,公元前637年楚成王伐陈后成为楚国谯邑,秦时置谯县,属砀郡。

谯县余韵悠远,人杰地灵。东汉末年,天下大乱,群雄并起,一代枭雄曹操及其麾下名将夏侯惇、夏侯渊、许褚、曹仁等,均出自谯县。与曹操同时代,谯县还出了一个著名人物,虽不像曹操雄才大略、叱咤风云,却泽被苍生、流芳后世,他就是一代神医华佗。

华氏曾是名门望族,但几经盛衰,家道中落。华佗的父亲华文,是个从未入仕的失意士人,婚后不久得一子,取名华佗。"佗"者,驮也,肩负着振兴家族、光宗耀祖的重任,寄托着华氏族人的殷切期望。全家人靠父亲教书、母亲养蚕织布为生,日子虽清贫但其乐融融。

快乐的日子总是短暂的。一天,父亲忽患急病,因医治无效,留下想要华佗入仕为官、光耀门楣的遗言后,永远闭上了眼睛。华佗娘俩悲痛欲绝,设法把华文安葬后,家中已是揭不开锅。生性坚强的母亲把七岁的华佗送到私塾读书,五年后,华佗已精通"四书""五经"。

汉灵帝时,宦官当道,政治黑暗。汉灵帝荒淫无道,纵情享乐,为填塞私囊,竟在西园开库,明码标价,公开卖官鬻爵,后来甚至发展到强买强卖,以至于有些正直清廉的大臣拿不出钱来而自杀。华佗深感仕途无望,决定外出游历。

在苦县、睢阳、彭城、沛都一带,华佗目睹了饥民贫病交加、饿殍遍地的悲惨景象,受到了强烈震撼,立志救死扶伤。回到家里,他把学医的想法告诉了母亲。

不久,华母偶感风寒,剧烈咳嗽,卧床不起。此时的华佗虽读了些医书、药典,也拜访了几位名医,但在医学上才刚刚入门,对母亲的病力不从心,即便请了有名望的老医生,母亲的病还是毫无起色。拖了三个多月,母亲病故了。这更坚定了华佗学医的决心。

投拜名师成大器

母亲曾告诉华佗,城内药铺里的蔡医生是其父生前好友,华佗决定前往拜师。见到蔡医生,华佗说明来意,蔡医生试探道:"修学医道非一日之功,恐怕要穷其一生,你能持否?"华佗答道:"师父,修学医道、解除百姓疾苦乃吾心中所愿,吾愿紧随师父,心无杂念,即便穷尽一生,也愿孜孜以求。"蔡医生见其心诚,就收下他,随后安排他到病房做杂活。华佗是个有心人,在照顾病人的同时，他细心观察师父的医治方法和病人的病情变化，整理了大量病例材料，从中领悟出不少治病要领。

一年后，蔡医生又安排华佗跟着师兄抓药。师兄看他实诚，就故意欺负他，不让他接触戥秤。华佗就看看药方上的数量，再逐样过手掂量师兄称好的药，心中默默记住分量，等闲暇时再偷偷地将自己掂量过的草药用戥秤印证。日子久了，华佗包药不用戥秤，却分毫不差。蔡医生发现后，激动地说："能继承我的医术者，必华佗也。"于是，便把华佗领到内室，内室里摆满了书橱、药罐，墙上挂满医图，地上有制药的炉灶，设备一应俱全。在这里，华佗白天读药典，熬炼药剂，夜里品读医书，钻研医理，从不懈怠，不久便掌握了丰富的医学理论知识。

转眼又三年过去了，华佗带着师父的赠言"药草到处有，就靠两只手，人人是师父，处处把心留"，踏上了独自行医的道路。

回到家乡，华佗采药行医。一日，他偶遇一女子，心生爱慕。后来该女子身患重病，得华佗鼎力施救，幸而转危为安。为答谢救命之恩，女子以身相许。第二年春天，华夫人生下一子，取名沸儿。

一日，华佗的姑母脸颊红肿，华佗认为是一般疮疾，服药加外敷几天就能痊愈。不料，姑母病情加重，调药方后仍不见好。最后姑母的病被彭城一樊姓老人治愈。深感医学博大精深的华佗，便和妻子商定要到彭城拜师，继续深造。

经过考验，樊老先生收下了华佗。五年后，樊老先生认为华佗遇事多思，有独立见解，将超越扁鹊成为一代宗师，决定让其返乡，救黎民百姓于水火。回到家乡后，华佗广集民方，采药行医。

有一个太守病了，华佗认为是思虑过度而致，需施以愤怒之法进行疏导，于是故意收了太守很多的财物，却不给他治病，不久又不辞而别，并留下一封信大骂太守。太守勃然大怒，派人追杀华佗，太守的儿子知道内情，拦住使吏不让追赶。暴怒之下，太守吐出很多黑血，病果然痊愈了。华佗根据患者具体情况，利用怒胜思的情志相克原理，达到调理脏腑之血、治疗疾病的目的，其中蕴含着现代心理疗法的朴素理念。

一次，府吏倪寻和李延俩人均头痛发热，一同去请华佗诊治。华佗经过仔细望色、诊脉，开出两副不同的处方。二人不解，便向华佗请教。华佗解释道："倪寻的病是由于饮食过多引起的，应当服泻药，将积滞泻去，病就好了。李延的病是风寒感冒引起的，应当吃解表药，风寒之邪随汗而去，头痛也就好了。两人病症相似，但病因相异，所以治之宜殊。"二人拜服，回家后各自将药熬好服下，很快都痊愈了。华佗循因下药蕴含着丰富的辨证施治思想。

行医过程中，华佗不断积累经验，勇于创新，医术越来越高，名气越来越大，被称为"扁鹊再世""中华医圣"。

锲而不舍创麻剂

华佗在彭城时，樊老先生曾给他讲述过扁鹊为鲁公扈和赵齐婴二人实施换心术的故事。华佗疑问顿生：换心需剖开胸膛，切断血管，最后缝合，那疼痛如何忍受？于是，他开始潜心研究麻药，将《神农本草经》上记载的乌头、莨菪子、麻黄、羊踯躅等药材用酒浸泡数日，在自己身上做实验，结果表明：这四味药在安全剂量内，并不能使人昏睡三天且无痛感，只能管一个时辰，根本不适宜临床使用。华佗只好暂时搁下这个实验。

回乡后，一日，华佗和徒儿在河坡采药，偶遇一樵夫倒在地上，捂着肚子喊疼。华佗上前询问病情后，取出随身携带的针具，在病人腹部、小腿、手臂上扎了几针，很快止住了病人的疼痛，然后又从药囊中取出几味药，嘱咐樵夫回家喝下，樵夫万分感激。然而，华佗万分愧疚，因为经诊断，该樵夫的脾脏已经溃烂，最彻底的治疗办法是切除，可是剖开胸腹，病人也疼死了。正是这个疼痛关，妨碍了外科医术的发展。

从此，师徒二人到处搜寻止痛药材，但凡医书中提到过的，他们就千方百计地找到，想通过实验对比，配制出适用于外科手术的麻醉药。

一日，一朋友拜访华佗，谈话间提到前几日登山时口渴难忍，摘食了一种红色草果子，吃后浑身麻木，迷迷糊糊睡着了，醒来已是半夜，后听客栈老板说这种植物叫曼陀罗。听到这种果子能使人昏迷，华佗很是兴奋，决定第二天进山找药。一旁的沸儿很是好奇，撒娇要一同前往，华佗拗不过，只好答应。

次日一早，华佗父子进山采药，到了山上四处寻找曼陀罗。沸儿甚是好奇，模仿父亲，见到野果子就尝尝。不觉天已中午，华佗拿出干粮，让沸儿吃饱后原地等他，自己继续寻找曼陀罗。沸儿贪玩，追赶小兔子，感觉口干舌燥，发现不远处有棵植物蔓，开着白色的花，很美，上面还结着很多红红的果子，大小如栗子，煞是诱人。于是，他摘了一颗放在嘴里，酸酸甜甜的，还有点麻麻的感觉。心想，这难道就是父亲苦苦寻找的果子？就好奇地吃了一颗又一颗，当吃到第六颗的时候，感觉吞咽困难，声音嘶哑，想喊也喊不出来，慢慢地昏倒在地……

当华佗发现沸儿时，孩子已经声息全无，全身冰凉。当晚小华庄哀声一片。此后华佗变得愈发沉默寡语，他把自己关在屋里，继续研究麻醉药方。

华佗用曼陀罗的花、果、叶、茎做了大量试验，发现果的麻醉效果较好，但毒性较大。又经过反复试验，华佗用曼陀罗花、乌头、全当归、香白芷、川芎、炒南星等制成粉剂，既可以内服，又可以外用，具有很强的麻醉止痛作用，且毒性很低。病人服后，很快就会失去知觉，就算摘心剜肺也不知道，术后配服"催醒药"，亦可解毒。因为这种麻药是用沸儿的生命换来的，华佗就给药粉起名"麻沸散"。

华佗发明"麻沸散"，攻克了外科手术上的一大难关，比西方的麻醉药早一千六百多年，是世界医学史上的一大奇迹。

外科手术显奇迹

三国时期，魏蜀吴争霸。东吴大将陆逊突发重病，卧床不起，这下可急坏了孙权。

孙权命太医令李广派医官为陆逊治病，并下令：医生用药半月无效者杀无赦。一连杀了三个御医后，李广无奈，亲自为陆逊医治，望闻问切后怀疑他腹内生了肿瘤，汤药、针灸根本不能奏效。

这天，李广正犯愁，一位太医报告："神医华佗到了此地。"李广喜出望外，便急忙去见华佗。二人谈得投机时，李广从怀里掏出一本医书，诚恳地说："先生，在下对您仰慕已久，今日得睹尊颜，足慰平生。无以赠君，现有医籍一本，尚乞笑纳！"

华佗见是自己多年搜罗而未得的《仓公决生死秘要》，心中大喜。午时，华佗备席款待李广，二人边饮酒边谈。谈到尽兴处，李广突然长吁短叹，华佗问其缘由，李广便说了孙权命太医院给陆逊治病的事。华佗闻听愤愤说道："孙权也太过分了，医生治病哪能立军令状！"

李广边哭边说："先生，我自知时日不远，将此医籍相赠，也不枉你我相交一场。"华佗自有侠肝义胆，劝道："李大人，何出此不吉利之言！陆逊究是何病，明日我去看看，或许有方可医。"一听此言，李广忙离席跪谢救命之恩。

第二天，李广早早备轿赶来，抬着华佗来到陆家。华佗给陆逊把脉后说："大人，你肚子里生个拳头大小的瘤子，一旦破溃，秽水流出必定累及五脏六腑，需立即医治。"陆逊认为华佗是"医生好治不病以为功"。华佗便说："大人，此语见于《韩非子·喻老》一篇，但我非扁鹊，大人却比蔡桓公病得更重。若再讳疾忌医，十天后纵扁鹊复生亦无可奈何！你这病非汤药针灸所能奏效，非动手术取出瘤子不可！"李广补充说："当今医生不少，但能做此手术者，只有华佗。"陆逊听过，一时无语，点了点头。

华佗让其家人另备一床置于屋中央，算是手术台。这屋东西两侧皆有推窗，采光很好。陆逊脱了衣服，暴露出腹部，华佗确定患病部位后，给陆逊服下剂量较大的麻沸散，药力发作后，实施手术。约半个时辰，华佗将瘤子成功切除，做了伤口消毒处理，然后缝合，敷上消炎生肌的药物，同时让陆逊口服汤剂，内外结合，以使创口早日愈合。

手术十分成功，医学界惊叹不已，没想到华佗有此神功绝技。这台手术开创了全身麻醉手术的先例，是世界医学史上的创举，后人称华佗为"外科鼻祖"。

风靡乡邻五禽戏

曹操得了头痛病,甚是痛苦,遍求良医,无人能治,华歆向曹操举荐华佗,曹操立刻派人请华佗前来医治。华佗诊脉、问询、观色后说:"丞相得的是'头风眩',应该是早年头部受过撞击,而当时身强力壮,病发作不起来,人到中年又遇伤心之事,风寒乘虚进入脑髓,再加操劳过度,病就会发作,发作时痛不可当。"并很有把握地说:"无须用药,针灸即可治疗。"华佗下针膈俞穴,曹操头疼瞬间即止。以后,每逢曹操的头风症发作,华佗便能针到痛止。曹操知道华佗医术高明,便给了他一个侍军官的头衔,把他留在丞相府做侍医,也允许他外出治病。

来到许都后,华佗在为人治病时发现,提高身体素质、改善身体机能是预防和治疗疾病的良方。早年樊老先生真传的导引术,就是一种强身健体的良方。导引术是我国传统的医疗保健操之一,《吕氏春秋·古乐》中就有关于它的记载。上古时代,气候恶劣,疾病侵犯人体,引起肢体肿胀,就用舞蹈的方式宣导,使气血流通、心舒体和。战国后期的《行气玉佩铭》,有导气运行的记述。我国最早的医学典籍《内经素问·异法方宣论》,也提到一种导引按摩健身防病的方法。到西汉,刘安在《淮南子》中,已将导引发展成模仿"熊经""鸟伸""凫浴""猿躩""鸱视""虎顾"六种行气强身之术,称为"六禽戏"。但是,这些模仿动作流传不广。

华佗在继承前人成果基础上,总结经验进行了再创新。每天,他都在丞相府的后花园里模仿多种动物的动作进行练习,最后选定鸟、虎、鹿、熊、猿五种禽兽,根据它们的活动特点,编出一套完整的、有固定动作的"五禽戏"。做完"五禽戏",人们觉得身体轻快,神清气爽。

后来,许都一些草坪上,每天都有不少人迎着朝阳腾挪跳跃,扭动腰肢,舞动手脚。不少慢性病人因习练"五禽戏"而增强了体质。华佗的"五禽戏"逐渐流传开来。时至今日,亳州大小公园内,经常能见到练"五禽戏"的人。

书焚身死巨憾遗

华佗成为曹操的府医后，远在家乡的华夫人时常惦念他，于是修书一封："妻病危，万望回家一趟……"曹操准了华佗半年假期。

华佗到家后见妻子安然无恙，忐忑的心才平静下来。在家期间，华佗诊治病人之余，还把自己对疑难杂症的记录编撰成《枕中灸刺经》一书。每日早晨，他还带着徒弟们在后花园练习"五禽戏"，并把它传授给乡亲们强身健体。

半年假期转眼即过，华佗以妻子病情严重、需要调理为由，给曹操写了一封续假信。曹操见信后有些不悦，写信催其返程，并下令谯县县令催促华佗启程，华佗却不为所动。如此三番，曹操大怒，派人暗访，发现华佗之妻并非病危，当即下令把华佗捉回许都。

回到许都后，曹操风疾再次发作时，华佗直言不讳地告诉曹操："丞相的头疼病已经很严重，针灸难以奏效，根治此病的疗法，就是剖开头颅，实施手术。"剖开头颅做手术在当时是闻所未闻，曹操认为华佗想谋害自己，于是把他打入死牢。

华佗自知时日不多，便夜以继日把平生所学写成《青囊书》，交给了狱吏。狱吏拿回家让内人保管，谁料她害怕触犯法律连累全家，竟将《青囊书》投掷火炉之中，狱吏忙上前踏灭，抢出几页，内容却是阉鸡、劁猪之法，于是世上就多了"劁夫"这一职业。华佗苦心孤诣写成的《青囊书》失传，一代医圣就此陨落。

【延伸阅读】

刮骨疗毒现妙艺

三国时，关羽挥军攻曹，右臂中了毒箭。众将请关公回荆州调治，关公不同意:"我岂能因小小创伤而误了军国大事!"众人只好火速请来华佗。这时,关公右臂痛得厉害,正和马良下棋来分散注意力。

华佗看过关公的箭伤,说:"君侯的手臂若再不医治,恐怕便要废了!如果要根治,得把君侯的手臂牢牢缚在柱上,然后用刀把皮肉割开至见骨,刮去骨头上的毒,再敷上药,以线缝合,才治得好,但恐君侯惧怕。"

关公听后笑说:"我不是世间俗子,不怕痛,更不用把臂缚在柱上。"他让人送上食物,说:"先生远道而来,请先用酒菜!"关公陪着华佗吃了一会儿后,便伸出了右臂:"现在就请动手,我照样下棋,请先生不要见怪!"华佗也不再说什么,取出一把尖刀,让人在关公的臂下放一个盆子,看准了位置,把关公的皮肉割开,刀口处血流不止。华佗手上的刀子在骨头上来回刮,窸窣作响,将士见到这情形,无不失色掩面,而关公仍继续下棋,面不改色。很快,华佗把毒刮尽,敷上药,并把伤口缝合。

关公大笑而起,对众将说:"此臂伸舒如故,一点也不痛,先生真是神医!"华佗说道:"我为医一生,从未见到过你这样勇敢的人。君侯真天神也!"关公拿出黄金百两酬谢,华佗坚辞不受,留药一帖以敷疮口,辞别而去。后人有诗曰:"治病须分内外科,世间妙艺苦无多。神威罕及惟关将,圣手能医说华佗。"

但据史书推算,关羽中毒时,华佗已被曹操杀害十一年之久,华佗为关羽刮骨疗毒应属张冠李戴。

十一、江左风流宰相——谢安

【题记】 东晋后期是中国历史上较为动荡的一段时期,内有权臣当道,外有强敌虎视。时势造伟杰,国难思良臣。有这样一位才俊:年轻时,他风神秀彻,名重朝野,才情俊逸,却高卧东山,留下百姓许多愁;年届不惑,在神州陆沉国家危殆之时,他力挽狂澜,智斗桓温,外御强敌,淝水一战成经典;居家时,他言传身教,春风化雨,芝兰玉树香满园。他就是大名鼎鼎的江左风流宰相——谢安。

风神秀彻名少年

谢安出身东晋名门望族——陈郡阳夏(今河南太康)谢氏。祖父谢衡以儒学知名,官至太子少傅、散骑常侍;父亲谢裒,官至吏部尚书。幼时,谢安相貌出众,眉宇间流露出孩童少有的睿智之气。有一次,名士桓彝到谢家做客,看到四岁的谢安清秀明达,言语也颇有文采,不禁惊叹道:"此儿风神秀彻,后当不减王东海。"王东海即当时的清谈名士王承。谢安能得到桓彝的称赞,可见其风采气度。

大哥谢奕与谢安兄弟情深,办理公务时常常带着谢安。谢安七岁那年,谢奕升堂审理一个酗酒闹事的老翁，打也不是，骂亦不是，于是对他说："你不是喜欢喝酒吗？我就罚你陪我喝酒，能赢我就放你走。"老翁心想天下还有这等美事，于是一杯美，二杯飘，三杯下肚胃发烧。两坛女儿红下肚后，谢奕神色自若，了无醉意，老翁却满脸通红，苦苦支撑。但谢奕似乎还没有停止的意思，坐在一旁的谢安对大哥说："老翁实在可怜，放他走吧！"大哥听后教育了老翁一通，把他放走了。

　　谢安年少，美名远扬。后来当了后燕开国皇帝的慕容垂，听闻南方有这样一位少年才俊，倾慕之情油然而生，派人送了一对白狼毦给谢安。白狼毦就是用白狼的毛做成的装饰，非常珍贵。慕容垂千里送礼物，一方面表达了仰慕之情，另一方面也饱含结交之意。当时谢安才十三岁，慕容垂七岁，谢安名气可见一斑。

　　有一次，谢安向金紫光禄大夫阮裕请教《白马论》，阮裕遂写一篇文章以示之，然而谢安还不能很好地理解书中要旨，反复追问。阮裕不禁感叹道："现在不仅能谈《白马论》的人难得，就是要求了解《白马论》的人也难得！"这就是成语"谢安索解"的出处。

　　一天，谢安去拜访名士王濛，两人相谈甚欢。谢安走后，王濛长子问："刚才的客人如何？"王濛赞许道："此人娓娓道来，谈锋逼人，将来一定会超过我的。"

　　如此少年，面对仕途，他又将何去何从呢？

谈玄论道隐东山

　　谢安才华横溢，满腹经纶，在上层社会有着较高的声望，受到时任宰相王导的器重。朝廷先是征召他任司徒府，接着又任命他为佐著作郎，都被谢安婉拒了。后来，谢安干脆隐居到会稽的东山，出则游弋山水，入则吟咏属文。扬州刺史庾冰仰慕谢安的大名，几次三番地命郡县官吏诚邀。迫不得已，谢安勉强赴召，然而一个多月后，他又辞职回到会稽。后来，朝廷又多次征召，谢安均婉拒。

有一天,谢安与支道林、许询等人会于王濛家中。大家讨论《庄子·渔父篇》时,多数人只能说百言,支道林能说七百余言。众人讲完,谢安一开口,便洋洋洒洒万余言!并且不是总结陈词,全是独到见解。众人无不叹服。

家中聚会,总还少点诗意浪漫,于是谢安携伎出游,与众诗友吟诗纵乐,玩得高兴时,还发出"此岸境界与伯夷相差何远"的感慨,引得许多谢粉羡慕不已:"谢安之所以不愿出仕,是因为高卧东山的日子太舒服了,每日与众多美女、诗友在一起,哪儿还有心思从政?"四百年后,李白也带着自己的歌伎来到东山。祭奠了谢安的亡灵后,他感喟有加,"谢公东山三十春,傲然携伎出风尘","我伎今朝如花月,他伎古坟荒草寒"。

谢安参加的一次饮酒诗会,促成了中国书法艺术神品《兰亭集序》的诞生。永和九年,三月初三,天朗气清,惠风和畅。王羲之邀请名人雅士谢安、支道林等四十一人,在会稽山阴兰亭溪畔,举办一场隆重的诗酒会。与会者列坐在"之"字形溪水边,将酒觞置于水上,任其漂流,谓之"曲水流觞"。聚会结束后,得诗三十八首。有人提议,将诗成集,王羲之逸兴大发,挥毫写就千古书法名篇《兰亭集序》。谢安也在这次宴会中赋诗一首,表达寄乐山水、任运自然之情:

  相与欣佳节,率尔同褰裳。
  薄云罗阳景,微风翼轻航。
  醇醪陶丹府,兀若游羲唐。
  万殊混一理,安复觉彭殇。

谢安这样的做派,引得无数男人羡慕,但谢安乐而不乱。也许这与谢妻刘氏的高情商有关。在东晋,男人纳妾司空见惯,谢安也有此意,但不好意思开口,就让侄儿们去游说。侄儿们接到这艰巨的使命,也不敢直奔主题,就采取迂回战术,拿《诗经》里的《关雎》说事,言下之意叔叔动了心思,让婶子遵守妇德,接受谢安纳妾。听侄儿们话里有话,刘氏便说:"《关雎》乃谁所作？"侄儿们觉得婶子被绕进去了，就借机杜撰说是圣人周公所作。名士之后的刘氏一听他们搬出周公，灵机一动："周公是男的，当然帮着男人说话，如果是周婆所作的话，她一定不会这样写。""公说公有理，婆说婆有理"就典出于此。有一次，谢安问夫人："你不怕我在外面纳妾吗？"夫人的回答颇为智慧："夫君乃雅人也！"谢安终生没有纳妾，在那个时代十分难能可贵。

一天，谢安携众诗友泛舟海上，把酒狂欢，正当大伙玩得高兴时，突然风起浪涌，眼看就有翻船的危险。众人惊恐万状，不知如何是好。唯独谢安镇定自如，不紧不慢地说："要是你们都这样惊慌的话，恐怕就真回不去喽！"等到风浪越来越大了，谢安才缓缓说道："要不咱们返航吧？"众人如蒙大赦，忙不迭地点头称是，船夫这才调头返航。

"任凭风吹浪打，胜似闲庭信步。"面对大自然的威压，谢安无比淡定，格局雅量无人能比。但面对朝中后继无人的局面，谢安还能继续神隐、寄情山水吗？

化险为夷鸿门宴

358年，继任豫州刺史的谢奕去世，谢安一心谈玄，无意仕途。四弟谢万接任豫州刺史，成为谢氏家族第三位统领重兵的方镇大将。王羲之闻讯，不无担忧地写信给大司马桓温："谢万学富五车，精通典籍，如果在朝中参与决策，是个不可多得的人才，但领兵打仗、镇守一方恐怕不太适合。"桓家早先与谢家同为门阀大族，彼此交好，谢奕、谢万先后给桓温当幕僚。后来谢尚、谢奕担任豫州刺史，谢氏家族势力上升，对桓氏家族构成了一定的威胁。因此，两大家族关系微妙，但还保持着斗而不破的政治平衡。因此，桓温见信后，付之一笑。王羲之又心急如焚地写信给谢万："务必谦虚低调。"但生性桀骜又很自负的谢万置若罔闻。果不其然，一年后，谢万受命北伐，由于指挥不当，惨遭失败，孤身而逃，按军法当斩，但众人碍于谢安名气，才保谢万罢官归田。

谢万兵败后，谢氏家族权势不保，面临朝中无人的窘境，谢安这才决定出山，到桓温手下当幕僚，担任司马一职。后来谢万去世，谢安借故离开桓温，去吴兴担任太守，后又任吏部尚书、中护军。

当时，桓温因灭成汉政权而声名大震，后又因出兵北伐，战功累累，独揽朝政十余年，有意夺取帝位。371年，桓温本想立功中原以提声望，没想到"枋头一战"惨败。为了重树威名，他废黜了司马奕，另立司马昱为帝，是为简文帝。但司马昱是个提线木偶，继位不到一年就在惶恐中去世，太子司马曜继位。

简文帝在弥留之际，命人起草遗诏：桓温可依据周公摄政的先例治理国家，并说："太子如不可辅，卿可自取之。"王坦之读了这份草诏之后，怒不可遏，当着简文帝的面把草诏撕得粉碎，并说："天下是宣帝、元帝的天下，陛下怎能私自相授呢？"简文帝就改诏为："家国事一禀大司马，可仿照当年诸葛亮、王导辅助幼主之故事。"

本指望简文帝把皇位禅让给自己的桓温大失所望，便率大军来到建康城外新亭，准备镇压反对自己的人，夺皇位以自立，并召谢安和王坦之等人来军中。

王坦之闻讯心惊肉跳，坐立不安，慌忙找谢安商量对策："桓温这次带兵前来，你我是凶多吉少呀。如果去新亭见他，恐怕是有去无回，怎么做才能避过这场灾难呢？"谢安泰然自若地说："你我同受国家俸禄，晋室的江山就看我们这一回了。"

到新亭后，众人见桓温军容严整，一派肃杀之气，更加紧张。有几位大臣远远就向桓温叩拜，战战兢兢，面如土色。王坦之也吓出一身冷汗，感觉腿脚都不听使唤了。只有谢安镇定自若，稳步来到桓温面前，操着洛阳腔不卑不亢地对他说："我听人讲，诸侯有道，守在四邻，明公又何须在壁后藏人呢？"

桓温虽知道谢安是个不同凡响的人物，但未料到他竟能如此镇定，不由心生忌惮和敬畏，连连说："这在军中已经是惯例了，恐突有事变，为安全起见，不得不防呀！既然谢大人这么说了，就撤掉吧！"此时王坦之等人仍惊魂未定，浑身都在哆嗦。

席间，谢安谈笑自如，所言之事，引经据典，条理清楚，滴水不漏。桓温和他的谋士找不到茬，便无从下手。一场政治危机被谢安从容化解。

谢安和王坦之回到建康，王坦之的衣服已被冷汗浸透了！过去，王坦之与谢安齐名，经此事后，二人高下立判。

桓温篡权未成，不久大病一场。弥留之际，他希望皇帝为自己加封"九锡之礼"。谢安认为不合礼制，既没有拒绝，也没立刻照办，而是玩起了"拖"字诀，一个请求加封的公文硬是改到桓温死去也没改好。

面对内乱，谢安镇定自若，化为一世的从容。然而外遇强敌，他又是如何应对的呢？

淝水之战成经典

桓温死后，东晋内政基本稳定下来，但外部形势依然严峻。在北方，苻坚励精图治，统一五胡十六国，建立前秦。建国之初，苻坚就意气风发要攻伐东晋，但在丞相王猛苦劝下才决定休养生息，全面恢复国力。七年后，苻坚再度打算攻伐东晋，但仍有朝臣深感时机不成熟：一则东晋内政稳定，君臣思治；二则东晋假长江天险，不易攻破。然苻坚自负地说："我前秦军队拥有百万之众，将士们投下的鞭子足以阻塞长江，还有何险？"这就是成语"投鞭断流"的由来。苻坚发东、西、中三路大军，水陆并进剑指建康，东晋势如危卵，君臣无不惊恐，都指望谢安扭转乾坤。

面对强敌，谢安任命弟弟谢石为征虏将军、征讨大都督，任命侄子谢玄（谢奕之子）为前锋都督。众人不服，以为是假公济私。谢安的政敌郗昌却出面说："谢公这是举贤不避亲，我曾经与谢玄一道共事过，了解他的军事才能，其他人担不了这一职。"为了军事需要，谢安还举贤不避仇，推举车骑将军桓冲（桓温的弟弟）镇防荆州。

然而，面对百万敌军，谢安却迟迟不下作战方略。形势危急，谢玄心急如焚，临行前求见谢安问计。谢安神色泰然，缓缓说道："我已经有安排了。"

说完便和朋友到山间别墅游玩去了。谢玄不敢再问,就让好友张玄帮忙打听。后来谢安被逼得没办法了,就以别墅为注和谢玄下棋。谢安平时棋艺不如谢玄,这天谢玄心中有事,结果两人下了个平手。兴尽归来,谢安召集将领排兵布阵。

号称拥有百万大军的苻坚根本没把晋军放在眼里,谁料,先头部队首战告败。得知晋兵正向寿阳乘胜追来,苻坚大惊失色,马上和苻融登上寿阳城头,观察晋军动静。只见晋军营帐排列整齐,手持刀枪的晋兵来往巡逻,阵容严整威武。远处看,八公山上无数士兵在走动。苻坚顿时面如土色,惊恐地说:"晋兵是一支劲敌啊,怎么能说它是弱兵呢?"其实,八公山上并没有晋兵,只不过是苻坚心虚眼花,把八公山上的草木都看作是晋兵罢了。"草木皆兵"成了苻坚内心惊恐的真实写照。

双方正式对决前,谢玄劝前秦部队后退,让出决战地带。苻坚不知是计,反想趁晋军半渡而击,不顾众将反对,一口答应下来。没料到前秦军队刚一后退,晋军内应朱序就大喊:"秦兵败矣!"前秦士兵真的以为战败,皆向后溃逃。晋军趁机渡河追击,前秦军队丢盔弃甲,一片混乱。侥幸逃脱的苻坚,一路上听到呼呼风声和鹤的鸣叫声,以为晋军又追来了,便不顾昼夜,拼命奔逃。成语"风声鹤唳"就来源于此。

谢玄在前线打败苻坚后,派人向谢安报捷,当时谢安正和客人下棋。他看完信,随手放在一旁,毫无欣喜之色,继续下棋。最高形式的较量是意志的比拼,苻坚虽拥有百万大军,却疑神疑鬼闹出"草木皆兵""风声鹤唳"的笑话;谢安临危不乱,指挥若定,留下了"围棋赌墅"的历史佳话。

淝水大战后,立下不世功勋的谢安不专权树私,不居功自傲,处事公允明断,有宰相气度,治国以儒、道互补;作为高门士族,他能顾全大局,以谢氏家族利益服从于晋室利益,留下了"江左风流宰相"的美名。

于国,谢安堪称江左伟才,于家呢?

芝兰玉树香满园

谢安前二十年高卧东山,过着出则游山玩水,入则饮酒赋诗的生活,引起了夫人刘氏的怨言:"你无意仕途倒罢了,孩子你也不教育?"谢安笑着说:"我用我的生活方式教育了他们,这叫身体力行、行不言之教。"

谢安善于对晚辈们进行立志教育。有一回,他和晚辈在家中讨论《诗经》。"你们认为《诗经》中哪句最佳?""昔我往矣,杨柳依依,今我来思,雨雪霏霏。"谢玄脱口而出。"吉甫作颂,穆如清风。仲山甫永怀,以慰其心。"侄女谢道韫也跟着回答。这两句一比较,高下立现,后者有雅人深致之意。

谢安借机启发:"在我看来,'吁谟定命,远猷辰告'才是最好的。"意思是说人立志视野要高远,善于规划,并执行下去。谢安教育晚辈的方法就是这样:循循善诱,借机引导,在不经意间把最好的教育施展开来。

谢安还注重晚辈们的个性培养。提起谢玄,那可是带领晋军大破前秦百万大军的名将。但实际上,谢玄小时候并不是这样,常见他手里拿着一个紫罗香囊,腰间挂一条手巾,看上去有失英气。

尽管魏晋时期男子流行佩戴香包饰物,但谢安看不惯谢玄这副模样。他便把谢玄叫来,与之打赌:"如果你赢了,要啥尽管说,如果输了,就把你手里的紫罗香囊送给我。"谢玄满口答应。一番较量过后,谢安完胜,顺手把紫罗香囊丢进一旁的火炉里,悠然淡定地对谢玄说:"来,我们接着玩。"这一举动使谢玄明白:原来时尚达人谢老叔对紫罗香囊根本不在乎。谢安以巨大的人格魅力影响着谢玄。此后,谢玄跟着谢安很快成了一个有担当、有责任心的男子汉。

谢安不但在生活中随时教育晚辈,还把历史上的一些事例讲给晚辈们思索。例如,每次晋武帝赏赐给吏部尚书山涛(竹林七贤之一)的东西都很少,谢安问晚辈们如何理解?谢玄答道:"可能山涛平时所求的东西不多,晋武帝就渐渐遗忘要增加赏赐了。"在谢安的引导下,晚辈领悟了"欲者不多,与者忘少"这一名言的精髓。

谢安还注重晚辈们的美感教育。一天,雪花不期而至,一家人围炉话谈。望着窗外的飞雪,谢安雅兴大发,问:"白雪纷纷何所似?"谢朗(谢据之子)接口:"撒盐空中差可拟。"谢道韫微笑答道:"未若柳絮因风起。"谢安连声称善,夸赞侄女谢道韫敏慧过人。前者形似,后者形神兼备,更具艺术之美,谢道韫也因此成了历史上"咏絮之才"的代言人。

在谢安的教育下,晚辈们有"封、胡、羯、末"四大才子。封是谢万的儿子谢韶的小名,曾任车骑司马;胡是谢朗的小名,官至东阳太守;羯是谢玄,打赢了淝水之战,有再造社稷之功;末是谢渊,官至义兴太守。

最好的教育是陪伴。风骨气质的培养需要大我人格的引领和示范,谢安无疑是谢氏家族中最好的人生导师。这种家风的传承在谢混、谢灵运等后辈身上得到了体现,谢朓又在山水诗上延续着谢安的辉煌,取得了无可比拟的成就。

谢安年轻时是个智者,年老时是个师者;在野时是个诗人,在朝时是个政治家和军事家;游历时是文人的核心,居家时是家族的导师,主政时是朝廷的智囊。他隐逸和仕宦各二十年,隐时隐得洒脱,仕时仕得显赫。才华横溢的谢安是后世无数知识分子的精神偶像。

【延伸阅读】

桀骜的谢灵运

谢灵运,南北朝时杰出诗人、文学家、旅行家。谢灵运少即好学,博览群书,工诗善文,开创了中国文学史上的山水诗派。他一生恃才傲物、桀骜不驯,曾看似扬人实则自褒地说:"天下才共一石,曹子建独得八斗,我得一斗,自古及今共用一斗。"

在彭城郡做官时,谢灵运擅杀了门生桂兴,因为此人和他宠爱的一个小妾偷情。宋文帝时,谢灵运在朝对政务指手画脚,不为众臣所容,被外放到偏僻的永嘉任太守。在永嘉时,谢灵运纵情山水、不理政务,引起民众不满,被调到会稽。由于直言犯上,在会稽太守的"关爱"下,他又被贬到临川。

不久,谢灵运又犯事,司徒刘义康派人收捕,他竟聚众对抗官兵,朝廷遂派重兵将其逮捕,并判死刑。文帝怜其才,特下诏:"谢玄功绩堪比管仲,现其后人谢灵运犯了错,念其祖父谢玄功德,免他一死,流放广州,以示惩戒。"

然而在南下途中,谢灵运竟安排幕僚将其劫走,未遂。文帝震怒,诏命就地处决,一代山水诗派鼻祖就此殒命。

十二、须发白于千字文——周兴嗣

【题记】"学童三五并排坐,天地玄黄喊一年。"这句打油诗里"喊一年"的读物便是《千字文》。它以儒学理论为纲,穿插诸多常识,用四字韵语写成,易诵易记,适合儿童诵读,是经典的启蒙教材。宋明以后直至清末,《千字文》与《三字经》《百家姓》成为我国幼儿最基础的"三、百、千"启蒙读物,甚至传到日本等国,并译有英语、法语、拉丁语、意大利语等多语版。为写此文,周兴嗣一宿未眠,鬓发皆白,这背后有哪些鲜为人知的故事?

出类拔萃武帝赏

周兴嗣,字思纂,祖籍陈郡项县(曾属河南项城,后区划调整至沈丘),南北朝时期梁朝大臣、历史学家。其先人于西晋永嘉"衣冠南渡"时迁居江南姑孰(今安徽当涂)。

周兴嗣十三岁到南齐京城建康(今南京)游学,后来善著多种纪事文章。494年,齐侍中谢朏任吴兴(今浙江湖州)太守,喜欢和周兴嗣谈论文史。任职期满,他向朝廷极力推荐周兴嗣。不久,周兴嗣被任命为桂阳郡丞。

502年,萧衍代齐建梁,称梁武帝,周兴嗣上《休平赋》,文辞华美,受到赏识,被任命为"安成王国"侍郎,在梁都的华林园当值。其年,河南献来一匹会随着音乐跳舞的马,梁武帝命周兴嗣与待诏张率等人作赋歌颂。赋成,梁武帝评定周兴嗣写得最好,升其为员外散骑侍郎。

508年,梁武帝将南京城内三桥的旧居改建为光宅寺,命周兴嗣与陆倕各写一篇寺碑碑文。碑文完成后,梁武帝选中的还是周兴嗣的作品。此后,周兴嗣相继著《铜表铭》《栅塘碣》《北伐檄》等文,每成一篇,都受到梁武帝称赞和赏赐。510年,周兴嗣任新安郡丞,任满后,重任员外散骑侍郎,协助编撰国史;513年,升任给事中,继续为皇室撰写文稿。

周兴嗣患有湿疹,后来又染上了痢疾,在当时这是一种不好医治的传染病,不久其左眼也失明了。梁武帝曾抚摸着他的手感叹道:"斯人也,而有斯疾也!"当场亲笔抄写一份专治湿疹的秘方,赐给周兴嗣。与梁武帝同为"竟陵八友"的任昉,也很欣赏周兴嗣的才华,经常对别人说:"周兴嗣如果没病,十天内就能当上御史中丞。"

天地玄黄出华章

梁武帝一生戎马倥偬,深知那些"生于宫廷之中,长于妇人之手,未尝知忧知惧"的皇子愚的、恶的多,贤的、善的少。为了巩固江山社稷,他希望皇族子弟在承平年代成为饱学之士,"出乎其类,拔乎其萃"。然而,当时没有一本合适的启蒙读物,一些书籍如《尚书》《左传》《论语》等,对初学者来说比较深奥,实为不便。起初,他命文学侍从殷铁石从大书法家王羲之的书碣碑石中拓下一千个不相同的字,每字一纸,一字一字地教授皇子,但由于字字孤立,不便记忆。梁武帝寻思,若是将这一千个字,编成一篇通畅又有韵味的文章岂不更妙?于是召周兴嗣嘱道:"卿有才思,为我韵之。"

周兴嗣回到家后,苦思冥想了一整夜,方文思如泉涌,边吟边书,将这一千字连成了一篇内涵丰富的四言韵书,《千字文》诞生了!唐代李绰《尚书故实》载:"兴嗣一夕编缀进上,鬓发皆白。"

读了周兴嗣一夜编成的《千字文》,梁武帝龙颜大悦,对周兴嗣"赏赐甚厚"，又下旨刻印，让诸王习诵，并刊之于世，作为初学者入门教本。从此，帝王之家有了一本集识字、书法和思想内容为一体的启蒙读物，世界教育史上也有了流传最久、影响最大的蒙学教材。在《千字文》《三字经》《百家姓》中，《千字文》是唯一有确切成书时间和作者的一部。

民间还有一种说法：《千字文》诞生于大狱。

一次，梁武帝要发兵攻打一个邻国，谏官周兴嗣直言劝阻，触犯了皇威，被打入死狱，三天后问斩。同殿好友方树生听说后十分着急，费尽脑汁想出一个办法。

第二天，方树生上朝启奏："周兴嗣抗拒圣命，该杀。但他在百姓中颇有声望，杀了会引起议论。望陛下三思。"梁武帝问："依你之见，如何处置？"方树生道："周兴嗣很有学问。现在学堂里缺少启蒙读本，陛下可让人挑选一千个不重复的字，命他在一夜之间编成一篇文章，供学童阅读识字。若真能一夜编成，可免他一死，如若不成，再杀不迟。"梁武帝准奏。

当晚，方树生拿着一千个字赶到狱中，把编写要求给周兴嗣说了一遍，并让狱卒送来文房四宝。方树生走后，周兴嗣把一千个字摆在地上反复揣摩，一边吟诵一边动手编写："天地玄黄，宇宙洪荒。日月盈昃，辰宿列张……"三更时，编好了一大半，可越往后编越难。鸡叫头遍时，只剩下"乎、语、哉、者、谓、助、也、焉"八个字了，周兴嗣横想竖想总连不成句，急得满头大汗。

天色破晓，方树生来到牢房："周公，编好了吗？"周兴嗣说："尚余八字，实难成句。"方树生道："周兄大才，八个字焉能难倒你哉？"听了这句话，周兴嗣顿悟：八个字中，语助词多矣，何不编成"谓语助者，焉哉乎也"？他转急为喜，飞笔写完最后两句。方树生接过千字文，立即上朝见驾，周兴嗣死里逃生。从此，周兴嗣狱中作《千字文》的故事就流传开来。

《千字文》全书共二百五十句，每四字一句，四句一组，两组一韵，前后贯通；行文流畅，气势磅礴，辞藻华丽，鬼斧神工；内容包罗万象，涉及天文、地理、历史、农工、园艺、饮食起居、修身养性及封建伦理纲常等。该书集知识性、可读性、教化性为一体，诵读起来合仄押韵，朗朗上口，而且，与

《三字经》《百家姓》相比,《千字文》基本不存在被后人反复修改增补等情况,给阅读和研究提供了便利。

书法助其美名扬

雕版印刷术于唐朝发明之前,文章书籍的传播全靠口诵与传抄,否则"言之无文,行而不远",免不了湮没乃至消亡。那么,周兴嗣的《千字文》为什么能流传千古呢?

这与王羲之的七世孙智永禅师密切相关。智永禅师在吴兴永欣寺内练习书法,来向他求字的人终日不断。他住的那间斋室,门槛都被踩坏了,只得用铁皮裹上,人称"铁门槛"。智永练字用废的秃笔头共攒了十瓮,他将十瓮笔头埋了,起名为"退笔冢",并亲自为它撰写、题刻铭文。

智永对老祖宗王羲之的书法,更有发奋传承和发扬光大之志。他悉心研究取自王羲之字帖的《千字文》,苦练数十年,共写《真草千字文》八百余本,分送浙东一带的寺院,对《千字文》的传播居功至伟。

南北朝至隋唐之际,正是中土佛教发展的鼎盛时期,文人士大夫无不濡染其间,这也无疑为《千字文》的广泛传播起到了推动作用。据清末杨守敬的《永师二体千字文真迹跋尾》所言,早在唐初,智永禅师抄写的《千字文》真迹就已流传到了日本。日本不仅有多种版本的《千字文》,而且出现了很多内容各异但都以《千字文》为名的作品。日本知名女书法家南鹤溪曾以崇拜的心情写道:"如果一千五百年前有一位男子,在短短的一个夜晚,就用一千个不同的汉字,做出了二百五十个熟语的话,你一定会惊诧不已吧。"《千字文》还曾被作为韩国的汉字初级读本,成为汉字应用于韩国语言的推动力量。

南梁以来的书法家大都喜好书写《千字文》,且留下了大量珍贵的书迹,如唐代的张旭、怀素、高闲,宋代的宋徽宗、宋高宗等。宋元时期著名的书画家赵孟頫,是《千字文》最著名的铁杆粉丝,他二十年间写《千字文》数百本,临智永的《千字文》"尽五百纸",并为元朝皇帝书写了《六体千字文》。

元代以后最有名的《千字文》帖本就是赵孟頫的《真草千字文册》。

可以说，是书法这条宝船载着《千字文》，跨越时空，流传至今。

经典流传成咏唱

书法泰斗启功先生说："以'天地玄黄'为起句的《千字文》，名头之大，应用之广，在成千累万的古文、古书中，能够胜过它的，是很少很少的。只看它四字成句，平仄流畅，有韵易诵，没有重字，全篇仅仅一千字，比五千言《道德经》这本著名的'少字派'书还少。其功效明显，流传广远，难道不是理所应当的吗？"的确，如果要推荐一部最理想的古代启蒙读物，非《千字文》莫属。

清代曾有人指出，《千字文》是有重字的，即"女慕贞絜"和"纨扇圆潔"两句中，"絜"和"潔"是同义异体字，虽然写法不同，意义和用法完全相同，实则是一个字，故《千字文》实际上有九百九十九个字。这一说法得到不少学者认同，流传甚广。但当代权威文字杂志《说文解字》刊文指出，古时"絜"和"潔"的含义和用法是不一样的，并列举了大量事例予以证明，最后下结论："絜"和"潔"是两个字，《千字文》就是一千个字！

为了满足社会发展变化的需要，汉字的写法、字义、用法也在不断发生变化。一些字消亡了，一些字被创造出来，两个相似的字合并，或一个多义的字拆分，这样的事例比比皆是。所以，出现"絜"和"潔"的争议实属正常。

秦汉以来汉字变化最大的一次莫过于新中国成立初期推行的文字简化运动，简化后的汉字称为简体字，之前的称为繁体字。汉字简化后，包含"絜"和"潔"（统一写成"洁"）在内，《千字文》共有八个字出现了重复。因此，简体版的《千字文》，实际上只有九百九十二个字。

纵观历史长河，我国启蒙读物曾发生多次变更。启蒙读物的更替兴衰，是价值观念在文化领域中最直接的体现。从现有文献记载来看，自汉代以来，使用时间最长的启蒙读物有两篇，一篇是自西汉开始至唐初使用的《急就章》，使用了大约六七百年；另一篇就是从隋唐时期逐渐取代《急就章》的《千字文》，一直使用到民国。西汉皇门令史游所著的《急就章》，一共两千一百四十四个字，是一篇"仕途必读"文章，内容大都与吏事相关，对"举孝廉"非常实用，也是民众读书认字、为人处世的必备好书。后来随着科举制的确立，《急就章》成为明日黄花，而《千字文》紧扣儒家道德伦理主题，文字华丽优美流畅，深受大众喜爱，理所当然成为首选替代品。

1905年，科举制被废除，《千字文》逐渐退出了启蒙读物的历史舞台。但因为《千字文》音韵铿锵、通俗易诵、明事达理、包容万物，更重要的是，它着力宣扬的道德观念曾长期作为社会的主流价值观，对中国人来说已经根深蒂固、融入骨髓，迄今仍具有重要的借鉴价值。如今，作为一部思想性、艺术性近乎完美结合的经典作品，《千字文》部分内容已经入选小学教材，从文化延续和文明传承的角度来看，这无疑是可喜的。

【延伸阅读】

最"抠门"的皇帝

548年，南梁发生"侯景之乱"，梁武帝和梁简文帝相继遇难。梁武帝第七子、湘东王、荆州刺史萧绎号召各地藩王救驾。552年，得知萧绎基本平定"侯景之乱"后，梁武帝第八子、武陵郡王、益州刺史萧纪于成都自立为帝，并以平乱为名，顺江东进，争夺正统大位。

为了激励将士，萧纪将多年积攒的金银铸成金饼一万个、银饼五万个，出征前在战船桅杆上悬挂起来，说："凡作战立功者，皆有奖励。"将士们热血沸腾，群情激昂。萧绎听到消息，迅速派人封锁瞿塘峡口，同时请求西魏进攻萧纪老巢成都。

战斗展开，萧纪的军队士气高涨，接连取胜。然而，得胜回营后，萧纪那里却没了下文，奖励一个也没兑现。有胆大的将士请赏，萧纪却假装身体有

十二、须发白于千字文——周兴嗣

恙,一概不见。时间一长,大家都明白了,挂出来的金饼银饼不过是画饼而已。此时,又有消息传来,西魏军队已拿下汉中,快要打到成都了,萧纪的将士们人心思归、斗志锐减。

553年,萧绎反攻,萧纪大军瞬间分崩离析。游击将军樊猛带人跳上萧纪的龙船,萧纪心惊胆战,从箱子里掏出金饼,请求高抬贵手。樊猛冷笑一声:"只要杀了你,这些还不都是我的?"一矛将萧纪刺死。

萧纪生前惜金如命,失信三军;死后被开除族籍,赐姓"饕餮",不仅丢了身家性命,而且成为历史笑柄。

十三、科举制的开创者——隋文帝

【题记】中国两千多年的封建历史中,开国皇帝大多英雄盖世、威名远播,如汉高祖、明太祖等,但也有一位颇有建树却名气不大的开国皇帝——隋文帝杨坚。在西方人眼里,隋文帝是中国历史上最伟大、最有影响力的皇帝之一,是中国真正的千古一帝。他不仅统一了四分五裂数百年的中国,而且开创了先进的选官制度,也使中国步入农耕文明的辉煌时期,缔造了"开皇之治"。但由于隋炀帝杨广太败家,导致隋朝二世而亡,以至于让我们忽略了隋文帝这位千古一帝。

相有奇表终称帝

杨坚出自关中高门弘农杨氏,其父杨忠跟随北周文帝宇文泰起义,因功赐姓普六茹,官至柱国大将军、大司空,封随国公。568年,杨忠死后,杨坚承袭父爵。

《册府元龟》记载,杨坚"为人龙颔,额有五柱入顶,目光外射,有文在手曰'王',长上短下,沉深严重"。由此可知杨坚相貌有五"奇":一是下颔很长;二是额头突出,并有五个隆起从额头直至头顶;三是目光犀利,咄咄逼人;四是掌纹形似"王"字;五是上身长,下身短。一般认为,这种人奇丑。

但在相术上,这种相貌却是"其贵无比":突出的额头叫"龙犀",是帝王的象征;额头上那五条"入顶柱",也是"龙颜"的象征。

齐王宇文宪曾对北周武帝宇文邕说:"普六茹坚相貌非常,臣每见之,不觉自失,恐非人下,请早除之。"听宇文宪这么一说,宇文邕便征求相士来和的意见,但来和想给自己留后路,谎称:"杨坚这人是可靠的,如果皇上让他做将军,就没有攻不下的城防。"宇文邕放心不下,又请相士赵昭暗中为杨坚看相。谁知,赵昭与杨坚素有交情,他当着宇文邕之面佯装观察杨坚,之后却毫不在意地说:"皇上,请不必多虑,杨坚相貌极其平常,最多不过是个大将军。"杨坚度过险关。

不久,内史下大夫王轨又劝谏宇文邕:"杨坚貌有反相。"言下之意要及早除掉。但由于宇文邕对两位相士的结论确信无疑,便不悦地说:"帝王自有天命在,旁人又能奈何!"杨坚再次化险为夷。

宇文邕死后,其子宇文赟继位。杨坚的长女杨丽华被封为皇后,杨坚被封为柱国大将军、大司马。宇文赟对杨坚的疑心更大,于是杨坚通过内史上大夫郑译向宇文赟透露自己久有出藩之意。这正合宇文赟的心意,他当即任命杨坚为亳州总管。

宇文赟不问朝政,沉溺酒色,觉得当皇帝不自由,便于579年传位于年仅六岁的长子宇文阐,自己在后宫终日与嫔妃宫女们寻欢作乐。580年,宇文赟病危,御正下大夫刘昉、内史上大夫郑译伪造诏书,让杨坚接受遗命任大丞相,辅佐朝政。此时的宇文阐还是个不懂事的小孩,杨坚以外戚身份逐渐掌控了北周的军政大权。他借口赵王宇文招的千金公主出嫁突厥沙钵略可汗,让赵王宇文招、陈王宇文纯、越王宇文盛、代王宇文达、滕王宇文逌回长安,以便随时控制。

赵王宇文招宴请杨坚,想趁机除掉他。赵王将杨坚引进内室,拒其侍从于门外,只留杨弘和元胄在门边。赵王提前安排两个儿子:"等会儿你们进去献瓜,我趁机将他刺杀。"饮酒正酣时,赵王想突起事变,便拿佩刀切瓜,准备动手。元胄觉得事态不对,进屋说:"丞相,府中有急事,您不能在这里多待了。"赵王大声呵斥想把元胄赶走,但元胄反而上前陪在杨坚旁侧。不一会儿，赵王假装呕吐欲起身外出，元胄怕他有诡计，急忙过去扶住并迫使他坐下，如此再三。又过一会儿，滕王宇文逌到来，杨坚亲自出门迎接，元胄趁机对他耳语："情况很不妙，您一定要快点离开这儿。"杨坚却说："他又没有兵马，能把我怎样？"元胄说："一旦他们下手就完了。"杨坚又进室内坐下，元胄听见屋后有铁甲的声音，立即一边说："相府事急，您怎能如此久坐？"一边扶杨坚起身，让他快速离去。赵王想要追杀杨坚，元胄却用身体挡住屋门。估计杨坚回到相府后，元胄才离开赵王府。"先下手为强，后下手遭殃"即典出于此。

杨坚要代周称帝一事，引起北周将领不服。相州总管尉迟迥起兵讨伐杨坚，但很快大败。此后，在长安的北周诸王及其子孙都被杨坚以谋反罪诛杀，北周宗室势力基本荡平。

581年，北周静帝宇文阐以杨坚众望所归下诏宣布禅让。杨坚三让而受天命，自相府常服入宫，备礼即皇帝位于临光殿，定国号为"隋"，改元"开皇"，大赦天下。

间北征南谋统一

隋朝建立伊始，疆域大体为长江以北，长城以南，东起沿海，西达四川的广大地区。此时，北有突厥，南有陈朝两个主要政权与之并存。

突厥为北方游牧民族，自6世纪中期崛起，势力远达中亚。他钵可汗时，突厥"控弦数十万，中国惮之"。他钵可汗恃强傲慢，有一次竟说："但使我两个儿子（北齐皇帝、北周皇帝）孝顺，何忧无物邪！"沙钵略可汗时，突厥控制着长城以北，贝加尔湖以南，兴安岭以西，黑海以东的辽阔地域，拥有骑兵数十万。因隋朝停止对其献礼、和亲，沙钵略可汗不断兴兵南犯。

隋文帝曾准备先灭陈朝，后击突厥。他在北部边境增修亭障，加固长城，并在幽州、并州屯兵数万，防止突厥攻扰，为南下伐陈做准备。然而，沙钵略可汗因其妻为北周千金公主，借口为北周复仇，攻占临榆，并准备大举攻隋。

鉴于隋朝新立、边防不固、实力不足等情况，隋文帝决定变更原计划，先败突厥，后灭陈朝。

当时突厥五可汗并立，各拥重兵，大可汗沙钵略与其他四个可汗不和。熟悉突厥情况的奉车都尉长孙晟认为，可离间强部、扶助弱部，使突厥各可汗间互生嫌隙，然后趁机出击。隋文帝采纳长孙晟的计谋，在反击突厥的同时成功引发突厥内乱。突厥各可汗都遣使入朝，请和求援。隋文帝一概不许，让他们继续互斗，最终使突厥无力再犯隋境。584年秋，大可汗沙钵略表示愿为藩属，永世归顺。

在解除南下伐陈的后顾之忧后，隋文帝加紧了灭陈的准备。经过几年励精图治，隋朝国力、军力显著增强。彼时，陈占有长江以南、西陵峡以东到东南沿海地区。后主陈叔宝沉湎于酒色，疏于戒备，仅凭借长江阻遏隋军进攻。

587年，隋文帝君臣多次谋议灭陈之策，决定采纳尚书左仆射高颎、虢州刺史崔仲方等人的建议，根据长江地理形势和陈军分散守备的特点，采取多路进兵而置重点于长江下游的策略。588年，隋文帝以次子晋王杨广为行台尚书令，全面负责灭陈战役，各路隋军皆受其调度。东自沿海，西至巴蜀，隋军向陈发动全面进攻。

面对隋军大举南下，陈叔宝不做任何应战准备，反而自我安慰说："王气在此。齐兵三来，周师再来，无不摧败。"都官尚书孔范也附和说："长江天堑，古以为限隔南北，今日虏军岂能飞渡邪！"589年初，隋军顺利渡江并很快攻下建康。陈叔宝及其妃嫔跳入枯井，被隋军所俘。长江上游的陈军得知大势已去，也都解甲归降。至此，陈朝灭亡，全国实现了统一。

隋灭陈后，在江南推行抑制士族豪强的政策，引起士族豪强不满。他们利用隋欲移民关中的流言，煽动民众叛隋。590年，陈旧境的士族和土豪到处起兵叛变。隋文帝遣兵讨伐，不过数月，平定陈旧境，南方局势趋于稳定。

隋文帝结束了晋末以来近三百年的分裂割据状态，实现了中国的又一次大统一，也促进了民族大融合。

三省六部官制启

在封建社会，历代王朝都会建立起一套适应中央集权的官制体系，如秦始皇时的"三公九卿制"、汉武帝时的"中外朝制"等。"三省六部制"作为我国封建社会组织严密的中央官制，经历了漫长的发展演变过程，基本上是在隋文帝时确立下来的，主要负责掌管中央政令的制定、审核及执行。

尚书省起源于秦朝，秦始皇在少府下设置主管典籍的尚书。西汉成帝时，三公权力被进一步削弱，尚书权力扩大，尚书令为主管，设五曹。东汉光武帝时，尚书权力进一步扩大，尚书机构称台，设六曹（六部前身）尚书，分割或取代了九卿的部分职权。魏成立中书省，掌管机要，起草和发布诏令。晋正式设立门下省。设置中书省和门下省，目的在于分割和限制尚书省的权力。汉至魏晋，中央政务逐步由三公向三省转移，行政事务逐渐由九卿向六曹过渡。直到南北朝后期，门下省、中书省、尚书省仍各司其职，并未有机结合，三省长官都称"宰相"。

隋建立后，隋文帝废除北周官爵制度，在中央设立三师、三公和五省。三师、三公只是一种荣誉虚衔。五省为尚书省、门下省、中书省、秘书省、内侍省。秘书省类似于后来的馆阁，内侍省则是一个专门的宦官机构，真正主持中央政务的中枢权力机构是尚书、门下、中书三省。其中，中书省为决策机构，主要负责起草皇帝诏书，长官称中书令；门下省是谏议机构，负责审查政令、封还皇帝失宜诏令、驳正臣下奏章违误等事务，长官称纳言；尚书省是主持日常政务的最高行政机构，设尚书令、左右仆射各一人。尚书省下设吏、礼、兵、工、度支（后改称民部）、都官（后改称刑部）六部，每部设尚书为最高长官，总管本部政务。

三省六部制使得决策权、行政权和监察权分离，奠定了现代三权分立制度的基础。皇帝决策形成后，要正式生效，还需经中书省起草、门下省审核和尚书省执行这三个步骤，这就保证了决策实施的审慎性，最大程度避免了决策失误。三省既分工明确,又互相牵制,共同向皇帝负责。

三省六部制不仅加强了中央集权,而且开创了中国封建社会中央政体的新模式,尤其是六部的设置成为之后中央政权的固定官制。

废除九品创科举

隋统一全国前,地方官员的选拔任命采用的是魏文帝曹丕时创立的"九品中正制",中正是评议人才的官职名称。该制创立之初,评议人才的标准是家世、道德、才能三者并重。但由于任中正者绝大多数出于门阀世族,故门阀世族几乎完全把持着官吏选拔之权。于是德才标准逐渐被忽视,家世则越来越重要,甚至成为评议人才的主要标准,西晋时形成了"上品无寒门,下品无士族"的局面。这不但堵塞了民间人才的上升途径,还让士族得以把持朝政,影响皇权。

隋统一全国后,为进一步加强中央集权,隋文帝采纳度支尚书杨尚希"存要去闲、并小为大"的建议,将原来比较臃肿的地方官制从州、郡、县三级精简为州、县两级。为更好控制地方,隋文帝下令九品以上官员一律由中央任免,而且吏部每年都要对官员进行考核,以决定奖惩、升降。

587年,隋文帝命令诸州每年举送三人到中央。598年,他设立"志行修谨""清平干济"二科,令五品以上京官和地方官总管、刺史为上述二科推荐人才,此为科举制的开始。隋炀帝时期,又添设了进士科,这标志着科举制的确立。隋朝所设立的考试科目,如明经、进士科等一直为后世所沿用。

隋唐以后,几乎每一位读书人都与科举考试有着密切关系。在漫长的科举史上,曾产生出七百多名状元、近十一万名进士、数百万名举人,秀才更是不计其数。善于治国安邦的将相良臣,杰出贡献的思想家、文学家、艺术家、科学家、外交家等,大都出自状元、进士和举人。

仅从科举制面向社会各阶层、通过考试公开选拔人才这一点看,其进步意义是毋庸置疑的。只不过随着时代的变迁,科举制在明清时逐渐演变为八股取士制，严重禁锢了文人思想。1905年，在袁世凯的建议下，晚清政府废除了科举制。然而，现代各国选拔人才的方式仍多借鉴于此，孙中山曾说："现在各国的考试制度，差不多都是学英国的。穷流溯源，英国的考试制度，原来是从我们中国学过去的。"

刑制改革开皇律

北周的法律既残酷又混乱，"内外恐怖，人不自安"。杨坚曾多次向北周皇帝建议另立新法，但未被采纳。

581年，隋文帝令尚书左仆射高颎等人参考魏晋旧律撰定新律，并于同年颁布；两年后，又因"律尚严密，故人多陷罪，每年断狱，犹至万数"，专门令都官尚书苏威、礼部尚书牛弘等人本着"权衡轻重，务求平允，废除酷刑，疏而不失"的原则修改新律，最终形成了历史上著名的《开皇律》，奠定了封建五刑制（笞、杖、徒、流、死）的基础。

隋文帝力主"刑以辅德"，甚至"以德代刑"，并把这些思想注入法律之中。《开皇律》的成就很多，如改良诉讼程序以避免冤假错案等，而废除孥戮和连坐也堪称一大进步。孥戮历史悠久，据说这项刑罚最早是在殷商时代推行的，并一直被后世王朝所沿用，指的是诛杀罪犯的同时，罪犯的妻子和儿女也一并诛杀。连坐是战国时代商鞅在秦国推行变法时制定的一种刑罚，指的是惩罚罪犯的同时，罪犯的邻居等也一并追究刑事责任。

隋文帝时期，司法官吏也很重视法治。刑部侍郎辛亶爱穿红色短袜，认为这样能官运亨通。隋文帝则认为辛亶犯了"厌蛊"罪，下令斩首。刑部侍郎赵绰进谏认为，根据《开皇律》规定，犯"厌蛊"罪不至死。隋文帝怒说："你惜辛亶的命，却不惜自己的命！"并令左仆射高颎去斩赵绰。赵绰说："陛下可杀臣，不能杀辛亶。"说完就走下朝堂，解开衣服，等待斩首。隋文帝派人问他有无悔意，他回答说："执法一心，不敢惜死。"隋文帝听后很感动，不但免其死，还于第二天赐绸缎三百匹以示嘉奖。

又有一次，有两个人用品质差的钱换好钱，隋文帝下令处死他们。赵绰进谏说："依照法律他们罪不至死，应当处杖刑。"隋文帝说："这不关你的事。"赵绰说："陛下把我安置在法司工作，现在却不依法处刑，怎能说不关臣的事？"隋文帝又说："你摇晃不动大树，应有自知之明！"赵绰回答："臣只是希望感动天子，哪里是什么摇晃大树！"隋文帝大怒："你打算挫伤天子的威严吗？"赵绰听后，跪拜前行，遭到叱责也不肯退下。在另一位大臣的劝谏下，隋文帝有感于赵绰的"诚直之心"，收回了成命。后来，隋文帝常把赵绰召入内房评论政事。

隋文帝制订的《开皇律》对后世律法影响深远，成为唐律的直接蓝本，又为宋、明、清各朝所沿用，在我国法制史上具有重要的历史地位。

发展漕运促经济

历史上有名的隋唐大运河虽然是在隋炀帝杨广时期大规模开凿的，但提出开凿运河、发展漕运构想的人是隋文帝杨坚。

隋朝开国之初，都城仍在长安旧城。旧城久经战乱，残破不堪，水污染严重，迁都之事被提上议程。后来隋文帝选了旧城东南的一块秀美之地建都，史称大兴城。大兴城充分利用地形优势，拓展了立体空间，格局均衡对称，显得非常雄伟壮观，成为当时无与伦比的世界第一城。

隋之前，京城所需粮食通常由盛产粮食的关中供应。但因百年战火摧残，彼时的关中早已不是原来的样子了，加之人口增加，京城所需物资不得不从关东输入。古时交通十分不便，而关陇地区几乎都是山路，运送物资不但费时费力，且数量有限。这种情况下，隋文帝开始考虑水路。可是，自潼关至长安"渭水多沙，流有深浅"，自古以来就极为难走。

然而，粮食问题迫在眉睫。582年，隋文帝派宇文恺在渭水之南挖道开渠三百余里，引渭水自大兴城东至潼关，这条渠就是有名的广通渠。广通渠建成后，从潼关西上的漕船运粮食入京就不用再涉险走渭水了。587年，隋文帝为了南下伐陈，又派人在原古邗沟的基础上开挖江淮段，用于运输士兵和军粮。

隋炀帝杨广继位后，迁都洛阳。为控制江南广大地区，使长江三角洲地区的丰富物资运往洛阳，他下令开凿了江南至洛阳的通济渠，并疏通了山羊渎等漕段；为给北部戍边军队运送物资，又凿通了洛阳至北方的永济渠。大运河贯通南北，对后世的政治、经济、文化、军事等都产生了重大影响。

604年，隋文帝去世，享年六十四岁。在位二十三年间，他锐意改革，政绩卓著，促进农业生产，稳定经济发展，最终开创了"开皇之治"。正如历史学家范文澜先生评价："隋文帝主要的功绩，在于统一全国后，实行各种巩固统一的措施，使连续三百年的战事得以停止，全国安宁，南北民众获得休息，社会呈现空前的繁荣……不能因为历年短促，忽视它们在历史上的作用。"

【延伸阅读】

隋文帝死亡之谜

太子杨勇娇宠侧室云氏而冷落正妻元妃，元妃抑郁而亡。隋文帝的独孤皇后出身正妻，不但反对丈夫纳妾，而且强悍的她亦非常在意别人是否重妻轻妾。她认定杨勇与云氏合谋害死了元妃，在隋文帝面前屡屡诋毁杨勇。而在外驻守的晋王杨广才华横溢、战功卓著，且善于在父皇、母后面前隐恶扬善。最终，隋文帝废掉杨勇，立杨广为太子。

604年，隋文帝患病住在仁寿宫，尚书左仆射杨素、兵部尚书柳述、黄门侍郎元岩在仁寿宫侍驾，太子杨广入住大宝殿侍病。杨广想在父皇去世前预先做准备，于是写了一封亲笔信给杨素，询问父皇的情况。杨素逐条回复，宫人却误把回信送到了隋文帝寝宫，隋文帝看后大怒。

第二天早上，服侍隋文帝的宣华夫人出去更衣，不料被杨广调戏，好不容易才得以脱身。隋文帝得知后捶着床说："这个畜生！我怎能将国家交给他！独孤误了我！"于是他叫来柳述、元岩说："召见我的儿子！"柳述等人要叫杨广来，隋文帝却说："是杨勇。"杨素闻知此事后，告诉了杨广。杨广假传圣旨将柳述、元岩逮捕，关进大理寺狱，然后迅速调来东宫护卫把守仁寿宫，并派宇文述、郭衍进宫调度指挥，又令张衡进入仁寿宫侍候隋文帝，后宫人员全被赶进一个房间。很快，仁寿宫便传来了隋文帝驾崩的消息。

隋文帝到底是因病而亡还是被杨广所弑，至今是谜。

十四、英年溺亡的奇才——王勃

【题记】王勃,字子安,不满十岁便被称作"诗坛神童",未及弱冠已位列朝班。他雄笔奇才,把诗文由宫廷引向市井,从台阁移至江山;他满腹经纶,革除齐梁余风,开创唐诗新气象,被尊为"初唐四杰"之首;他妙笔生花,一篇脍炙人口、传诵千秋的《滕王阁序》让滕王阁名扬天下。令人惋惜的是,他的生命之花仅仅绽放了二十六载,在给人们留下巨大精神财富的同时,亦将"三尺微命,一介书生""时运不济,命途多舛"的无奈书写于世。是什么造就了如此"神童"?又是什么导致了他的悲剧人生?

满窗日色盈书香

650年,绛州龙门黄河岸边一处宅院里,随着"哇"的一声啼哭,一个幼小的生命降临了。接生婆高声喊道:"主子,弄璋之喜啊。"主人王福畤满面笑容,连忙说:"男孩好!男孩好!"这时王家二小子王勔赶巧回来,听说又添了一个弟弟,就好奇地跑到妈妈床前观看,只见弟弟天庭饱满、地阁方圆、满面红光,就嚷嚷着:"父亲,给弟弟起个名字吧!"王福畤思索片刻:"就叫王勃吧!第一,咱们王家到你们这一辈是'力'字辈,即名字的第二字必须是'力'字偏旁;第二,'勃'有昌盛之意,且音同'博',希望他长大是个博学多才之人。"

据传，王氏家族渊源于姬周，家世久远。王勃的祖父王通，是隋末大学者、大教育家；二十岁时向隋文帝建言《太平十二策》，主张尊王道、推霸道；著《王氏六经》，作《东征之歌》，为中国文学留下了宝贵财富。

王福畤是王通次子，承续家风，德才兼备，官至太常博士、雍州司功参军、齐州长史、泽州长史等职，著有《王氏家书杂录》，与当时的大文豪杜易简等人交情颇深。著名诗人杨炯称他是"绝六艺以成能，兼百行而为德"的"人宗"。

到了王勃这一代，王氏家族更是才聚一堂。长兄王励，曾为王勃的四言诗《倬彼我系》作序；次兄王勔，官至泾州刺史；三兄王勮，历任凤阁舍人、弘文馆学士、天官侍郎；弟弟王助、王勋、王劼、王劝，皆有文才。王勔、王勮、王勃兄弟三人出名较早，被杜易简称为王氏"三株树"。后来王助、王劼长大也都有文名，"三株树"又变成了"五株树"。

少年开挂势难挡

王勃五岁时跟随父亲到朋友家做客，长辈们早已耳闻小王勃有才，便想考考他。一位叔叔指着门上的珠帘说："门上挂珠帘，你说是王家帘，朱家帘？"小王勃随口应答："半夜生孩儿，我管他子时儿，亥时儿。"大家一听拍手称赞。

《旧唐书》记载，王勃六岁即能写文章，文笔流畅，有"神童"称号。杨炯在《王勃集序》中说他："九岁读颜氏《汉书》，撰《指瑕》十卷。十岁包综六经，成乎旬月，悬然天得，自符音训。时师百年之学，旬日兼之；昔人千载之机，立谈可见。"

王勃还是个很有孝心的孩子。一次母亲生病，一时半会儿寻不来郎中。看到母亲痛苦的样子，他就暗下决心学习医术，在读书的时候总是涉猎医书。他觉得书本上的道理和实践是有差别的，于是又寻访良医，希望能学得一手好医术，做个孝子。

一日，十二岁的王勃在洛阳大街上偶见一白发老者为人把脉治病，周围的人赞不绝口："曹大夫真是华佗再世啊！"曹大夫乃名医曹元，据传他能像扁鹊那样望气、透视人的五脏六腑；还能像华佗那样做开胸一类的大手术。王勃心想，这曹大夫不正是自己苦寻的名医吗？于是决定拜曹大夫为师。

曹元收了摊子往家走，蓦然发现身后跟了个少年。少年见曹元回头，口喊"师父"跪地便拜。曹元扶起他道："你这孩子，学医做甚？"王勃答："为亲人尽孝、为穷人驱病、为自己健康。"曹元一听，这孩子不仅有孝心，而且还挺有见地，便收了他，亲自教他《周易章句》《黄帝内经》《难经》等医家典籍。一年多后，曹元觉得王勃可以行医了，便与他告别，并叮嘱说："不要得意忘形显摆自己，应当不露声色自我提高。"王勃叩首谢恩，恭敬答道："弟子谨遵师命。"

663年春，王勃一边治病救人，一边为前途做打算。他在拯救病人时发现很多人都是穷困潦倒，便萌发了济世思想，经考虑再三后，决定继承家族的出仕传统，于是写下《上绛州上官司马书》，希望寻找机会，积极入仕。

664年，王勃听说当朝宰相刘祥道巡行关内将要至此，便提前写下一封自荐信。没过多久，刘祥道果真到来，王勃通过父亲把自荐信呈给了宰相。

在这篇著名的《上刘右相书》中，王勃直陈政见，第一条就反对讨伐高句丽："辟土地数千里，无益神封；勤兵十八万，空疲帝卒。惊烽走传，骇秦洛之氓；飞刍挽粟，竭淮海之费。"虽说是自荐信，但内容完全突破了自我吹嘘、哀告请托的俗套，把重点放在条陈国家大事上，对时政流弊进行了大胆针砭，集中体现了对国家民生的思考，显示出一个天才少年积极的政治思想。刘祥道得知此文竟然出自一个十四岁少年之手，便叫王勃过来一见。一番交谈后，刘祥道对王勃的渊博学识大为惊讶，回京后立刻向唐高宗做了推荐。

665年的一个春日，唐高宗李治在宫中的高台上望着不远处新建成的乾元殿，露出满意的笑容："国力昌盛，我大唐威武啊！"此时，一位侍官呈上一份奏章，说是吏部员外郎皇甫常伯引荐送呈的一篇《乾元殿颂》。李治展卷而阅，只见文章词意壮美，绮丽生花，忍不住连连赞叹："奇才，奇才，我大唐奇才啊！"此文的作者正是年仅十五岁的王勃。

666年，王勃幽素及第，官授"朝散郎"，从七品，成为当时朝廷最年轻的命官，未冠而仕，而且是天子驾前，可谓前程似锦。

斗鸡檄文前程葬

唐高宗第六子沛王李贤（即后来的章怀太子），虽年仅十一二岁，却极重视网罗人才。他看中了王勃，硬缠着父皇招了王勃为"侍读"。

到了沛王府，王勃深受信任，与沛王关系甚好。沛王知道王勃有兼济天下之志，就对他说："子安，我知道你对国家事务有很多独到的见解，能否写出来给我看看，我好向父皇建言。"王勃正想寻找施展抱负的机会，于是把长久以来的思考写成了《平台秘略论》十篇，并辅以《平台秘略赞》十首，表达了胸怀天下、心系苍生的济世理想。

不久，王勃的一位杜姓朋友被任命为蜀州少府，临别时王勃为他饯行。两人猛饮几杯酒后，杜少府略有伤感："子安，我这一去千里迢迢，不知何年何月才能再相见？"王勃立即劝慰："宦海生涯不由己定。杜兄去后我们虽不能朝夕相处，但只要心心相印，哪怕是天涯海角也阻隔不了我们的友情。"为了纪念彼此的深情厚谊，王勃提笔写下五言律诗《送杜少府之任蜀州》，其中"海内存知己，天涯若比邻"成为千古名句，至今屡屡被人们引用。

668年，一个阳光明媚的日子，皇宫花园里擂台两边挤满了人，一边是沛王府的人，一边是英王府的人，英王即李显，唐高宗第七子。只见双方各有一名家奴抱着一只凶猛剽悍的公鸡站立两侧，随着一声高喊："放鸡！"两只公鸡在喧闹的铜锣声中，扑腾着翅膀，伸长着脖子，凶狠地扑向对方。这就是当时宫中盛行的斗鸡游戏。见大家都在兴致勃勃地观看，王勃便乘兴起身奋笔疾书，不一会儿，一篇《檄英王鸡》潇洒而就。

王勃本想以此为沛王助兴，殊不知沛王府内有人嫉妒，把此文呈给了皇上。高宗龙颜大怒:"歪才,歪才!二王斗鸡,王勃身为博士,不行劝谏,反作檄文,故意虚构,夸大事态,应立即逐出王府!"

原来唐太宗时,太子李承乾荒悖无德,四子魏王李泰趁机结党营私,以谋嗣位。唐太宗发现后,大为恼怒,把二人都废了,改立天性仁孝的晋王李治为太子。深宫大院自古深邃险恶,皇子之间的关系向来十分微妙,彼此构陷、争权夺位的事件在历史上屡有上演。唐高宗就是因此而登基的,对此岂不高度敏感?即便是游戏也绝不姑息!

王勃因其不能谨慎自守而被逐出沛王府,刚刚开启的仕途,就这样一夜之间走到穷途末路,昨日还是达官显贵的座上客,今天突然成为路人甲。

游山玩水诗作狂

从出将入相的梦想跌落到布衣平民的现实里,王勃倍感失落。他在《夏日诸公见寻访诗序》中说:"天地不仁,造化无力,授仆以幽忧孤愤之性,禀仆以耿介不平之气。顿忘山岳,坎坷于唐尧之朝;傲想烟霞,憔悴于圣明之代,情可知矣。"可以看出,他当时有多么凄怆悲苦和愤激不平!

少年得志却遭受如此打击,任谁能心甘!"子安,正所谓塞翁失马,焉知非福,暂时离开长安,也许对你是一个机遇呢。一切宽心,多加保重!"幸亏有杨炯等朋友的安慰,王勃才稍感慰藉。

669年,王勃开始了长达三年的漫游。他从长安出发,一边行路,一边观景,不久便来到始平(今陕西兴平市)。回望京师,看着眼前的村落,他想起家乡,于是留下了一篇《始平晚息》:"观阙长安近,江山蜀路赊。客行朝复夕,无处是乡家。"

短暂逗留后,王勃继续南下,过扶风、长柳、普安(今四川剑阁县),一路自然有颇多感触,但诗人的留念是以自己独特的方式,寓情于景,以笔抒怀。《扶风昼届离京渐远》《长柳》等,都是王勃怀亲思乡和行旅艰辛的真实写照。

十四、英年殒亡的奇才——王勃

绵州的 7 月,骄阳似火。一天,王勃在大街上看见一个熟悉的身影,便疾步上前,原来此人是同乡薛华。他乡遇故知,自是相谈甚欢。酒过三巡后,薛耀对王勃说:"子安,我知道你的遭遇后,心中十分牵挂。现在见到你,我放心多了。不知今后有何打算?"王勃摇摇头:"暂无,只想散散心。"薛耀听后当即道:"那好,我们就一起去好好看看巴山蜀水吧。"于是两人同游数日,共叙情怀。王勃诗文不断,分手时一首《别薛华》一挥而成。

10 月,王勃在玄武县(今四川中江县)赶上重阳节,卢照邻和县尉邵令远约王勃去玄武山游玩。经过几小时跋涉,三人好不容易爬上山顶,来到一亭中。随从拭去桌上的灰尘,摆上茶水和酒菜。王勃用衣袖擦了擦额头,环顾四周,只见山峦隐约,云雾缥缈,云朵随风变换着姿态,如同有了生命一般,于是文思泉涌,写下一首《蜀中九日》:"九月九日望乡台,他席他乡送客杯。人情已厌南中苦,鸿雁那从北地来。"

老友不断分别,新的知己又遇。王勃到了德阳,县令宇文峤老早派人城外迎接。友人相见兴高采烈,旧识新交欢聚一堂,热闹非凡。美丽而极富诗意的夜晚,在众人的簇拥下,王勃把这一切美妙都写入了《宇文德阳宅秋夜山亭宴序》。

通过一段时日的游历,王勃的心情好多了,不再为丢官而失落,相反为大自然的美好而兴奋。乡野为庶,快乐的日子也不比在皇宫差。

又是一个春暖花开的季节,王勃来到九陇县(今四川彭州市)。面对盎然春意,他感慨岁月流逝而功业未成,提笔写下了著名的《春思赋》。全文一千七百余字,文藻富丽,气象万千,波澜起伏,开阖有度,是王勃赋中的名篇。

671 年冬,王勃从巴蜀返回长安,结束了近三年的蜀中游历。经历仕途的挫折,生活的体验,山川的感召……他写下了三十多首抒发情怀的诗文,辑为《入蜀纪行诗》,分送友人。

入蜀之行对成就王勃的名气具有重大意义,尽管他当时深陷人生低谷,却在看似自我放逐中,步入了文学创作上的第一个高峰期。

滕王阁序美名彰

休整一段时日后,王勃依旧渴望能够被重新启用,在大唐政坛施展治国平天下的抱负。他上呈自荐书《上明员外启》,可惜未能如愿。适逢朝廷招录补空,一朋友建议他参加选补。在长安,王勃遇上了杨炯、卢照邻、骆宾王,"四杰"首次聚齐,爱才荐官李敬玄盛情款待,并引荐给主考官裴行俭。

这场考试,"四杰"成绩俱佳,但在面试及录取时,善阴阳术的裴行俭语出惊人:"才名有之,爵禄盖寡。杨应至令长,余并鲜能令终。"又曰:"如勃等,虽有才,而浮躁衒露,岂享爵禄者哉?"意思说他们都有才华有名气,但不适宜官场。杨炯稳重,顶多官至县令,其余三人都不得善终。王勃虽然有才,但为人处事浮躁,不是当官的料。后来,在李敬玄的极力推荐下,王勃得以补授虢州(今河南灵宝)参军一职。是去,是留?王勃正犹豫间,虢州司法陆季友来信说:"虢州药物丰富,何不来谋个一官半职?"听了朋友的话,王勃又一次踏上仕途。

673年,王勃就任虢州参军,因职事清闲,便醉心于林壑烟霞之美,写下不少游仙诗如《忽梦游仙》等,表现出他当时怀才不遇、欲求仙访道的心态。但不久,一个小插曲打破了他的平静生活。一天,王勃正在树下安逸地品酒小憩,一名官奴急匆匆跑到跟前俯身便跪。王勃问:"何事这般赖地不起?"官奴答:"小人曹达,因家中急事,偷军中纹银,犯下死罪,望大人大恩大德救小人一命。"王勃见他可怜就将他藏匿起来,后来又怕走漏风声,便杀了曹达。王勃因此被打入死牢,等待处决。有人推测,王勃此次身陷囹圄可能是遭人陷害,与其恃才傲物、炫耀张扬以及与同僚不睦不无关系。

王勃因罪连累了父亲,王福畤从雍州司功参军被贬为交趾(今越南境内)县令。父亲被贬对王勃的打击远远超过朝廷对他的惩罚,为此王勃在《上百里昌言疏》中表达了沉痛的内疚和强烈的自责:"如勃尚何言哉?辱亲可谓深矣!诚宜灰身粉骨,以谢君父,复何面目以谈天下之事哉?"

幸亏唐高宗改年号大赦天下，王勃才捡回一条性命。出狱后，他在家里待了一年多，潜心著述，完成了祖父王通的《续书》补阙十六篇，撰写《唐家千岁历》《百里昌言》等，同时还创作了大量诗文。

675年秋，王勃决定从洛阳出发沿运河南下，前往交趾看望父亲。路过洪州（今南昌）时，他老远看见一群人围在一起，出于好奇，便挤进人群一探究竟。原来洪州都督阎伯屿新修滕王阁落成，欲将其作为地标性建筑，但缺少彰显名气的"广告词"，特召集江左名儒、秀士才人，征集碑辞。

这等好事哪能少了王勃呢？他正要进门，却被一师爷拦住。那师爷说要想参加必须对出下联："山羊上山山碰山羊角。"旁人都在冥思苦想，王勃一时也想不出来。正在此时，他突然看见不远处一头水牛走进水塘，水漫过牛鼻。于是灵光一闪，轻松地吟出下联："水牛下水水没水牛鼻。"那师爷十分惊讶：这小子还真不简单，年纪轻轻就能对出这么复杂的对联，于是让王勃进去。

此时都督阎伯屿的女婿吴子章也在场，人传他有过目不忘之本领。他见众人均不轻受，暗暗自喜，心想：这碑辞我早已写好熟记于心，今日非我莫属也。正得意时，突然杀出一个"程咬金"，这"程咬金"还是个年少气盛之人。只见王勃满脸自信，挥毫泼墨，一气呵成《滕王阁序》，呈与阎伯屿。阎都督自上而下读到"落霞与孤鹜齐飞，秋水共长天一色"时，不觉拍案道："此子落笔若有神助，真天才也！"遂令左右遍示诸儒。众人一个个击节叫绝，莫不叹服。阎都督亲自携王勃之手，坐于左席道："帝子之阁，风流千古，有子之文，使吾等今日雅会，亦得闻于后世。从此洪都风月，江山无价，皆子之力作也。吾当厚报。"

此时，被抢了风头的吴子章心生妒忌，讥讽王勃有抄袭之嫌。见阎公和众士不信，他竟当众将《滕王阁序》一字不落地背了出来。众人大惊，对王勃生疑。而王勃不慌不忙道："吴兄好记性，过目不忘，令人佩服，但这篇赋的末尾还有序诗吗？"吴子章尴尬无语。只见王勃起身挥墨，不加思索，须臾续诗一首。如此一来，真假"美猴王"一目了然，众人皆确信《滕王阁序》为王勃所作，吴子章只好狼狈而退！

五代王定保的《唐摭言》等书所记的上述故事，或许有虚构成分，但本为"广告词"的《滕王阁序》不管是景物描写，还是结构构思，或是用词遣句以及情感表达，无不体现出作者高超的写作水平，让人叹为观止。更令人称奇的是，《滕王阁序》全篇仅七百七十三个字，却巧用了四十个成语，确实是中国古代文学作品中的不朽名篇。洪州都督宴上，王勃应征作赋写就名篇成为中国文学史上动人的佳话。从此，滕王阁闻名遐迩。

有缘无分惊悸亡

离开洪州，王勃继续南下。刚到广州一家客栈住下，便有一仆人问道："请问您可是四杰之一的王勃大人？"王勃见仆人彬彬有礼，便答："在下正是，不知有何贵干？"仆人道："我和我家何小姐暗中跟随您已有多日，一直没有机会相见，今见大人有空，小姐便让我前来邀请，不知意下如何？"王勃思索片刻，觉得无妨，便说："那就请吧。"

王勃来到那位女子跟前，只见她眉目清秀、貌似天仙、端庄大方、举止文雅，就问道："不知小姐邀在下有何吩咐？"那女子说："小女子何德何能敢吩咐大人，只是有一篇文章想请大人指点。"说着就把文章递给王勃。

王勃接过展开一看，是一篇题为《转轮钩枝八花鉴铭》的文章，仔细读完，不由惊叹这女子的才华宛如腾蛟起凤，未敢轻改，怎奈那女子情真意切，不忍拒绝，便写下一篇《錾鉴图铭序》作为回赠。

次日，王勃继续西行，何小姐遣人送来银两和一封信。王勃拒了银两收了信。信的大意是：多谢赠诗让我茅塞顿开，小女子对您仰慕已久，希望您能早日回来，我会一直在此等候。后面还附有一首小诗："思君心若长江水，昼夜东流无停时……"

675 年末，王勃赶至交趾，见到窘困的父亲，痛心不已，决定陪他住些时日。676 年 8 月的一天傍晚，王勃想起何小姐可能还在广州等候，便将何小姐那封信翻出复读。夜里，王勃做了一个梦，梦见与何小姐挥手道别之后，又与一位卜卦先生聊叙《易经》，先生说："你和那何小姐没有姻缘。"王勃问何故,先生答曰:"当年你父亲给你起名字的时候希望你博学多才,所以用了一个'勃'字,勃音如博,可他没有想到勃音也如薄……"话没说完,王勃便猛地惊醒,他也是学过《易经》之人,思来想去还是觉得回老家安全,第二日便踏上归途。

当时正值夏末,南海风急浪高,渡船意外侧翻,王勃不幸溺水,惊悸而死,年轻的生命戛然而止。何小姐闻讯赶来时,王福畤已强忍丧子之痛,将王勃遗体就地埋葬在蓝江左岸了。与何小姐的那段相会相识成了王勃人生中唯一的异性情缘。

王勃之死印证了裴行俭的预言,他死得太早了,就像流星划过天边落入南海,恍如烟花般短暂却又霎那间光彩夺目,而且,这光芒太亮、太耀眼,足以让许多文人搁笔。

"诗圣"杜甫赞赏王勃的诗文是"不废江河万古流"。胡应麟评论王勃:"究其才力,自是唐人开山祖。"郑振铎评论王勃:"正如太阳神万千缕的光芒还未走在东方之前,东方事先已布满了黎明女神的玫瑰色的曙光了。"

没错,正如黎明女神会为我们带来曙光一样,一千多年来,王勃的诗词赋序、文学精神时时刻刻都在影响着后人。如果上天多给王勃一点时间,他那一支才华横溢的如椽巨笔,不知将给中国文学增添多少精彩的华章!

【延伸阅读】

一字千金

据传,洪州都督阎伯屿为滕王阁征集碑辞,王勃应征写下著名的《滕王阁序》及序诗后,便起身南下。

阎大人读着王勃的序文,心中大喜,正要发表溢美之词,却发现序诗中空了一个字,感到奇怪。旁观者也都凑上前来观看,果真是"阁中帝子今何在?槛外长江自流"。于是,文人学士们你一言我一语,各抒高见。这个说一定是

"水"字,那个说应该是"独"字。阎大人听了觉得都非作者原意,命人快马追赶王勃,请他把落下的字补上。

追上后,王勃的随从说道:"我家公子有言,一字值千金,望阎大人海涵。"阎大人闻禀心里暗想:"这分明是在敲诈本官啊,可气!"但又一转念:"怎么说也不能让一个字空着吧,不如随他所愿,这样本官也落个礼贤下士的好名声。"于是便备纹银千两,亲自率一众文人学士快马追到王勃住处。

王勃接过银子故作惊讶:"何劳大人下问,晚生岂敢空字?"大家听了都不知其意,有人便问道:"那所空之处该当何解?"王勃笑道:"空者,空也。阁中帝子今何在,槛外长江空自流嘛!"众人听后异口同赞:"妙!"阎大人也意味深长地说:"好小子,一字千金,不愧为当今奇才!"

十五、江山美人两相失——唐玄宗

【题记】 唐玄宗李隆基,把拥有江山和美人作为人生追求的终极目标。他手持金钺,左杀右砍,夺得了唯我独尊的江山;他励精图治,任人唯贤,开创了大唐开元盛世;他巧舌如簧,甜言蜜语,赢得了儿媳以身相许,可谓江山美人两相悦!然而,迷恋江山的他最终却痛失江山;用情至深的他却被逼赐死心上人。是什么导致一代帝王江山美人两相失呢?

命运多舛欲图治

685年,李隆基出生于东都洛阳。他出生时雷声轰鸣、废井喷水,古人视这种迹象是未来天子降世的征兆。然而他生不逢时,虽贵为唐睿宗李旦之子,可皇权不在父亲手中,因而命运多舛。

李隆基四岁时,被奶奶武则天下令过继给已故太子李弘继承香火;五岁时,父亲李旦被废除帝位;八岁时,母亲去给武则天拜年有去无回;之后,父亲还被诬告谋反险些丧命,父子两人遭受软禁长达七年。

705年神龙政变后,李隆基的伯父李显从武则天手中接过皇权,是为唐中宗。然而中宗无能,皇权逐渐被韦皇后把持。710年,李显暴毙。《资治通鉴》记载:"太平公主与上官昭容谋革遗制,立温王重茂为皇太子,皇后知政事,相王旦参谋政事。"但宰相宗楚客等人劝说韦皇后效法武则天称帝,遂改相王李旦为太子太师。宗楚客还打算害死李重茂,却怕李旦和太平公主从中作梗,便密谋除掉他们。

此时的李隆基,早已不满韦皇后专政,暗中聚结才勇之士,在皇帝的亲军中发展势力,联合姑姑太平公主积蓄力量,谋匡扶社稷。一向依附韦皇后的兵部侍郎崔日用,得知宗楚客的阴谋后,担心自己会因此遇祸,便遣宝昌寺僧人普润密告李隆基:"望速发,出其不意,若少迟延,或恐生变。"

接到密告,李隆基当机立断,于7月21日夜领兵入宫,诛杀了韦后、安乐公主等把持朝政的韦氏集团。未过几日,太平公主逼迫李重茂让位,李重茂不舍,被太平公主拉下龙椅,相王李旦重新即位,是为唐睿宗,李隆基被封为平王。史称"唐隆政变"。

三日后,唐睿宗与大臣议立太子。睿宗曰:"按嫡长继承制度,宋王李成器应为太子,众爱卿可有异议?"李成器启禀父皇曰:"国家安则先嫡长,国家危则先有功;平王有功于国,自己决不居平王之上。"这时剿韦功臣们也多主张立李隆基为太子。睿宗顺水推舟,遂人心愿。

唐隆政变虽结束了韦氏集团控制朝堂的状况,可取而代之的却是李隆基与太平公主的对抗。睿宗李旦为了避免他们中有人受到伤害,试图在二人之间寻求政治平衡,但二人之争却愈演愈烈。太平公主逐渐产生易太子之念,屡遭朝臣拒绝。712年7月,天空出现彗星,太平公主以此为不祥之兆,找术士给睿宗讲"太子要当天子",企图构陷李隆基。谁知,无法控制局面的睿宗竟借顺应天意之机,禅让皇位。于是李隆基继位,是为唐玄宗,改元"先天"。

虽说当了皇帝,可太上皇仍握军政大权,加上不安分的姑姑继续培植势力,李隆基很难施展拳脚。713年,太平公主与宫女元氏合谋,准备在李隆基服用的天麻粉中投毒。中书侍郎王琚对李隆基进言道:"事急矣,不可不速发。"尚书左丞张说从东都洛阳派人给李隆基送佩刀,意请及早决断。荆州长史崔日用入朝密告曰:"太平谋反在即。"侍中魏知古告:"公主欲以是月四日作乱。"形势紧迫,李隆基决定提前行动。

7月29日,李隆基命龙武将军王毛仲武装家兵三百人马,亲率高力士等心腹十余人,将太平公主的势力全部拔除,太平公主自缢身亡,史称"先天政变"。此后,李隆基终于掌握了皇权,改年号"开元"。

雄才大略开盛世

经过两次政变,唐玄宗以英勇睿智闻名天下,成功坐稳九五之尊宝座。但此时朝廷元气大伤,吏治混乱、奸臣当道以及经济萧条等问题亟待解决。为了巩固政权,唐玄宗开始对国家实施全面治理。

唐玄宗选贤任能,首先看中了前朝宰相姚崇。姚崇刚正不阿,有底线、有原则。当唐玄宗找到他时,他提了十条治国建议作为改革政纲,即后来有名的"十事要说"。姚崇上任后,在唐玄宗的支持下严格按照"十事要说"佐理朝政,大力改革,为开元盛世奠定了良好的政治和经济基础。

716年,姚崇推荐宋璟为相。宋璟以择人为务,随才授任,使百官各称其职。宋璟推出百官奏事须有谏官和史官在旁的规定,减少了朝中小人诬陷忠良的现象,使政治更加清明。宋璟还选拔了许多品行兼优、认真负责的官吏,受到帝王和群臣称赞。唐玄宗经常告诫后来的宰相:挑选官吏都要以宋璟为榜样。

722年,唐玄宗任用张说担任朔方节度使。张说以"时无强寇,不假师众"为由,奏请裁军二十万,使之归田;同时,变革军事制度,由府兵制变为募兵制。两大建议既减少财政支出,又增强军队实力,利国利民。唐玄宗还先后任用张嘉贞、李元纮、杜暹、韩休、张九龄等多人为相。他们各有所长,并且都能尽忠职守,针对时弊进行改革,振兴朝纲,使朝廷政清吏明、上下拥戴。

此外,唐玄宗还建立官吏考核制度,擢能罢拙;派按察使到各地巡查民情,惩腐倡廉;建立官吏交流制度,形成上下互动;修复谏官、史官参加宰相会议制度,共谋国家大事。这一系列施政方略,对缓解社会矛盾、巩固中央集权、开创开元盛世起了重要作用。

政治稳定的同时，唐玄宗采取了多种经济措施：抑制食封贵族；解放劳动力；大兴屯田；兴修水利等，使社会经济快速恢复和发展起来。唐玄宗还重视发展文化，大力倡导教育，广设公私教堂，组织鸿儒硕学编订图书等。在他的推动下，唐诗也大加盛行，著名诗人李白、杜甫、高适、岑参、王维等都出于这个时代。

唐玄宗励精图治，锐意改革，使开元之初的政局为之一新：国力强盛，经济繁荣，人口众多，疆域辽阔，商业发达，城市繁华，国内交通四通八达，对外贸易十分活跃，波斯、大食商人纷至沓来，长安、洛阳、广州等大都市各种肤色、不同语言的商贾云集。整个大唐进入全盛时期，开创了中国历史上的开元盛世。大诗人杜甫在《忆昔》（其二）中写道："忆昔开元全盛日，小邑犹藏万家室。稻米流脂粟米白，公私仓廪俱丰实。九州道路无豺虎，远行不劳吉日出。齐纨鲁缟车班班，男耕女桑不相失。"

夺媳为妻不知耻

唐玄宗从小跟宫廷乐师学艺，能演奏琵琶、二胡、笛子、羯鼓等多种乐器；他能自己作曲，创作的《霓裳羽衣曲》流传至今；他善于传承，建有"皇家艺术学院"；他的乐感非常灵敏，《旧唐书》载："玄宗于听政之暇，教太常乐工子弟三百人为丝竹之戏，音响齐发，有一声误，玄宗必觉而正之。"因精通音律，唐玄宗被冠以"音乐大师"的称号。正是由于他爱好音乐，大唐的音乐事业得到空前发展。

此时宫中还有一位极富才华的女子，精通音律，能歌善舞，性格温柔，才貌双全。她是唐玄宗的儿媳杨玉环。

杨玉环十六岁嫁给了玄宗与武惠妃之子寿王李瑁。寿王非常宠爱美貌妻子，知她喜爱乐舞，便专门让府中乐师教习。杨玉环的风姿与温婉不仅让寿王百般欢宠，也赢得了公婆的欢心，当初被册立为王妃时，唐玄宗在册诏中称赞她"含章秀出"，武惠妃也常常召她入宫陪伴，赐予珍宝。

十五、江山美人两相失——唐玄宗

737年，武惠妃因病而逝。虽然后宫有佳丽三千，但没有一个能比得上惠妃，唐玄宗因此而失落。

"寿王妃姿质天挺，宜充掖庭。"经太监这么一提醒，唐玄宗想起了这个姿色绝代的儿媳，顿时，那颗枯槁的心一下子复活了。可是杨玉环毕竟是自己的儿媳妇啊！唐玄宗陷入了沉思。深谙玄宗忧思的高力士进言道："陛下可效仿高宗李治和武则天，以为窦太后祈福的名义先将玉美人送进道观，过两年人们忘了这事，再给寿王赐一门婚，如此陛下便可尽兴了。谁还敢对有益于陛下龙体的好事说不呢？"

740年，唐玄宗依计行事，敕书杨玉环出家为女道士，道号"太真"。四年之后，唐玄宗把左卫中郎将韦昭训的女儿册立为寿王妃以安慰儿子李瑁，便不顾骂名，把比自己小三十四岁的儿媳妇杨玉环纳入后宫，并立为贵妃。

政荒于嬉为情痴

杨玉环肌态丰艳，骨肉停匀，眉不描而黛，发不漆而青，颊不脂而红，唇不涂而朱，倾国倾城，诚如大诗人白居易在《长恨歌》中所描写的那样："回眸一笑百媚生，六宫粉黛无颜色。"

杨玉环入宫后，受到唐玄宗百般宠爱。为讨杨玉环欢心，唐玄宗组建了七百多人的团队专门为她做衣服。杨玉环喜食荔枝，唐玄宗便安排开辟岭南到京城几千里的快马驿道专门供应。著名诗人杜牧在《过华清宫》中写道："长安回望绣成堆，山顶千门次第开。一骑红尘妃子笑，无人知是荔枝来。"

杨玉环能歌善舞，唐玄宗便创作了天籁般的《霓裳羽衣曲》。在一个重要的节日晚会上，随着丝竹之声响起，杨玉环带领身着霓裳羽衣的舞女们翩翩起舞，将《霓裳羽衣曲》舞出神韵、舞出灵魂。在场的大臣如临仙境，以至于"骊宫高处入青云，仙乐风飘处处闻。缓歌慢舞凝丝竹，尽日君王看不足"。

唐玄宗与杨玉环形影不离，夜夜笙歌，什么江山社稷，什么天下苍生，统统都抛在了脑后，"春宵苦短日高起，从此君王不早朝"。

为了寻欢作乐，唐玄宗和杨玉环还让几百个宫女列成"风流阵"，用锦被当旗帜，赤身裸体互斗取乐。杨玉环见玄宗好色，便把三个姐姐都献了出来。这三个国色天香的女人非常了得，把妹夫哄得心花怒放，分别被封为韩国夫人、虢国夫人、秦国夫人，每人每月仅胭脂费就达十万钱。著名诗人杜甫曾在《丽人行》中，用"绣罗衣裳照暮春，蹙金孔雀银麒麟"等诗句描绘三夫人的骄奢富贵。

由于杨玉环得到重宠，她的兄弟均受赠高官。原为市井无赖的族兄杨钊，因善计筹，为唐玄宗与杨氏姐妹赌博算账，被赐名国忠，当了宰相且身兼支部郎中等十余职，操纵朝权。

唐玄宗在歌舞升平中醉生梦死，把国家大政都托付给杨国忠。他以为杨国忠是自家的万能钥匙，可以完全放心。谁知杨国忠并不是什么忠臣良相，他独揽大权，起用奸佞，将早期的忠臣一一罢免，致使吏治腐败，正义不彰，外戚跋扈，民怨沸腾。奸臣们纷纷上行下效，甚至变本加厉，阿谀奉承、假献嘉宝、虚出祥瑞。整个大唐王朝沉浸在一片浮华奢靡、声色犬马之中，朝政乌烟瘴气，社会矛盾日益激化。

江山美人两相失

"醉卧美人膝，醒掌天下权。"多么醉人的画面，唐玄宗大抵也就希望能够如此安享晚年了。然而，却没想到"干儿子"打破了这美好的一切。

干儿子是安禄山，突厥人，因能说会道、机灵聪慧，攀上高枝杨玉环，当了她的干儿子。杨玉环之所以认下这个比自己大十六岁的干儿子，是希望手握重兵的安禄山能成为自己立于后宫不败之地的有力保障。为了让安禄山死心塌地地卖命，天宝十年正月二十日，杨玉环特招干儿子进宫，以母亲的名义为安禄山举办生日宴会。酒足饭饱之后，杨玉环让人抬来一口大缸，注入热水，让安禄山脱光衣服跳入缸中，为其洗澡，名曰"洗三"。洗罢又以锦绣褓褓裹住其身，让宫女们用彩轿抬至后宫花园转来转去，口呼"禄儿"嬉戏取乐。从此，安禄山被宫人称"禄儿"。《资治通鉴》记载:"自是禄山出入宫掖不禁，或与贵妃对食，或通宵不出，颇有丑声闻于外，上亦不疑也。"

安禄山深受唐玄宗和杨玉环的信任，任范阳、平卢、河东三镇节度使，又兼任河北采访使、御史大夫、左羽林大将军，手握重兵，但与杨国忠势不两立。唐玄宗的奢靡荒政以及杨国忠的腐败乱政激发了他的野心。当有人禀报安禄山有野心时，唐玄宗不信:"朕把他看得比亲儿子还重，他怎么会反呢?"不久，有人再报安禄山的野心，唐玄宗将信将疑，就派中官辅趚琳去探察。趚琳接受了安禄山的贿赂，回来后极力称赞安禄山忠心。唐玄宗便自信地对杨国忠等人说:"禄儿，朕推心待之，必无异志。"

755年，安禄山带领平卢兵马使史思明，联合同罗、奚、契丹、室韦、突厥等夷族组成十五万士兵，以"忧国之危"、奉密诏讨伐杨国忠为借口在范阳起兵，史称"安史之乱"。

紧急战报打破了歌舞升平，唐玄宗大惊。但有人劝他说:"皇上，您出生的时候天有异象、地有喷泉，您可是真龙天子，还会怕他臭水沟的泥鳅?"真龙是真龙，泥鳅是泥鳅，有时候真龙未必能斗得过泥鳅。更何况哪来的天地异象，只不过是雷声和泉水罢了。

慌乱中的唐玄宗立即任命安西节度使封常清兼任范阳、平卢节度使，加强防守；接着任命荣王李琬为元帅、右金吾大将军高仙芝为副元帅东征；派毕思琛到东都洛阳募兵防守。

756年初，叛军攻入洛阳。安禄山在洛阳称大燕皇帝，改元"圣武"。东都留守李憕和御史中丞卢奕为安禄山所杀。封常清、高仙芝因监军宦官诬告，被唐玄宗处斩。随后，陇右节度使哥舒翰带兵镇守潼关，但几乎全军覆没。

潼关一破，长安震惊，威风扫尽的唐玄宗仓皇出逃。逃至马嵬坡时，随行将士饥肠辘辘，把满腔愤怒发泄到杨国忠身上，一起上前将之砍死，后六军不发，逼着唐玄宗缢死杨玉环。唐玄宗心里十分痛苦，但事已至此也身不由己。据传，杨玉环死得相当可怜，头上的金步摇、玉簪、金发夹、金雕花扔得满地都是，头发散乱地披下来，那张绝世美颜上的迷人笑容，全被死前的恐惧所取代。

马嵬坡兵变后,唐玄宗和太子李亨分道扬镳。唐玄宗往西南入川,李亨收拢溃散将士北上,在李辅国的拥戴下称帝,即唐肃宗,遥称唐玄宗为太上皇。

唐肃宗封武举出身的郭子仪为朔方节度使,继续讨伐叛军,收复了河北一带。757年,安禄山被帐下李猪儿杀死。唐肃宗诏令郭子仪率军直趋京师,同时回纥派遣叶护太子助唐讨贼。唐军与叛军在京西香积寺之北激战,从午时至酉时斩贼首六万级。叛军弃长安而逃,长安收复,群臣称贺。761年,史思明为其子史朝义所杀,叛军终为唐军所败,历时七年多的"安史之乱"结束。

"安史之乱"让唐玄宗江山美人两相失,同时也让黄河中下游的人民遭受了一场空前浩劫,北方经济遭到了极大破坏,唐朝由盛转衰。

篱下痛楚谁人知

安史之乱平息后,唐肃宗李亨还都长安。太上皇也蔫蔫地由成都返回长安,途中,他密令亲信寻找杨玉环的尸骨改葬。挖开旧冢时,人们发现杨玉环"肌肤已坏,而香囊犹在"。

李隆基不再是一言九鼎的皇帝,成了寄人篱下的太上皇,居南内兴庆宫。他将杨玉环的香囊藏于袖中,并将画工描摹的杨玉环肖像悬挂于床头,和"心爱之人"朝夕对视。

李隆基为帝时,曾经为了权力对儿子李亨实行过一系列的冷暴力,还说儿媳妇及娘家人涉嫌谋反,最后硬是把自己养母的孙女嫁给李亨才算罢休。如今李亨坐上了皇位,但这皇位并不是李隆基禅让得来的,因此父子心存芥蒂。

宦官李辅国在李亨称帝的过程中积极拥戴并出谋划策,被封为宰相,成为唐代第一个当上宰相的宦官。他大权在握,奸猾狡诈,对不利于己者,无论是高官还是显贵都除之而后快,朝野无人敢与其争锋。对树大根深的太上皇,李辅国总是千方百计地设防、限制。

一日,心情转好的太上皇去勤政楼,长安市民和来往行人见之叩拜并高呼万岁。时逢唐肃宗生病，李辅国上奏诬陷说："这都是太上皇的阴谋，莫非想趁皇上病中再度称帝？"见唐肃宗默不作声，李辅国就将兴庆宫中的三百匹马取走二百九十匹，又令太上皇移居西内太极宫。

去西内途经夹城时，太上皇忽闻身后传来急促的马蹄声，一阵心悸，险些坠下马来，回看是李辅国率铁骑百余直奔而来。高力士挺身而出，斥责李辅国："纵有他变，也须遵守礼仪，岂能如此惊动太上皇！"李辅国剑拔弩张："老翁不大解事，滚开！"遂斩了高力士从者一人。

至太极宫后，太上皇的膳食中不再有荤腥，但他心境也已淡然，每天和高力士一起讲经论义或者说些趣事，相伴打发时光，彼此也算开心。然而，十几天后，高力士被以"潜通逆党"的罪名流放巫州。

此后，太上皇身边再无亲信，也唤不动奴才，更谈不上能与他人说话聊天。他一人茕茕独处，形影相吊，只能用怀念杨玉环来抚慰自己寂寥的心，每每拿出杨玉环的香囊，睹物思人，泪流满面。后人有诗形容："南内凄凉西内荒，淡云秋树满宫墙。由来百代明天子，不肯将身做上皇！"

再后来的日子，太上皇更多的是寂寞、凄凉，想见女儿一面也被李辅国拒绝。他越想越悲，食难咽，寝难眠，于762年驾崩，享年七十八岁。

【延伸阅读】

上官婉儿

664年，上官仪受命草诏废后，"谋泄不果"，与儿子一起被武则天处死，家族籍没。不满周岁的孙女上官婉儿随母亲郑氏被配没掖庭。为奴期间，上官婉儿熟读诗书，聪敏异常。十四岁时，武则天让她掌管宫中诏命。但不久她犯下重罪，武则天惜才免其死，只处以黥面之刑。上官婉儿便在伤疤处刺了一朵红梅以遮掩，却益加娇媚。此后，上官婉儿敬慎奉事，成为武则天的心腹。

神龙政变后，李显复位，上官婉儿又得到李显和韦皇后的信任与器重，被封为"昭容",以皇妃身份参决政务。她权势益盛,在政坛、文坛地位显赫,有"巾帼宰相"之名。

上官婉儿在情场上也颇有"建树"。据传,她曾与武则天的男宠张昌宗发生"地下情",为此险丧性命。为了权力,上官婉儿曾在李显为太子时投怀送抱,又在武三思得志后与之私通,并将其介绍给韦皇后。景龙年间,上官婉儿在宫外秘购私宅,与一些风流公子来往甚密。《新唐书》说她:"邪人秽夫,争候门下,肆狎昵……"

710年,李隆基发动"唐隆政变",上官婉儿被斩于旗下,时年四十七岁。

十六、大雅大俗的"诗仙"——李白

【题记】 李白生于盛唐,二十五岁只身出蜀,仗剑天涯,足迹遍布大半个中国。他满腹才情,怀有"学而优则仕"的执着情结。他有两个远大的政治理想,一是当宰相,"申管、晏之谈,谋帝王之术,奋其智能,愿为辅弼,使寰区大定,海县清一";二是做帝师,"秉烛唯须饮,投竿也未迟。如逢渭川猎,犹可帝王师"。为实现政治抱负,"诗仙"李白包装身世,入赘豪门,投书权贵,显出世俗的一面。

诗坛巨擘本超俗

730年,李白"腰间延陵剑,玉带明珠袍",来到京城长安,寻求入仕机会。他一边在长安城中游荡,一边不停地写诗和自荐信。不知不觉,两年过去了,他一直没机会入仕。一天,送友人回四川时,想到自己从蜀地出游多年,求仕无成,李白不禁思绪万千,随即千古名篇《蜀道难》一气呵成。

735年,李白再次来到长安。一天,他到著名道观紫极宫游玩,碰见了太子宾客兼正授秘书监贺知章。李白立刻上前拜见,并呈上袖中的诗文请贺知章指教。在读到《蜀道难》时,贺知章还没读完就已称赞了四次,读罢又连连感叹:"只有天上贬谪下来的仙人,才能写出如此好的诗文!"由此,李白获得"谪仙人"的雅号。

贺知章与李白一见如故。黄昏时分，二人直奔酒馆，一边谈诗，一边饮酒，越谈越投机，越喝越尽兴。酒至半酣，贺知章见桌上酒尽，便高声叫道："小二，快拿酒来！"店小二闻声跑来，小心翼翼地低声回道："大人，酒资已尽也。"贺知章听后哈哈大笑："今天忘了多带些银两，不过不差钱，酒兴正浓，怎可无酒？"说罢，随手将身上佩带的金龟解下充作酒资。金龟是朝廷赐给三品以上大员的一种荣誉象征，李白急忙劝阻："不可，这是您上朝所佩之物呀！"贺知章举起杯说："莫负你我今日幸会，来他个一醉方休。"此后，"金龟换酒"成为千古佳话。

仰慕李白的人不计其数，若说他的铁杆粉丝，非杜甫莫属。杜甫在《春日忆李白》中说："白也诗无敌，飘然思不群。清新庾开府，俊逸鲍参军。"由衷地赞美李白的诗天下无人可比；又在《寄李十二白二十韵》中说："昔年有狂客，号尔谪仙人。笔落惊风雨，诗成泣鬼神。声名从此大，汩没一朝伸。文采承殊渥，流传必绝伦。"杜甫认为李白诗歌有盖世绝伦的神奇艺术感染力，其声名将流传后世。

在中晚唐诗人眼中，李白、杜甫都有着极高的地位，正如韩愈所说："李杜文章在，光焰万丈长。"当代人也给予李白很高的评价，文学家余光中形容他"酒入豪肠，七分酿成了月光，余下的三分啸成剑气，绣口一吐就是半个盛唐"。上海大学教授董乃斌说："打个比方的话，就像夏夜的星空一样，有这么多灿烂的明星，这么多明星簇拥着一个明月，那个明月就是李白。"可见，李白在中国诗歌史上，具有不可替代的地位。

身世包装显诡俗

李白的身世始终是一个谜，尽管历代学者进行了诸多研究和考证，但至今仍未得出令人信服的结论。李白的好友范伦之子范传正在《唐左拾遗翰林学士李公新墓碑并序》中说："公名白，字太白，其先陇西成纪人……凉武昭王

十六、大雅大俗的"诗仙"——李白

九代孙也。"李白晚年所依托的族叔李阳冰受李白之嘱,作《唐李翰林草堂集序》指出:"李白字太白,陇西成纪人,凉武昭王暠九世孙。"这两则史料,可以看作是关于李白身世最原始的材料,因为它们都直接源自李白本人的说法。

其实,李白这个"凉武昭王暠九世孙"的身份是很可疑的。唐玄宗在742年曾颁布诏书,准许李暠的子孙"隶入宗正寺,编入属籍",也就是可以登记为皇族户口,这时的李白颇被朝廷重视,但他没有去登记。当然,这也可能是因为李白没有传世家谱为证,毕竟皇帝诏书中明确要求"源流实同,谱牒犹著"才可登记。

此外,就其"李暠九世孙"的身份稍加核对,就会发现诸多破绽。如李阳冰也是李暠的九世孙,按理与李白同辈,但李白却认其为族叔;又如李云是李渊儿子李元庆的曾孙,为李暠十一世孙,李白也称之为叔,把自己降低了三辈。可见,连李白对自己的身世都把握不定。

因此,有些史学家不仅不相信李白是李暠九世孙的说法,甚至怀疑他汉族的族属也是冒牌的。著名史学家陈寅恪曾断定李白是胡人:"夫以一元非汉姓之家,忽来从西域,自称其先世于隋末由中国谪居于西突厥旧疆之内,实为一必不可能之事。则其人本为胡人,绝无疑义矣。"

编造身世以自我炒作,历史上这样的例子有很多,典型的如西汉开国皇帝刘邦。刘邦本是沛县泗水的亭长,一天夜里,他奉命押送刑徒去骊山修陵。行进途中,前面的人忽然不走了,原来有条大白蛇挡在了路上,刘邦拿起宝剑将白蛇砍死。第二天早上,一白发老太在路边啼哭:"赤帝子杀我白帝子。"白帝和赤帝都是传说中五天帝之一,白帝位于西方,赤帝位于南方。秦朝建都于西方咸阳,刘邦在南方的沛县泗水以赤帝子自居,从而制造了刘邦灭秦的社会舆论。

和刘邦的动机一样,"李暠九世孙"的说法可能是李白本人或其先人的编造,目的是抬高门第,暗示自己有高贵血统。

此外,李阳冰在《唐李翰林草堂集序》中说,李白的母亲生他时梦见了太白金星,所以给他取名白,字太白。这其实也是为了迎合李白是"谪仙人"

的说法。李白是太白金星化身的说法现在看起来虽不靠谱,但当时得到了人们的认可。

值得关注的是,有关李白传奇身世的所有材料,都来自同一个渠道:李白口述。所有的消息,都是他自己发布的。他说自己是北凉武昭王李暠的后人,是太白金星下凡,无非都是自抬身价而已。

婚姻选择现世俗

唐朝文化背景下,一个人品位的高低主要体现在两个方面:一是婚,二是宦。"凡婚而不娶名家女,与仕而不由清望官,俱为社会所不齿。"可见,人们对娶名门之女是颇为推崇的。李白的婚姻也难逃俗流,他一生有过四次感情生活,第一次和第四次是正式婚姻,中间两次只是同居关系。

725年,李白乘舟沿江出峡,离开四川,开始漫游大唐。后来,受司马相如文章的吸引,他来到了湖北安陆。为实现人生抱负,李白在安陆寿山周边以写干谒诗的方式结交官吏,提高声誉。很快,他得到了安陆名人许梓芝的赏识,入赘到许家,做了倒插门女婿。

男人做上门女婿,社会地位非常低。那么,长相不俗、才华横溢的李白,为什么会心甘情愿入赘呢?原来,许梓芝之父许圉师曾是唐高宗时期的左丞相,其祖父许绍更是了不得,与唐高祖李渊是同窗,后被封为安陆郡公。拥有一颗强烈渴望入仕之心的李白,希望靠妻子家族的人脉关系登上政治舞台。他常年以"许家女婿"的身份奔波在外,意图结交权贵,攀附高枝。然而,时过境迁,此时的许家实力大不如前,并未给李白的政治生涯带来太大帮助。李白是个至情至性之人,追求"郎骑竹马来,绕床弄青梅"的真挚情感,可婚姻却掺杂了裙带思想,其世俗可见一斑。

婚后十年,许氏病故,李白带着儿女移居东鲁,投靠亲友。不久,李白的堂弟给他介绍了一位刘姓女子。刘氏对诗歌完全不感兴趣,不满李白整天只知道饮酒作诗、高谈阔论而不懂得挣钱养家。短暂共同生活期间,李白的远大理想、诗酒山水之乐屡遭刘氏的无情数落。742年,唐玄宗李隆基征召李白入京,李白以为经此一去,荣华富贵唾手可得,于是写下"会稽愚妇轻买臣,余亦辞家西入秦。仰天大笑出门去,我辈岂是蓬蒿人"。诗中的"会稽愚妇"指的就是刘氏。

李白的第三次感情,妇人也只是妾。从李白的《咏邻女东窗海石榴》一诗来看,这次感情应该是自由恋爱。之所以未将这位邻家女娶为正室,原因可能是她非名门之女。看来,即便是真爱,李白也难逃世俗。

744年,在京城名噪一时的李白,因为政治失意而离开长安,泛舟黄河东下。他在洛阳遇到杜甫,二人相见恨晚,相约漫游梁宋。游玩期间,他们又遇到了怀才不遇的诗人高适。文坛三杰,风云际会,遍访古城名胜,兴趣盎然。

一天,三人来到梁园一家客店,一边观景,一边饮酒,怀古思今,感慨万端。酒至半酣,高适与杜甫提议作诗助兴。这正中李白下怀,他抚掌大笑:"梁园景美,有酒有诗,快哉快哉!"凉风阵阵,高适、杜甫都陷入苦思之中,而李白依然旁若无人地自斟自饮。待高适、杜甫的诗作完成,李白才醉眼惺忪地抓起一支斗笔,踉踉跄跄走到一面纤尘不染的白墙前,以墙作纸写下长诗《梁园吟》。

黄昏,一姑娘带着丫鬟路过这里,看见墨迹未干的白壁题诗,不由停下脚步。正当她陶醉在诗韵书法之中时,店小二走来,看到刚被粉刷过的雪白墙面上被乱写了一通很是生气,拿起抹布就要除去那些字。姑娘回过神来,惊呼:"不要动!这面墙,我买了!"并接着说:"白壁不值分文,题了这首诗就价值连城。我马上派人送来一千两银子。"店小二目瞪口呆。

姑娘千金买壁的美谈不胫而走。李白听说此事,不由怦然心动。很快,在高适的撮合下,李白以《梁园吟》做聘礼,宗氏以墙壁做嫁妆,二人结为夫妻。李白拥有了第二次正式婚姻,从此开启"一朝去京阙,十载客梁园"的生活。

有意思的是,李白这次也是入赘妻家,宗氏也是一个宰相的孙女,其祖父是武则天时期和唐中宗时期三任宰相的宗楚客。结婚对象总离不开宰相的孙女,可见,在注重姻亲和仕途的时代氛围下,李白也未能免俗。

干谒拜官彰媚俗

　　盛唐时期，科举制已成为读书人的一条重要入仕途径，越来越多满腹才华的青年来到长安，通过科考获取功名。就在李白离开家乡的同一年，二十五岁的祖咏进士及第，而前一年，年仅二十岁的崔颢考中进士，更前一年则是二十三岁的王维高中进士。这些与李白年龄相仿的青年才俊在二十岁刚出头时，便崭露头角。既然李白有着远大的政治抱负，那他为何不像同龄人一样通过科考取得功名呢？

　　实际上，满腹才华的李白何尝不想呢？但他没有参加科举考试的资格，因为在重农轻商的唐朝，科举有着严格的资格审查制度。《唐六典》明确规定："凡官人身及同居大功已上亲，自执工商，家专其业，皆不得入仕。"李白幼时，李家就已从西域碎叶迁居到了剑南道绵州（今四川江油）。西域农业不发达，最发达的是商业，李白家族长期生活在西域，很可能以经商为生。再者，李家比较有钱，有钱的要么是官家，要么是商人，李家既然不是官，那就应该是商人了。因此，李白没有资格参加科举考试。

　　自汉武帝时期，朝廷除采用"察举制"选拔治国人才，也开始推行"征辟制"，即征召名望显赫的社会人士出来做官，皇帝征召称"征"，官府征召称"辟"。尽管盛唐时期，科举制已得到很好的发展，但"征辟制"的影响尚存，科举之路走不通的李白选择了这条路。要想得到征辟，通常少不了高官权贵的引荐。为得到引荐，李白用了很多办法，最常见的便是投干谒诗。

　　干谒诗，是古代文人为推销自己而写的一种诗歌，类似于现代的自荐信。在不少干谒诗中，李白都先自称陇西成纪人，是凉武昭王李暠的后代，这无非是在强调自己是皇室宗亲，希望引起高官权贵们的重视。然后，李白会在自荐信中夸耀自己的与众不同，自诩甚高。当然，自荐信中也少不了对权贵的恭维。

十六、大雅大俗的"诗仙"——李白

渝州刺史李邕每天都会收到很多自荐信。一天，他收到了李白的《上李邕》，头尾四句：大鹏一日同风起，扶摇直上九万里。宣父犹能畏后生，丈夫未可轻年少。意思是，我像一只大鸟，只要借助点风力，就能飞得更高，希望您不要嫌我太年轻，能够为我提供一个机会。李邕看过自荐信后，认为李白还是有点才华的，不过人确实太年轻了，便随手将信放到了一边。

在给荆州长史韩朝宗写的自荐信《与韩荆州书》中，李白开篇就说"生不用封万户侯，但愿一识韩荆州"，赞美韩朝宗礼贤下士，识拔人才。之后颇为自负地介绍自己的经历、才能和气节，尽情诉说自己"虽长不满七尺，而心雄万夫""日试万言，倚马可待""平交王侯"。不知是恭维太过，让对方消受不起，还是自夸太过，让对方看了不爽，这次求官又石沉大海。

以道取仕终流俗

唐朝推崇道家文化，历代皇帝不断利用道教抬高皇族地位，并扶植拥护朝廷的道教。唐高祖李渊称帝后，尊李耳为李唐王朝的先祖；唐太宗李世民登基后，将老子清静无为的政治思想定为国策，确认道教为国教；唐高宗李治尊封老子为"太上玄元皇帝"，并立祠庙加以祭祀，开册封老子尊号的先河，尊《道德经》为上经，并将之定为科举考试的内容。

在这种社会环境下，李白常去道教活跃的绵州山中寻找道士谈经论道。据说，他与一位号为东岩子的隐者在岷山潜心学习，还饲养了许多奇禽异鸟。这些鸟儿由于被饲养惯了，似乎能听懂人的语言，一声呼唤，便从四处飞落阶前，甚至可以在人的手里啄食谷粒，一点都不害怕。这件事被远近传作奇闻，绵州刺史亲自到山中观看，见李白他们能指挥鸟类，认定他们有道术，便想推荐二人去参加道科考试。李白知道过不了政审关，所以婉言谢绝了。

李白后来和一些著名道士来往，也主要是为了获取声望，迎合朝廷的喜好,以便在引起关注后能够成为皇帝近臣,实现政治抱负。李白交往的著名道士主要有司马承祯、吴筠、元丹丘、玉真公主等。

725 年,李白在江陵认识了年近八旬的道教大师司马承祯。司马承祯不仅道法精湛,而且写得一手好篆,诗也飘逸如仙。玄宗对其非常尊敬,曾将他召至内殿,请教经法,后来还为他造了阳台观,并派胞妹玉真公主随他学道。李白能见到这个备受恩宠的道士,自然十分开心,还送上了自己的诗文供其审阅。司马承祯见到气宇轩昂的李白,甚有好感,看了其诗文后,更是惊叹不已,用道家最高评价称赞他"有仙风道骨,可与神游八极之表"。李白为此异常欢欣,兴奋之余写下《大鹏遇希有鸟赋》,以"大鹏"自比,以"希有鸟"比司马承祯,抒发自己大鹏展翅的宏大志向。以诗文会道友,不难看出李白以道求仕的迫切心情。

司马承祯死后,唐代道教最有影响的三个人是吴筠、胡紫阳、高如贵。吴筠原本也是一个文人,曾参加过科举但名落孙山,于是告别科场,专心修道。《旧唐书·隐逸传》记载:"筠尤善著述,在剡与越中文士为诗酒之会,所著歌篇,传于京师。玄宗闻其名,遣使征之。"李白游于会稽时与吴筠相识并一起隐于剡中学道。吴筠被玄宗召见时,曾极力推荐李白。

胡紫阳的弟子元丹丘是李白交往最密切的一名道士。他们不仅仅是道友,也是生活中的挚友:"吾将元夫子,异姓为天伦。"元丹丘将李白多年前写的《玉真仙人词》呈给道号"持盈法师"的玉真公主,成功地将李白推荐给了玉真公主。

和这些著名道士交往,几乎影响了李白一生。"白久居峨眉,与丹丘因持盈法师达,白亦因之入翰林,名动京师……"正是在诸多道友的力荐下,李白终在 742 年被唐玄宗召见,供奉翰林,为皇帝草拟文诰诏令之类文件,同时也迎合皇帝的兴趣,随时写些应景诗文。

李白虽有仙风道骨,但终究不是仙。既然不是仙,难免有俗念。道家推崇性本无欲,返璞归真,反观李白的言行,他追求道法自然的同时又难以舍弃世俗的名利,把问道作为求仕途径,可见其身上依然存在着俗性。

十六、大雅大俗的"诗仙"——李白

【延伸阅读】

"酒仙"李白

除被誉为"诗仙"外,李白还被称为"酒仙"。"酒仙"源自杜甫的诗:"李白斗酒诗百篇,长安市上酒家眠。天子呼来不上船,自称臣是酒中仙。"

李白爱喝酒且很能喝,喝酒的传说也很多。《赠内》诗说他"三百六十日,日日醉如泥";《将进酒》诗说他"烹羊宰牛且为乐,会须一饮三百杯";供奉翰林时,天子召李白进宫作诗,他醉醺醺地来到宫中,让杨国忠研墨,高力士脱靴。

762年,李白走完了洒脱的一生。死亡原因众说纷纭:

一是醉酒跳入水中捉月而溺死。这是最符合李白性格、最浪漫的一种说法,也广为流传,他的老迷弟杜甫也是这样认为的,还写诗寄托哀思。

二是醉酒而死。《旧唐书》说李白"以饮酒过度,醉死于宣城"。

三是病死。李白生前投奔族叔李阳冰,李阳冰是李白去世前后的亲历者,帮李白将诗文辑成《草堂集》十卷,并为之作序。按李阳冰的说法,李白是病死的,死于"腐肋病",即慢性胸肺脓,而酒精中毒是引发此疾病的重要原因之一。

按说,亲历者李阳冰的说法最为可信,但很多人依然愿意相信李白是醉酒后水中捞月而溺死。不过,无论李白到底是怎么死的,都一定跟他嗜酒有莫大关系。

十七、文艺皇帝——李煜

【题记】李煜,南唐中主李璟第六子,961年继位,尊宋为正统,岁贡换苟安。975年,李煜兵败降宋,成为南唐最后一位国君,三年后死于汴京,世称南唐后主。李煜精书法、工绘画、通音律,诗文均有一定造诣,尤以词的成就最高,在晚唐五代中别树一帜,对后世影响深远,人称"千古词帝"。有人说,李煜不务正业,因"词"误国;有人说,南唐倾覆是历史必然,李煜纵有三头六臂也不可能力挽狂澜。这其中有哪些鲜为人知的故事?

无意为帝被加冕

"五代十国"中期,李煜的祖父李昪建立南唐政权,定都金陵。和许多开国之君一样,李昪也是一位经历千难万险仍矢志不渝的大人物。他从一个孤儿到被吴国重臣徐温收为义子,从主掌吴国政权到建立南唐,最后把南唐治理成为江南强国,图谋中原。可惜天妒英才,称帝六年后,李昪就病逝了。

可能是上天故意跟南唐开玩笑,继承皇位的长子李璟没有遗传父亲的雄才大略,倒是有超出一般帝王的文学才能,诗词作品颇受好评。正是在李璟的熏陶下,儿子们也个个擅长作诗填词。

有个小故事。李煜喜欢下棋消遣,尚未成年的弟弟李从谦也喜欢下棋,常跑来观看。一次,李煜逗他,要他当场吟诵一首《观棋诗》,如果吟不上来,以后不准看棋。天真的李从谦信以为真,思考了一会儿,就吟出:"竹林二君子,尽日竟沉吟。相对终无语,争先各有心。恃强斯有失,守分固无侵。若算机筹处,沧沧海未深。"幼弟尚有如此才华,李煜更是书法绘画、诗词音律出类拔萃。

李璟统治南唐期间,两次发动对外战争。944年,南唐的邻国闽国发生内乱,李璟乘机派兵攻打,两年后灭了闽国。但闽国的残余势力不时兴风作浪。无奈,李璟只能妥协。此战,南唐获利不多,国力反而受损不小。951年,李璟派兵攻灭了南楚国,可就在次年,南楚将军刘言又夺回了领土,南唐军队败退回国。李璟落了个空欢喜、徒伤悲。

两次对邻作战,南唐均得不偿失,反而被其他国家掂量出了分量。北方已然雄起的后周,开始把南唐当成靶子。955年,他们出兵了。识人不明、不谙军事的李璟不知充分发挥水军优势,多次错用将领,贻误战机,连吃败仗。最终,958年,南唐不得不向后周屈膝求和、俯首称臣,将长江以北领土(南唐三分之一以上领土)割与后周。

在李璟的几个儿子中,唯老大李弘冀刚强果敢,有一定的军事才能,应是王位的最佳人选。然而,李弘冀猜忌多疑、心狠手辣,为能顺利继位,他不择手段排除异己,竟杀死了叔父李景遂。

本就无心王位的李煜生怕也被大哥除掉,便"隐匿"起来,不问政事,醉心于诗词创作,写出了大量诗篇;他痴迷于风流情色,和娥皇过着如胶似漆的"桃源生活"。李煜全然不知,南唐王朝正在悄然改变。

就在这年,李弘冀病逝了,而李煜的其他哥哥也早就不在人世,作为李璟第六子的李煜竟然成了继承人。

960年,赵匡胤陈桥兵变建立宋朝。961年,李璟病逝,二十五岁的李煜坐上了南唐王位。

降制示尊求偏安

李煜一继位,就定下了对宋恪守臣道、以求偏安于江南的国策,变更李璟时只除帝号、其他礼仪不变的旧制。除了岁贡外，每逢宋廷用兵或有重大活动，南唐都进礼以示支持和祝贺，并多次派遣使者陈说臣服之意。每次会见北宋使者，李煜都换龙袍为紫袍（官服）。

970年，宋太祖灭南汉，屯兵汉阳，李煜非常恐惧，去除唐号，沿用北宋年号，改称"江南国主"，并遣其弟郑王李从善朝贡，上表奏请罢除诏书不直呼姓名的礼遇，太祖同意，但扣留李从善。同年，有人向李煜报告，宋军于荆南建造战舰千艘，请求派人秘密焚烧，李煜惧怕惹祸，没有同意。

972年正月，李煜下令贬损仪制，把将相官署做了调整，以和北宋有所不同：改"诏"为"教"；改中书、门下省为左、右内史府，尚书省为司会府，御史台为司宪府，翰林为文馆，枢密院为光政院；降诸"王"为"公"，避讳宋朝，以示尊崇；金陵台殿原设鸱吻（殿脊的兽头）等器物，一应撤去，不再使用。

可李煜越是卑躬屈膝，赵匡胤越是"得寸进尺"。南唐进贡的珠宝财物满足不了赵匡胤的野心，一统天下才是他的最终目的。然而，后主李煜在干啥呢？一是醉心于作词、书法、绘画，二是沉溺于与大周后、小周后的男欢女爱，三是热衷于崇佛尚经、酷嗜浮屠，在宫中修建永慕宫，在林苑建静德僧寺；又在钟山设寺，并亲笔题词"报慈道场"，供养近千名僧侣，所需费用皆由朝廷供给。《十国春秋》记载，早在969年，李煜就曾普度僧侣，并于次年改宝公院为"开善道场"。后来，即使在南唐风雨飘摇、国库空虚之际，李煜仍不遗余力地建寺尊佛，还自取法号莲峰居士。李煜信奉佛法到了痴迷的程度，以致颇废政事。史载，当时北宋曾暗中选拔能言善辩之人前往南唐，蛊惑李煜。李煜以为有佛出世，称其为"小长老"，与之朝夕谈论六根、四谛、因果报应之事。"小长老"劝说李煜广建佛塔，又聚众千人讲佛论道，吃穿用度极为奢侈。更为过分的是，对于作奸犯科的僧尼，李煜极力袒护，轻罚轻判，导致法度荒废。

不问政事也罢了，李煜还冤杀了虎将林仁肇。林仁肇原是闽国将领，后归南唐，是一个让赵匡胤惧怕的将才。林仁肇多次向李煜谏言："这几年，宋不断用兵，灭西蜀，平荆南，攻岭南，往返行军数千里，士兵疲惫，是我们有机可乘的时候,请陛下给我几万人马,从寿春出发,渡过淮河、淝水,占据正阳,夺取粮食,利用当地百姓曾归属于南唐的怀旧心理进取淮甸。另外,当我进兵北上时,陛下马上派使者去北宋通报,说我举兵叛乱。如此,胜利了最好,失败了请把我灭族,以示陛下对宋并无二心。"然而,李煜没有采纳。其后,赵匡胤使用反间计,诱使李煜杀了林仁肇。

974年,赵匡胤以李煜不去朝见为名,发兵攻打南唐。第二年,金陵城破,南唐灭亡。

词学造诣实空前

凭着极深的用情和高超的技巧,李煜亡国前也写过很多经典情词,《长相思·一重山》就是一首洗尽铅华之作:"一重山,两重山,山远天高烟水寒,相思枫叶丹。菊花开,菊花残,塞雁高飞人未还,一帘风月闲。"

这首词跳出了腻歪的缠绵绮丽,着笔即已不落俗套;看似轻描淡写,却极具空灵之美,是一般词人写不出来也模仿不了的。纵观全篇,写的是秋景,却不带一个秋字;道的是怨情,却不带一个怨字,笔调和意境极是明净、淡雅而又自然。

975年末,江南大地,风刀霜剑。面对攻打金陵的十万宋军,李煜仰天长叹:"四十年来家国,三千里地山河。凤阁龙楼连霄汉,玉树琼枝作烟萝,几曾识干戈?一旦归为臣虏,沈腰潘鬓消磨。最是仓皇辞庙日,教坊犹奏别离歌,垂泪对宫娥。"奈何感触再深,一切均已于事无补。不久,兵败被俘的李煜被宋太祖赵匡胤押往汴京软禁,开始了囚徒生活。

不经历锥心之痛,很难写出打动人心的词作。"无言独上西楼,月如钩。寂寞梧桐深院锁清秋。剪不断,理还乱,是离愁。别是一番滋味在心头。"离开金陵后的第一个正月,对李煜来说更加寒冷。他已不再是众人拥捧的皇帝,只能孤独地与自己对话。幸运的是,他突然发现:词,让自己原先漂浮着的灵魂有了着落。他终于找到了安放心灵的净土,找到了继续苟活的理由——以一个文人的身份重生。

　　既然是文人，就有一种本能的冲动：碰到痛苦，就想把它统统化作文字，尽数倾倒出来。在那个重门深锁、梧桐萧疏的小院，李煜不加克制地写：

　　——多少恨，昨夜梦魂中。还似旧时游上苑，车如流水马如龙。花月正春风。

　　——往事只堪哀，对景难排。秋风庭院藓侵阶。一任珠帘闲不卷，终日谁来。金锁已沉埋，壮气蒿莱。晚凉天净月华开。相得玉楼瑶殿影，空照秦淮。

　　——独自莫凭栏，无限江山，别时容易见时难。流水落花春去也，天上人间。

　　976 年继位的宋太宗赵光义自然容不得这样的声音，派南唐旧臣徐铉前去"探望"李煜。李煜对这个突如其来的旧臣，丝毫没有怀疑和戒备，拉着对方的手大放悲声，该说的，不该说的，都倒了出来。据《默记》载，宋太宗派徐铉拜见李煜，李煜对亡国颇有恨意，以至于"相持大哭、坐默不言"。

　　徐铉对旧主是同情的，如果可以，他宁可自己没有听到这些话。但他毕竟已是宋臣，既然听了，就只得如实禀报，太宗闻言不悦。三百多年前，南陈后主陈叔宝亡国后也写诗，但只歌功颂德："日月光天德，山河壮帝居。太平无以报，愿上东封书。"他整日酗酒，烂醉如泥，还主动向隋文帝讨要官爵，因而隋文帝说："陈叔宝全无心肝。"于是，陈叔宝得以保全性命。

　　而李煜完全没想过要掩饰自己的乡愁——他不知道这是一种家国层面的愁，是宋皇容不得的苦恨，也是令他一步步接近死亡的前奏。

　　978 年，七夕，银汉迢迢，家家乞巧。这一天本是李煜四十二岁生日。在金陵的那些年，每逢七夕，他必命人用红、白两色丝罗百余匹，作月宫天河之状，整夜吟唱作乐。念如今，物不是、人已非，几盏淡酒下肚，李煜便醉了，真情实感哗哗流淌，遂作《虞美人》追思往事、怀念故国，并命南唐故妓咏唱："春花秋月何时了？往事知多少。小楼昨夜又东风，故国不堪回首月明中。雕栏玉砌应犹在，只是朱颜改。问君能有几多愁？恰似一江春水向东流。"

　　这一次，亡国之痛被提升到了更高的层面，触及了人性最里端，表达着人类共有的悲哀，可谓"把天下人全都'一网打尽'了"。

这样的词，不能不说是神品！

词句很快传到宋太宗赵光义那里。有人说这首词怀有复国之意，宋太宗听后非常愤怒，以致起了杀心，所以"歌声未毕，牵机遂至"。其实，赵光义很清楚，这个懦弱无能的后主根本无力回天。但他不是粗人，也晓词。他一听见这首词就意识到，自己写的那些附庸风雅的东西，在李煜面前简直一文不值。作为一个亡国皇帝，李煜只能成为历史长河里一个苍白的符号，但作为阶下囚，李煜势必将在文学史上永生，活成一个词王。

这才是赵光义痛下狠手的原因：既然这首词注定要成为千古流传的悲剧，那么我就要做这个悲剧的始作俑者，哪怕是以恶人的身份，我也要被人们永远记得。

牵机药，据说为中药马钱子，性寒、味苦，对中枢神经系统亲和力强。李煜酒后服药，引起全身抽搐，最后头部与足部相接而死，状似牵机。

一切都像是命运有意安排。李煜未能照亮南唐，却用一首绝命之作燃烧了自己，照亮了词坛。这首词要了他的命，也给了他永恒的生。

回看李煜这一生，作为帝王时，他未能富国强兵，沦为阶下囚后，又不谙明哲保身，以致最终引来杀身之祸，真的是一个身份也没把握好。

学者叶嘉莹先生感慨道：李后主的词，是他对生活的敏锐而真切的体验，无论是享乐的欢愉，还是悲哀的痛苦，他都全身心地投入其间。我们有的人活过一生，既没有好好体会过快乐，也没有好好体验过悲哀，因为他从来没有以全部的心灵感情投注某一件事，这是人生的遗憾。

认真地快乐，认真地痛苦，认真地感受，这也许就是李煜成为"千古词帝"的原因所在。

残害女人上千年

在漫长的岁月里，李煜之所以为人熟知，很大程度上是因为他举世无双的词作成就。然而，李煜的一个爱好却让万千后世女子痛苦一生。这个爱好就是痴迷小脚女人。

元末明初文学家陶宗仪在《南村辍耕录·缠足》中引《道山新闻》写道："李后主宫嫔窅娘，纤丽善舞，后主作金莲，高六尺，饰以宝物细带缨络，莲中作品色瑞莲。令窅娘以帛绕脚，令纤小屈上，作新月状。素袜舞云中，回旋有凌云之态。"由是宫人皆效之。据此，现今一些民俗专家认为，女子缠足始于南唐李煜在位时期。

在李煜独特爱好的影响下，小脚逐渐成为女子的标配，也是古代男子评价女子美丑的重要标准之一。然而，这种畸形的美是建立在对女子身心残害的基础上的。

女子缠足一般从四五岁开始，缠足前先以热水烫脚，趁着脚还温热，将除拇指外的四个脚趾强行向脚底弯曲，让脚趾紧贴脚底，并在脚下趾间涂上明矾，用以燥湿、杀虫、解毒，然后用布将脚紧紧缠裹，使其弓弯短小，脚底凹陷，脚背隆起。经过如此一番折腾，到七八岁时，"三寸金莲"初具模样；到成年骨骼定型后，裹脚布方才解开，也有终身缠裹者。可以想象，健全的脚被强行扭曲成一个不规则的三角形，那种疼痛必定是彻骨入髓的。另外，在缠足过程中，许多女孩子的脚化脓流血，难以站立。

还有一种说法，女孩子开始裹脚前，将羊羔开膛破肚，把双脚伸进去沾满鲜血。据说，这样缠出来的小脚更为纤小，更有美感。至于把脚裹到多小，以在脚心的凹陷处能放下一颗鸡蛋为准。

"裹小脚一双，流眼泪一缸。"无数个痛不欲生的夜晚，为了满足男子们的畸形癖好，女孩们只能暗自忍受常人难以想象的痛楚。

"观看一个小脚女人走路，就像在看一个走钢丝的演员，使你每时每刻都在被她揪着心。"这是林语堂在《中国人·缠足》中对小脚女人的描述。

缠足这种陋习，直到1911年辛亥革命后才渐渐被取缔。

大小周后挚爱传

李煜的词多是有感而发，这些灵感都来自他的感情生活。他与大小周后三

十七、文艺皇帝——李煜

人之间的爱恨情仇也成了一段逸闻。

大小周后都是当时的才女,两人是同胞姐妹。大周后名为娥皇,相貌出众、身材姣好,更为可贵的是,她通晓音律,擅长诗词歌赋,集容貌文采于一身,而李煜出身高贵,同样热衷于诗词,两人情投意合,是天造地设的一对。

在众人的羡慕中,十八岁的李煜娶了比自己大一岁的娥皇,两人经常切磋诗句,李煜对妻子的爱溢于言表:"罗袖裹残殷色可,杯深旋被香醪涴。绣床斜凭娇无那,烂嚼红茸,笑向檀郎唾。"在李煜眼中,娥皇如同仙女下凡一样,姿态婀娜如鲜花绽放。

娥皇擅长演奏琵琶,加上李煜的词,创作了不少令人醉心的佳作。娥皇翩翩起舞,李煜双眼迷乱。纵使后宫美女众多,李煜唯独宠爱她一人。十多年风雨共度,娥皇为李煜生下两子,可惜她后来染上重病,无法下床。

看到心爱的人被病痛折磨,李煜心急如焚,遍寻天下名医,还祈求上天保佑。为了让病床上的妻子开心,李煜多次当面吟诵词句。然而,一个人的出现打碎了两人的恩爱。这个人不是别人,正是娥皇的胞妹女英。

年纪轻轻的女英"警敏有才思,神采端静",无论是体态相貌还是才华都不输姐姐。在娥皇病重期间,女英经常前来探望。时间一长,风流倜傥的皇帝与生性烂漫的少女之间渐生情愫。女英常以看望姐姐为由,入宫与李煜私会。终于,事情败露了。娥皇怒火攻心,病情加重。李煜得知后,内心自责懊悔,亲自在娥皇身边悉心照顾。

没多久,娥皇病有所好转,李煜也十分高兴,然而两人的小儿子不幸去世。娥皇终于撑不住了,强撑着梳妆打扮一番,抱着心爱的琵琶香消玉殒。这一年,是964年。李煜十分悲痛,整天以泪洗面,写下悼文《昭惠周后诔》,"木交枸兮风索索,鸟相鸣兮飞翼翼。吊孤影兮孰我哀,私自怜兮痛无极……"全词大意是草木皆有连理,飞鸟也有陪伴,唯独我一人形单影只,可悲可叹。每当午夜惊醒,环顾四周再也没有你的身影,这才发现你已经无法再出现在我的眼前了。我曾在你的棺木面前落泪,究竟走哪一条通往上天的路才能找到你,希望你能感受到我的情意。

968年,李煜光明正大地将女英娶进皇宫,封其为国后,是为小周后。

李煜做了亡国之君，小周后也被迫做了屈辱的"郑国夫人"。据传，美貌依旧的小周后被宋太宗看上了，宋太宗多次以召见为由强幸她。每次，小周后都会向李煜诉苦，但此时，除了心痛之外，李煜什么都做不了，一个连国家都丢了的人，还拿什么来保护自己的女人？李煜死后，小周后整日守在灵位旁痛不欲生，最终不甘受辱，自杀而去。她的遭遇也印证了亡国之君的悲情，覆巢之下安有完卵。不过，此种说法存有争议。

　　虽然李煜是个亡国之君，但历史没有抹灭他在文学上的造诣。李煜的词不但有花间派的婉转，又有别树一帜的深沉。尤其是亡国之后，他的很多词都是触景生情睹物思人，抒发内心情感，表达丧国之痛，委婉悠扬感人肺腑。柏杨说：南唐皇帝李煜先生词学的造诣，空前绝后，用在填词上的精力，远超过用在治国上。毛泽东评价他：虽多才多艺，但不抓政治，终于亡国。归根结底，李煜的人生是一个悲剧：作个才子真绝代，可怜薄命作君王！

【延伸阅读】

李后主转世

　　据说，在宋徽宗赵佶降生前，其父神宗曾到秘书省观看收藏的南唐后主李煜的画像，"见其人物俨雅，再三叹讶"，随后不久就生下了赵佶。李煜托生的传说固然不足为信，但在赵佶身上，确有李煜的影子。

　　赵佶自幼爱好笔墨、丹青、骑马、射箭、蹴鞠，对奇花异石、飞禽走兽有着浓厚兴趣，尤其在书法绘画方面，更是天赋非凡。他自创书法"瘦金体"，擅长花鸟画，自成"院体"，有《听琴图》《瑞鹤图》《祥龙石图》等名作。"天纵将圣，艺极于神"是对其艺术成就的评价。

　　李煜、赵佶两人都是无意为君而成为君王的；都是艺术天分极高，无政治抱负，治国上昏庸，军事上无能；年轻时都声色犬马、骄奢淫逸，享尽人生繁华。一个是亡国后受巨大落差激发而创作了流传千古的词作，一个是在位时春风得意而书画名作传世。一个亡国遭辱，封"违命侯"，最后被赐毒而死；一个被掳北国，封"昏德公"，给历史留下"靖康之耻"。

如果要再加上一位同类，莫如南陈后主陈叔宝。他在位期间，生活奢侈，荒废朝政，喜爱艳词，耽于酒色，醉心诗文和音乐，给后世留下《春江花月》《玉树后庭花》《临春乐》等佳作。

魏征有言：亡国之主，多有才艺，考之梁、陈及隋，信非虚论。然则不崇教义之本，偏尚淫丽之文，徒长浇伪之风，无救乱亡之祸矣。

人生错配，欲哭无泪。文艺在求真求美，治国在安邦富民，完全不在一个方向。当今，也有些官员，本该为官一任造福一方，却不务正业，偏弄风雅，甚至接受"雅贿"，借机"雅腐"，最终身败名裂、贻笑大方。

十八、官场奇人——苏东坡

【题记】苏轼,字子瞻,号东坡居士,世称苏东坡,北宋著名文学家、书法家、画家。其诗题材广泛,清新豪健,善用夸张比喻,独具风格,与黄庭坚并称"苏黄";其词开豪放一派,与辛弃疾并称"苏辛";其散文著述宏富、豪放自如,与欧阳修并称"欧苏",同列"唐宋八大家";其书画笔法肉丰骨劲、跌宕自然,为"宋四家"之一。堪称"千古第一文人"的苏轼,在医药、烹饪、水利等方面也有突出贡献。然而,他一生亦坎坷跌宕,几经磨难。这背后究竟隐藏着怎样的传奇故事?我们又该如何解读他的宦海沉浮呢?

春风得意马蹄疾

苏轼,初唐名臣苏味道之后,1036年出生于眉州(今四川眉山)。其父苏洵即《三字经》里提到的"二十七,始发愤"的"苏老泉"。其母程氏出身名门,知书达理。由于苏洵经常游学四方,苏轼和弟弟苏辙自幼跟母亲读书学习。

苏母不仅教他们识字,还特别注重德育。苏轼十岁那年,苏母教他读《后汉书》。读到《范滂传》时,苏轼被范滂母子不畏权贵、视死如归的崇高精神所感动，不禁喟然叹息。年幼的苏轼问："如果我长大后，像范滂一样，不惜舍身就义，母亲会允许吗？"苏母肃然答道："你能做范滂，难道我就不能学范滂的母亲吗？"

1056年春，微风轻拂，春意盎然，苏洵带着苏轼和苏辙自西蜀沿江东下，进京赶考。分别之际，苏轼对妻子王弗豪言："金榜无名不归蜀，定将金榜题名回！"

途中突遇暴雨，船停靠渡口几日不得前行，同船一书生忧心忡忡，唉声叹气地念出一副上联："一叶孤舟，坐二三个骚客，启用四桨五帆，经由六滩七湾，历尽八颠九簸，可叹十分来迟。"面对如此沮丧的同伴，乐观的苏轼对了一副下联："十年寒窗，进九八家书院，抛却七情六欲，苦读五经四书，考了三番二次，今年一定要中！"

5月中旬，父子三人终于抵达京城汴梁。在之后四个月里，苏轼和苏辙日夜苦读，毫不懈怠。金秋九月，兄弟俩参加乡试同榜中举。父亲苏洵甚是欢喜，带着他们去拜访德高望重的欧阳修。苏洵和锐意于诗文革新的欧阳修谈诗论赋，雄辩滔滔。苏轼兄弟被欧阳修的渊博学识深深折服，更加勤奋读书，为来年的礼部会试做准备。

1057年春，礼部的大钟敲响了。苏轼以清新洒脱文风写就的《刑赏忠厚之至论》得到副考官梅尧臣的赞赏，并被推荐给主考官欧阳修。欧阳修亦评价甚高，欲拔擢为第一，但又怀疑该文为自己的门生曾巩所作，为了避嫌，将之列为第二，结果试卷拆封后才发现是苏轼所作。苏轼在文中写道："当尧之时，皋陶为士，将杀人。皋陶曰，'杀之'三。尧曰，'宥之'三。"梅尧臣阅卷至此，对尧与皋陶之事不知出处，又不好公开查问，怕同僚小瞧。及苏轼谒谢，以此问之，苏轼答道："是我所杜撰。帝尧之圣德，此言亦意料中事耳。"梅尧臣不禁对苏轼的豪迈、敢于创新极为赏识。后欧阳修也赞叹道："此人可谓善读书，善用书，他日文章必独步天下。"

随后，苏轼和苏辙又参加了宋仁宗亲自主持的殿试，双双得中进士。金榜题名后，父子三人一时间声名鹊起，人称"三苏"。

三起三落逆时宜

一举成名天下知。正当苏轼这位文坛新秀准备大展宏图之际,迎接他的却是仕途坎坷,大起大落。

文才爆红京师,耿直祸起乌台。进士及第后不久,苏母病故,兄弟二人随父回乡奔丧。守丧期满后,父子三人回京。1061 年 8 月,苏轼、苏辙二兄弟一起参加制举。苏轼入第三等,因一二等从不授人,所以苏轼为"百年第一",授大理评事,签书凤翔府判官,苏辙入四等下。退朝后,宋仁宗来到后宫,兴奋地对曹皇后说:"吾今又为吾子孙得太平宰相两人。"

1066 年,苏洵病逝,苏轼兄弟扶柩还乡。三年后,苏轼还朝,任直史馆。但此时,朝堂内外政争渐起,"山雨欲来风满楼"。

1067 年,宋神宗继位,起用王安石为江宁知府,旋即诏为翰林学士兼侍讲,准备变法。1069 年,宋神宗任命王安石为参知政事。1070 年,王安石拜相后,全面推行变法。由于推行过于激进,效果也与"去重敛、宽农民、国用可足、民财不匮"的初衷大相径庭,变法遭到以司马光为首的保守派反对。新法颁行不足一年,变法派与保守派就展开了激烈的辩论及斗争,史称"新旧党争"。

1071 年,苏轼上书陈奏新法之弊端,王安石不悦。在科举改革上,苏轼又讽刺王安石专权。不久,苏轼自请出京任职,被授为杭州通判,后任密州(今山东诸城)、徐州等地知府。

1079 年 4 月,苏轼调任湖州知州。上任后,他给宋神宗写了一封《湖州谢上表》。6 月,御史何正臣等人弹劾苏轼在谢表中暗讥朝政,对皇帝不忠,随后又搜集出"大量"苏轼诗文为证。7 月,苏轼被御史台的吏卒逮捕,解往京师,受牵连者达数十人。这就是北宋著名的"乌台诗案"。在朝野正义之士的营救下,苏轼最终被从轻发落,贬为黄州(今湖北黄冈)团练副使。

到任黄州后,苏轼在城东开垦了一块坡地,自称"东坡居士"。他以一颗热爱生活的心，独创了"东坡肉"等美食，为后人留下一道道佳肴。他多次到黄州城外的赤壁游览，写下了《前赤壁赋》《后赤壁赋》和《念奴娇·赤壁怀古》等千古名作。浮沉间，他渐渐变得豁达了。到黄州第三年时，王朝云为他生下一子，苏东坡作诗一首：人皆养子望聪明，我被聪明误一生。惟愿孩儿愚且鲁，无灾无难到公卿。

青云直上三品，渡劫又到杭州。1085年，宋神宗驾崩，宋哲宗即位，高太后临朝听政，保守派司马光被重新起用为相，新党遭到打压。苏轼复为朝奉郎知登州（今蓬莱）；四个月后，以礼部郎中被召还朝；在朝半月，升为起居舍人；三个月后，升中书舍人；不久，又升翰林学士知制诰，权知礼部贡举。短短十七个月，苏轼从戴罪之身的八品升到正三品。

在外任职十多年，苏轼深知百姓所需，他发现王安石的新法也有不少可取之处，对新法有了一分为二的认识。所以，当他看到保守派"尽废新法"时，便再次向朝廷提出谏议，认为应该保留部分良法。因此他又引起了保守派的反对，遭诬告陷害。至此，苏轼既不能容于新党，又不能见谅于旧派。

1089年，苏轼再次自请外调，以任龙图阁学士知杭州。当时的西湖长期没有疏浚，淤塞严重，影响农业生产。苏轼到任后，便率众疏浚西湖，并在湖水最深处建立三塔（今三潭印月）作为标志，还把挖出的淤泥筑成一条纵贯西湖的长堤。为了修堤，他连身上的犀带也捐了，并整天守在工地上，巡查工程质量和进度，监督开支，深受广大民众的拥护。为了纪念他，西湖的许多建筑物都以他的名字命名，如苏公桥、迟苏寺、东坡亭、东坡祠、苏堤等。

官至人生巅峰，被贬惠州儋州。1091年，苏轼被召回朝，任吏部尚书、先后以龙图阁学士知颍州、扬州，1092年，苏轼又回朝先后任礼部尚书、兵部尚书。

1093年，高太后去世，宋哲宗亲政，变法派章惇任宰相，苏轼以端明殿学士知定州。次年6月，章惇以"讥讪先朝"的罪名把苏轼贬至惠州，任宁远军节度副使。在惠州几年里，苏轼兴办学堂，教化民众，宣扬礼仪。当时惠州驻军没有固定的营房，士兵杂居在市井之内，严重影响百姓的日常生活，苏轼建军营三百间，解决了驻军扰民问题。

1097年，苏轼再遭章惇打击，被贬海南儋州。儋州，位于海南岛西部，当时极其蛮荒，是朝廷流放死不悔改的罪臣的首选场地。接到诏书的那一刻，苏轼做好了客死异乡的心理准备："今到海南，首当作棺，次便作墓。"历时两个多月，他终于抵达儋州，在官府内租了一间房子暂避风雨。政敌知道后，又下令把他逐出了官舍。之后很长一段时间，苏轼过着居无室、食无肉、病无药的日子。苏轼爱民，民亦爱苏轼，为他搭建了三间茅屋栖身，他称茅屋为"桄榔庵"，以示感激。

　　面对困境，苏轼没有绝望，他调整好心态，很快融入这片陌生的土地中。他广传中原文化，兴办学堂，自编教材，大力倡导读书，从此海南才有人考中进士。当时的儋州，生产方式落后，百姓生活贫困，苏轼就劝导和帮助他们发展农业生产，后来家家丰衣足食。苏轼在海南文化、农耕发展史上留下了不可磨灭的功绩，受到人民世世代代怀念与敬仰。现在儋州的东坡村、东坡井、东坡田、东坡路、东坡桥、东坡帽等，都体现了人们对苏轼的缅怀之情。

　　1100年，宋哲宗驾崩，宋徽宗即位。次年，六十五岁的苏轼遇赦北归。途中，见到久别的朋友，朋友以为他早就死了，他笑着说："我是死了，还到了阴曹地府，不料在路上遇见了章惇，就赶紧还了阳。"行至真州（今江苏）时，看到当年民众为自己画的像，心有感慨，写下了总结自己一生的《自题金山画像》："心似已灰之木，身如不系之舟。问汝平生功业，黄州惠州儋州。"

　　沉时，地方为官也罢；浮时，朝中出仕也好，苏轼均心怀天下，爱民为国。他沉浮一生，更辉煌一生。

政争淡去惺相惜

　　说起苏轼与王安石的恩恩怨怨，离不开新党和旧派的政争。新党的领袖是王安石，旧派的领头人是司马光。起初，苏轼的父亲苏洵不愿意结交王安石，并写了一篇散文《辨奸论》，以古论今映射他。这应该是苏氏父子与王安石矛盾的起源。

1070年，王安石改革科举内容，建议取消"诗赋取士"，以"经义取士"。苏轼作《议学校贡举状》为"诗赋取士"辩护，此举等于正式向王安石宣战。1071年，苏轼上奏新法弊端，并利用担任主考之机，讽刺王安石专权，王安石这才下决心把苏轼逐出朝堂。

1076年，前后八年两度为相的王安石急流勇退，归隐钟山，不问世事，但对被贬黄州的苏轼，分外关注。苏轼到黄州后游览钟山所写"峰多巧障日，江远欲浮天"，受到王安石"和诗"称道："万绿丛中一点红，动人春色不须多。"

一次，有人从黄州捎来苏轼的新作，当时已是黄昏，但未到掌灯时间，王安石迫不及待跑到院子里，借助晚霞的弱光认真品读，边看边感慨："苏子瞻乃人中之龙也！"王安石以山河一样的胸襟赞美苏轼的文学才华，苏轼对王安石的文才也非常赞赏，曾称他所撰的《英宗实录》为本朝史书中写得最好的。

1079年，苏轼因"乌台诗案"被定死罪。王安石听说后立刻上书宋神宗："安有盛世而杀才士乎？"一语点醒皇帝，于是苏轼死罪获免，被发配到黄州任团练副使，算是捡回一条命。

"黄州四年"后，苏轼"蒙恩量移"河南汝州。因旅途劳顿，苏轼的幼儿不幸夭折，他便上书朝廷，请求暂住常州，被批准。在常州期间，他特意前往江宁，拜访王安石。满头白发的王安石亲自迎接，"野服乘驴，谒于舟次"，二人在钟山游山玩水、谈诗论佛将近一月。分手之际，依依惜别，历经无数政治惊涛骇浪的王安石，深知苏轼的性格不适宜官场，曾以肺腑之言劝其求田问舍，与自己做邻居。苏轼还作诗"骑驴渺渺入荒陂，想见先生未病时。劝我试求三亩宅，从公已觉十年迟"为记。江宁一聚，苏轼对王安石有了全面的了解，二人成为精神知音。

江宁分别后两年左右，王安石病逝。在京任中书舍人的苏轼，奉命起草《王安石赠太傅》，对王安石的品德和文章给予了高度评价。

恩恩怨怨数多年，回顾往事，两人交集不多，虽然政见不同，却都出于爱国之心、谋国之忧。他们在文学上惺惺相惜，算是政见上的"敌人"，精神上的朋友。

难兄难弟淮阳聚

苏轼与苏辙情深谊厚。他们是兄弟,也是诗词唱和的良友,是政治上荣辱与共的伙伴,也是精神上相互安慰的知己,二人很好地诠释了中国古代孝悌文化中的"悌"字。

1061年,苏辙参加朝廷制举,在《御试制科策》中尽讲政事得失,对宫禁之事议论尤为激切。试卷交上后,覆考官司马光将其置于第三等,初考官胡宿不同意。司马光与范镇商议后将苏辙置于第四等,三司使蔡襄也力保。但胡宿认为苏辙对宋仁宗不恭,坚持要求黜落。事情闹到宋仁宗那里,宋仁宗说:"以直言来得人,而因直言抛弃他,天下人会怎么说我呢?"最终,苏辙被列入四等下。不久,苏辙被任命为试秘书省校书郎、商州(今陕西商县)军事推官。当时苏洵奉命修《礼书》,苏辙要求在京城侍养父亲,辞不赴任,获朝廷准许。

1069年,苏辙写信给王安石,竭力陈说"青苗法"不可行,王安石大怒,加罪于他。8月,苏辙被贬为河南府留守推官。次年2月,苏家挚友张方平也因与王安石政见不合离京任陈州知府,遂征召苏辙为陈州教授。

少怀大志的苏辙成了一个无足轻重的官派教授,三十一岁的他心情沮丧。诗作《初到陈州》,道出了其抑郁不得志的心绪。仕途失意的苏辙以书为伴,累了便到西柳湖边走走,在碧水边消忧散愁。

一天,苏辙读《易经》时,忽然醒悟:日有升落,我何必为无法改变的事忧心忡忡呢?于是,他来到平日散步的西柳湖,划起一只小船,荡悠悠于粼粼波光之间,蓦地,他又心生一念:何不在此处修台读书!因干旱少雨,那年的西柳湖有一片高地露出水面,苏辙便在高地处建了一个读书庵。书庵茅草盖顶,简陋朴素,周围湖水清清,杨柳依依,非常幽静。今河南淮阳龙湖西北隅柳湖的一土丘上,尚存有苏辙任陈州教授时的读书台。

1071年春,苏轼赴杭途中,绕道陈州,一是看望苏辙,二是向对苏家有知遇之恩的张方平表达谢意。苏轼在陈州逗留数日,兄弟俩或到西柳湖读书、划船,或在城郊漫步,相互赋诗唱和,吟诗作画,留下了《和弟子由初到陈州》《柳湖久无水怅然成咏》《柳湖感物》《次韵子由柳湖感物》等数十首关于淮阳的诗篇。

后人敬仰苏辙兄弟文才,1470年,明朝陈州知府戴昕重修苏辙读书台,台上建亭,亭基为船形,象征宦海扁舟,四周植莲,喻出淤泥而不染,名之曰"苏亭莲舫",系陈州八景之一。

时光千年,人去亭在。苏辙兄弟宁折不屈、正直向上、不为逆境易移的品格,永远镌刻在当地人的记忆里。

真情诗文祭三妻

苏轼一生娶过三个妻子。

第一个妻子叫王弗,是乡贡士王方之女,聪明沉静,知书达理。成家之初,苏轼并不知其通晓诗书。后来,每当苏轼读书时,她便陪伴在侧,苏轼偶尔遗忘,她会从旁提醒,苏轼问其他问题,她都能娓娓道来,这让苏轼又惊又喜,对她刮目相看。在妻子的帮助下,苏轼刻苦学习,努力考取功名。金榜题名后,苏轼与访客交谈时,王弗经常立在屏风后倾听,事后告诉苏轼她对某人的看法,无不言中,可谓是苏轼绝佳的贤内助。

他们同甘共苦,相濡以沫,不仅仅是一对少年夫妻,更是一对共同成长的伴侣;不仅仅熬过了寒窗苦读的寂寞,也经历了苏轼的春风得意。然而人生无常,世事难料,王弗于1065年不幸病逝于汴京,年仅二十六岁。十年后的一天,苏轼突然梦见王弗,梦中醒来,悲不能抑,泪流满面,遂写下句句是情、字字是泪的《江城子》:"十年生死两茫茫,不思量,自难忘。千里孤坟,无处话凄凉。纵使相逢应不识,尘满面,鬓如霜。夜来幽梦忽还乡,小轩窗,正梳妆。相顾无言,惟有泪千行。料得年年肠断处,明月夜,短松冈。"用情之深,感人肺腑。

第二个妻子王润之，是王弗的堂妹，比苏轼小十一岁。她秉性柔和，遇事顺随，在苏轼宦海沉浮的那些年，尽心抚养堂姐的遗孤和自己的儿子，始终与丈夫同甘共苦。1093年，王润之去世，苏轼为她写下祭文"三子如一，爱出于天"。

第三个妻子王朝云，早年家境清寒，聪颖灵慧，能歌善舞，虽沦落烟尘之中，却秉性清新洁雅。1074年，十二岁的王朝云和苏轼偶遇在西湖，数曲小调一场曼舞，让苏轼为之心动，遂被苏轼收为侍女，当时王朝云虽年幼，却敏而好学，十分仰慕苏轼的才华，且受苏轼夫妇善待，决意终身追随。十八岁时，王朝云被纳为侍妾，王润之死后成为正室。

1085年，苏轼被召回京城升任翰林学士。一次上朝，苏轼和司马光争辩，被气得不轻。回家后，他指着肚子问家人："你们知道我这里面有些什么？"有的说是才华，有的说是诗词文章，苏轼都摇头表示不对。"您这是一肚子的不合时宜啊！"王朝云笑着说。苏轼听后转怒为喜："不合时宜，惟朝云知我也！"

1094年，年事已高的苏轼被贬往惠州，身边只有王朝云相随。王朝云死后，苏轼将她葬在惠州西湖孤山南麓栖禅寺大圣塔下的松林之中，并在墓旁筑六如亭，亭柱上镌刻楹联一副：不合时宜，惟有朝云能识我；独弹古调，每逢暮雨倍思卿。

饱经沧桑的苏轼，时常来到亭前静坐，两鬓如霜的他不禁想起过往，想起王弗、王润之和王朝云。对苏轼而言，王弗，是难得的贤内；王润之，是真情的陪伴；王朝云，是倾心的知己。

对联逸事雅俗趣

苏轼豪放不羁，喜爱交友，爱对对联，逸闻趣事颇多。

一天傍晚，苏轼与好友佛印和尚泛舟河上。时值深秋，金风飒飒，水波粼粼，大河两岸，景色迷人。饮酒间，佛印向苏轼索句。苏轼向岸上看了看，用手一指，笑而不语。佛印望去，只见岸上有条大黄狗正在啃食骨头。他知道苏轼在开玩笑，就呵呵一笑，把手中题有苏轼诗句的折扇抛入水中。两人心照不宣，抚掌大笑。原来他们是作了一副双关哑联。苏轼的上联是：狗啃河上（和尚）骨，佛印的下联是：水流东坡诗（尸）。

一天，苏轼前去游览莫干山，经过一座寺庙，便进去讨茶喝。方丈见他衣着简朴，以为是个落魄秀才，淡淡地说："坐。"回头对小和尚说了声："茶。"后见苏轼口吐珠玑，谈吐不凡，他换了一副面孔，说："请坐。"又叫小和尚："敬茶。"坐了一会儿，方丈问起苏轼姓名，才知道来者是大名鼎鼎的苏大学士，遂马上把苏轼引至客房，毕恭毕敬地说："请上座！"并吩咐小和尚："敬香茶！"苏轼告辞时，方丈请他留下墨宝。苏轼不假思索，挥毫而就："坐，请坐，请上坐；茶，敬茶，敬香茶！"方丈自知失敬，满面惭愧。

苏轼与秦观经常一起出游。这天，他们同乘小舟，沿江而下，品酒吟诗，雅兴正浓。突然，苏轼看见岸上有个醉汉，骑着一头毛驴，走走停停，东倒西歪，滑稽可笑，就出了个上联："醉汉骑驴，颠头晃脑算酒账。"这对联十分形象，秦观一时无以为对，正思考间，忽然看见船尾的艄公正一仰一俯地摇橹，顿时有悟，对出下联："艄公摇橹，作揖打躬讨船钱。"正在划船的艄公听见"船钱"二字，赶紧说："不忙，不忙，下了船再说！"二人哈哈大笑。

【延伸阅读】

洞房花烛考新郎

才子秦观听说苏小妹不但相貌端秀而且工诗善词，心生爱慕，便去苏家求婚。苏洵让他写一篇文章，交给女儿。小妹在秦观的文章上批道："不与三苏同时，当是横行一世。"苏洵便将苏小妹许给了秦观。由于当时秦观初入仕，而三苏已是声名赫赫，所以婚事由苏府主办。

新婚之夜，在亲朋好友的簇拥下，微醺的秦观往洞房走去。行至半途中，丫鬟传令："小姐说，姑爷答出三道题后，才能入洞房。"前两题都没有难倒秦观，这时洞房的窗户慢慢打开一道缝，苏小妹露出纤纤素手，递出一副上联："双手推开窗前月，月明星稀，今夜断然不雨。"

秦观被难住了，急得来回踱步。众宾客都凝神静气等在一旁。苏轼暗自发笑，本想提醒妹夫，但又怕伤了他的面子，便伸出两个指头，指着"雨"字，秦观立即心领神会。可是前面这一句"双手推开窗前月"又怎样对答呢？秦观苦苦思索着。当他踱步到池塘边时，旁边的苏轼捡起一颗石子投进水里，"砰"的一声，清澈的池水映着星光月影四散开来。秦观见此情景，遂受启发，立马答出："一石击破水中天，天高气爽，明朝一定成霜。"

纸条一递进去，洞房门"吱"的一声开了，苏小妹含笑站在门边，秦观欣然入内。

十九、旷世才女的乱世情愁——李清照

【题记】 李清照,宋代女词人,作品风格以婉约为主,人称"婉约词宗",亦被誉为"词国皇后"。她为人所熟知的代表作有《如梦令》《醉花阴》《声声慢》等,大都体现了闺中情趣和细腻的女性情感。实际上,李清照不只是一个会吟唱哀婉缠绵之词的娇柔女子,她身上更有着一股不输男子的豪爽之气,骨子里透着对男尊女卑的强烈反抗;她不只是一个热爱诗词、儿女情长的小家碧玉,更是一个有着远大理想抱负的巾帼英雄。如此种种,成就了她"千古第一才女"的美誉。不过,中国历史上的才女中,李清照的命运却是最曲折的。

千古才女词为显

1084年,一名女婴降生在山东章丘一个书香门第。父亲李格非是大文豪苏轼的学生,与廖正一、李禧、董荣并称"苏门后四学士"。因喜欢大唐诗人王维的诗,尤其是那句"明月松间照,清泉石上流",所以李格非给女婴取名"清照",意即:清泉照影,心地澄澈。

李清照六岁那年,李格非做了太学博士。太学,乃大宋最高学府,是专门培养栋梁之才的机构。后来,李清照跟随父亲来到首都汴京。文学氛围浓厚的家庭环境,加上京都的繁华景象,激发了李清照的写作兴趣,她时常写点小文章,父亲读后评价说有灵气。有了鼓励,她更加喜欢吟诗作赋了。

李清照十六岁那年,李格非递给她一首诗:"这是我好友张文潜写的《读中兴颂碑》,你学习学习。"唐朝文学家元结曾写过一篇《大唐中兴颂》,是歌颂大唐中兴的杰作,后被颜真卿题于浯溪石崖之上,时人谓之"大唐中兴颂碑"。读完《读中兴颂碑》后,李清照萌生了与张文潜不一样的看法:为什么大家总是歌颂唐朝中兴,而没有看到其淫逸腐化的一面呢?如果不是唐玄宗荒唐误国,何用郭子仪中兴唐朝?为什么不追根溯源、寻找原因呢?她提笔就对张文潜的大作进行深刻批判,写下了《浯溪中兴颂和张文潜诗二首》,不但总结了历史教训,而且借古喻今。李格非觉得女儿想法独特,便将两首诗传了出去,没想到竟轰动了汴京,李清照从此有了"才女"之名。后来,大学者朱熹评价:"如此等语,岂女子所能。"

不久,汴京城外一栋大别墅中,一群文艺老前辈聚会。在他们热烈的目光中,一张白纸缓缓展开:"昨夜雨疏风骤,浓睡不消残酒。试问卷帘人,却道海棠依旧。知否,知否?应是绿肥红瘦。"所有人都愣住了,一个前辈搓了搓手:"这样的词,我一辈子都写不出来。"这首词的作者是李清照。良好的基因和家教造就了惊艳绝伦的天才少女,十六岁的她把一大波文艺老前辈打翻在地。

李清照的夫君赵明诚自认为是填词好手,很不服气李清照。有次重阳节,赵明诚因在太学上学不能回家,李清照觉得孤独,就写了一首《醉花阴》:"薄雾浓云愁永昼,瑞脑消金兽。佳节又重阳,玉枕纱厨,半夜凉初透。东篱把酒黄昏后,有暗香盈袖。莫道不销魂,帘卷西风,人比黄花瘦。"赵明诚读后,一心想把李清照比下去。他闭门三天,填了五十首词,然后再把李清照这首词夹在其中,送给评论家陆德夫品鉴。陆德夫阅后说:"只三句绝佳。"赵明诚忙问:"哪三句?"陆德夫答:"莫道不销魂,帘卷西风,人比黄花瘦。"自此,赵明诚心悦诚服,逢人就说:"填词嘛,还是我夫人厉害。"

李清照工诗善文,尤擅长词,曾写过一篇《词论》,提出词"别是一家"的观点,是宋代的重要词论,也成为后人创作的理论依据。晚年人比黄花瘦的

十九、旷世才女的乱世情愁——李清照

李清照，仿佛是在用词寻求安慰，用词来缓释凄冷，在"感时伤世，哀婉缠绵"的婉约词界取得了碾压性成果，成了这个流派格调最高的词人，屹然为一大宗。无论当时还是后世，都有许多模仿她的词风以及假她之名的词作赝品，以至于形成了一个专有名词"易安体"。沈谦《填词杂说》将李清照与李后主并提："男中李后主，女中李易安，极是当行本色。"

据美国汉学家梅维恒主编的《哥伦比亚中国文学史》统计，"公元一世纪开始，两千年中华大地上一共出现二十九位著名女作家"。但她们大多为业余的，仅有少数作品留世，只有李清照的作品成了经典，为后人所师法。一言以蔽之，李清照就是中国词坛当之无愧的一面大旗，她在哪里，词坛的高峰就在哪里。

元宵佳节结佳缘

大相国寺是汴京最大的寺庙，每月都有大型庙会，热闹非凡。《水浒传》中鲁智深倒拔垂杨柳，写的就是这里。十七岁那年元宵节，李清照和堂兄一起去逛大相国寺。在这里，她认识了父亲常常提起的太学生赵明诚。赵明诚的父亲赵挺之是吏部侍郎，朝廷三品大员。赵明诚虽出身高官之家，却并非纨绔子弟，从小喜欢研究金石字画，年纪轻轻就被誉为"汴京第一金石学家"。

那天，恰好赵明诚也在逛大相国寺，李清照的堂兄将双方相互做了介绍。当堂兄向李清照介绍赵明诚时，李清照立马双眼放光，赵明诚是那样温文尔雅，以至于她仅偷偷瞥了一眼，心里便如万只小鹿乱撞。当堂兄向赵明诚介绍李清照时，赵明诚先是愣了一下，接连"哦哦"了好几声，才羞涩地说："原来李清照就是你啊！"李清照与赵明诚一见钟情，互生情愫，却又深知困难重重。

宋神宗、哲宗年间，党争激烈，新党要变法，旧党要维旧，两派整天斗得不可开交。赵挺之属于新党，而李格非属于旧党，这种情况下，两家根本不可能联姻。就在一对有情人感叹造化弄人时，宋哲宗驾崩，宋徽宗赵佶继位。赵佶早就厌烦了两党之争，一继位就采用了折中政策：既不偏袒新党，也不偏袒旧党，并因此定了年号"建中靖国"，新旧两党的矛盾就此缓和下来。于是，赵明诚就开始想方设法向父亲表明心迹。

有天早上，赵明诚跑去找父亲："我昨晚做了个怪梦。梦见了一本书，内容记不准了，只记得其中三句，我不知何意，您帮我分析下吧！"赵挺之问："哪三句？"赵明诚说："言与司合，安上已脱，芝芙草拔。"赵挺之立即用手比画道："言与司合，就是'词'字。安上已脱，就是'女'字。芝芙草拔，去掉草字头，就是'之夫'两字。这三句话连起来就是'词女之夫'。莫非是提醒你娶个词女做老婆？"赵明诚故意装糊涂说："词女？汴京有好词女吗？"赵挺之说："有啊，李清照。"说完之后，赵挺之才恍然若悟。

不久后的一天上午，李清照荡完秋千，正在院子里歇息，忽然听到下人通报赵家前来提亲。她大吃一惊，赶紧往房间跑，脚上的鞋子和头上的金钗都跑掉了。跑到门口，因为实在太想见赵明诚了，可又不好意思驻足径直张望，她便假装嗅闻门口的青梅，借机倚在门边一眼一眼地偷看。赵明诚和父亲等人从院子里穿过后，李清照回到闺房，写下了《点绛唇》：蹴罢秋千，起来慵整纤纤手。露浓花瘦，薄汗轻衣透。见客入来，袜刬金钗溜。和羞走，倚门回首，却把青梅嗅。

就这样，刚刚十八岁的李清照，嫁给了赵明诚，开启了一段夫唱妇随的新生活。

志同道合琴瑟传

赵明诚喜欢研究金石字画，少时就曾立下大志："宁愿饭蔬衣简，亦当穷遇方绝域，尽天下古文奇字。"在他的影响下，李清照也爱上了金石字画，夫妇二人共同致力于书画金石的搜集整理。

彼时，赵明诚还是太学生，没有经济收入，赵挺之也是清廉之官，所以每个月只给赵明诚夫妇很有限的生活费。赵明诚把生活费分成两半，一半交给李

十九、旷世才女的乱世情愁——李清照

清照用于生活开销,一半留下来用于搜集文物。每逢初一、十五从太学回来,赵明诚常去当铺典当衣服。夏天,他把冬衣典当出去;冬天,他把夏衣典当出去。李清照心疼赵明诚,也千方百计节省开支。两人每个月最开心的日子,就是拿着从生活费中省下的碎银,流连于大相国寺古董市场,买回他们所喜爱的金石字画,把玩欣赏,探讨评论,沉浸于历史文化带来的独特艺术享受中。

当然,两人也有遗憾的时候。一天,一个人拿着一幅画前来:"这是南唐徐熙画的《牡丹图》,听说你们喜欢收藏名画,今天我特意送上门来。"李清照和赵明诚一看,的确是真迹,忙问:"这画你打算卖多少钱?""二十万钱。""太贵了,少点可行?""少一文也不卖。"赵明诚说:"那你先在我家住下,我筹筹钱。"赵明诚和李清照借遍了朋友,还是没能凑齐二十万钱。两天后,目送卖主离去,二人的心都碎了,相对无言,惆怅了好多天。

1107年,赵挺之遭谗言被革职,忧愤交加,吐血而亡,赵明诚也被罢官,夫妇二人回到了赵明诚的老家山东青州。在那里,夫妇二人将修缮的书房命名为"归来堂",以表达归隐之志。李清照取陶渊明《归去来兮辞》中"倚南窗以寄傲,审容膝之易安"之意,自号易安居士。

青州古城属古齐国腹地,丰碑巨碣,所在多有,三代古器,时有出土。赵明诚夫妇常常一起外出,收集各种金石字画,然后校勘、整理、编号,写入《金石录》。1117年,在李清照的襄助下,《金石录》的编纂已初具雏形。

1121年,赵明诚被启用为莱州太守。三年后,他又改任淄州太守。1126年,金军开始不断围攻京师汴梁,赵明诚非常担心存于青州老家的金石文物。1127年,赵明诚的母亲在江宁(今南京)病逝。赵明诚夫妇决定趁南下奔丧之机将青州所藏文物运往江宁。可文物实在太多,二人尽最大努力装了十五车后,还剩十大间房子的文物。没办法,只好留待下次运送了。整整折腾了两个月,这十五车文物才运到江宁。年底,李清照再次返回青州转运文物,金军攻破了青州城,烧杀抢掠,除蔡襄的《赵氏神妙帖》被李清照抢救出来外,其余文物尽毁。

同年4月,金军掳走徽、钦二帝,北宋灭亡。6月,康王赵构在南京应天府(今河南商丘南部)即位,改元建炎,史称南宋。金军不断南侵,乱世之

中，赵明诚嘱咐李清照："若情势危急，你就跟着众人逃难吧。遇到危险，就扔掉杂物。再不行，就扔掉书画。再不行，就扔掉古器。但那些祭器礼器，你务必带着，一定不能扔了。"

1129年，赵明诚因病去世。孤苦无依的李清照经常思念亡夫，她决定完成亡夫未竟的事业，继续编纂《金石录》。接下来的十几年间，她带着字帖、礼器不厌其烦地拜访名家，鉴定文物真伪，请教各种疑问。

1140年，李清照终于将《金石录》整理完成，并写了后序，一部考古学大作面世。1143年前后，李清照将《金石录》校勘整理成书后，进献朝廷。此书一出，立刻震惊南宋朝野，被誉为"历代金石研究之集大成者"，成为研究中国金石的必读之作。

酒鬼赌技不一般

李清照流传后世的六十多首词中，有近三十首言及喝酒。"酒意诗情谁与共，泪融残粉花钿重。""惜别伤离方寸乱。忘了临行，酒盏深和浅。""故乡何处是？忘了除非醉。"对酒的迷醉，她几乎和酒仙李白有一拼，所以很多人说："李清照是一个酒鬼。"也许，李清照喝的不是酒，是性情。

有一天，李清照和丫鬟荡舟湖上，一边饮酒，一边赏景，不知不觉便已微醺。迷迷糊糊间，她们竟然迷路到了一片莲叶深处，惊起了一群刚刚落巢的鸥鹭。后来，李清照想起此事，不禁噗嗤笑出声来，提笔写下了那首《如梦令》：常记溪亭日暮，沉醉不知归路。兴尽晚回舟，误入藕花深处。争渡，争渡，惊起一滩鸥鹭。

赵明诚不仅不限制李清照喝酒，还教会了她好多行酒令。两人常常把酒月下，聊诗歌，聊金石，聊江湖，聊人生……

千万别觉得，才女都不食人间烟火。除了诗词写得好、酒喝得多，李清照还有一大绝技——赌。古书收藏多了，赵明诚与李清照便时常玩赌书游戏。悠闲的午后，两人指着堆积如山的图书，猜某个典故、某句诗在某书的某一页，谁猜中了就能喝一盏新煮好的下午茶。这赌注看上去不吸引人，但两人玩得兴高采烈，以致连茶碗都打翻了，谁也喝不成。李清照记性比赵明诚好，所以总是胜多负少。二人"赌书泼茶"之事，后被清朝纳兰性德写入词中，那句"赌书消得泼茶香，当时只道是寻常"，说的便是此事。

李清照并不喜欢只拼运气的赌，比如掷骰子，而是喜欢有技术含量的赌，比如打马，即麻将的前身。赵明诚知道李清照的这个爱好，便在收藏金石文物时，给她买了很多关于打马的书。李清照深入研究后，赌技迅速飙升，与亲朋好友玩赌时，几乎从不失手，所以大家给她取了个外号——女赌神。世人皆知李清照赌技高，却不知道这赌技之后是爱情。真正爱一个人，就会让她活出自我。

李清照不仅爱赌，还是专家。为了将打马发扬光大，她专门写了一本《打马图经》，书中列出了二十多种打马的游戏方式，并一一评论。

二婚不幸遇渣男

赵明诚病逝后，李清照带着两人攒下的文物不断辗转。赵明诚有个做兵部侍郎的妹夫，正在洪州（今南昌）护卫后宫，于是李清照让两个管家先带一批文物前往。可刚到洪州，金兵就打了进来，这批文物就像云烟一般消失了。

怀着对朝廷的忠诚，李清照决定将文物悉数捐献给朝廷。可是，南宋朝廷为躲避金人的追捕，到处转移。于是，她也追随朝廷先后逃亡多地。兵荒马乱，她不敢将文物留在身旁，便寄存在剡县，谁知后来这批文物竟被官军劫去。

屡经劫难，所藏文物已丧失大半。那段时间，李清照常常以泪洗面。幸存下来的文物，她寸步不离守在身边。逃亡至越州时，李清照租住在一户钟姓人家，把文物藏在床下。可有天晚上，她睡得太沉了，盗贼竟然挖开墙壁，偷走了五大筐宝贝。

李清照带着剩余的金石文物继续南逃，在杭州定居了下来。经人介绍，她认识了一个粉丝——张汝舟。张汝舟早年为池阳军中小吏，北宋徽宗崇宁二年进士，绍兴元年官右承务郎、监诸军审计司官吏。他向李清照表达了爱意，而李清照也许是真的疲惫了，想找个依靠，二人很快就结婚了，当时的李清照已经四十九岁。

这个张汝舟，初接触也算是个谦谦君子，对李清照还算不错，但李清照很快就发现张汝舟竟然偷自己的文物出去卖。原来他娶李清照，不是为了爱情，而是贪图她的文物。他认为李清照既然嫁给了他，李清照的东西自然也是他的。这些文物是李清照和赵明诚毕生的心血，怎能让张汝舟随便变卖换钱呢？李清照不从，他便拳脚相加。但是他太低估李清照的骨气了，何况那些文物是要献给朝廷的。李清照做出了一个在当时极其大胆前卫的决定：离婚！

然而，女性主动离婚是非常困难的，除非丈夫犯罪获刑，婚姻关系才可解除。宋朝规定，只要科举考试达到一定次数，就可被授予一定官职。张汝舟就是因为虚报考试次数，才骗到了一个小官。娶到李清照后，张汝舟十分得意，曾向她炫耀过此事。李清照唯有将这件事揭发出来，才有机会将张汝舟定罪，她才有可能脱离魔爪。

但是，宋朝法律有个奇葩规定，妻子告丈夫无论输赢，妻子都要收监，刑期一般为两年。尽管朋友都劝李清照忍忍算了，但她坚决不，毅然决然地将张汝舟告上公堂。最终，张汝舟被判发配柳州，李清照也随之入狱。好在有朝廷官员为李清照求情，她只坐了九天牢。

经历此番折腾，李清照已进入暮年。有一天，她巧遇孙姓朋友的一个女儿，女孩极为聪颖，一生无子的李清照对她说："我老了，愿将平生所学相授。"谁知女孩不屑地回答道："才藻非女子事也。"李清照闻听此言，不由得一阵黯然，写下了她人生中最好的一首词："寻寻觅觅，冷冷清清，凄凄惨惨戚戚。乍暖还寒时候，最难将息……这次第，怎一个愁字了得！"

是啊，她这一生的国愁、家愁、情愁、爱愁，怎能说得完？又如何说得清？

家国豪情气冲天

李清照虽是一个婉约女词人,但心系社稷,有着与豪迈词人一样的豪情壮志。尤其是南渡后,李清照更加关注国家命运,词里透着巾帼不让须眉的气势。

南宋以宋高宗为首的妥协投降派,借口时世维艰,拒绝北进中原,一味言和苟安。李清照十分不满,屡写诗讽刺,曾有"南来尚怯吴江冷,北狩应悲易水寒""南渡衣冠少王导,北来消息欠刘琨"之句。

1128年秋,赵明诚被启用为江宁知府。1129年2月的一个深夜,江宁发生叛乱,赵明诚不仅没有坚守岗位指挥平叛,反而借着绳子从城墙下来逃跑了,事后被朝廷撤职。李清照这个看似文弱不堪的女子,替丈夫深感羞愧。逃难至乌江西楚霸王自刎处时,她有感而发,随口吟出一首名垂千古的诗:"生当作人杰,死亦为鬼雄。至今思项羽,不肯过江东。"赵明诚站在李清照身后,听着她一字一顿地沉重吟诵,羞愧难当。

1133年,朝廷派同签书枢密院事韩肖胄和工部尚书胡松年出使金朝。他们出发那一天,李清照穿戴整齐来到城门前,为二人送行。她满怀激情地写出"欲将血泪寄山河,去洒东山一抔土",表达了反击侵略、收复失地的强烈愿望,充满了关念故国的情怀。李清照以一介女子之身,吐壮怀激烈之言,让天下男子汗颜。

浙江金华有一座楼,因南北朝时沈约曾在此题《八咏诗》而得名八咏楼。1134年,李清照避难于此,登楼遥望南宋残破的半壁江山,心忧国事的她有感而作:"千古风流八咏楼,江山留与后人愁。水通南国三千里,气压江城十四州。"该诗哀叹宋室之不振,抒发了她对收复失地的渴望,其中"江山留与后人愁"成为流传后世的名句。

只是,在岳飞、韩世忠这样的男儿尚且壮志难酬的时代,李清照作为一名弱女子又如何实现振兴国祚的宏大抱负呢?她内心深处时常闪现抗金的火花,对当时的投降议和派深恶痛绝。奸臣秦桧的老婆王氏是她的亲表妹,但李清照与他们素不往来。秦府落成,大宴亲友,她也断不参加。

李清照开创了女作家爱国诗作的先河,成为爱国女性的光辉典范。1155年,李清照在孤独、寂寥和回忆中,在对家国的忧思中,走完了满是坎坷风霜的一生,享年七十一岁。

【延伸阅读】

最好的爱情

1121年,蔡京失宠,被宋徽宗罢官,一大批官员被重新启用。四十一岁的赵明诚被提拔为莱州太守,很快就去赴任了。李清照则留在了青州老宅,照看两人收集的金石文物。可让李清照想不到的是,赵明诚去莱州一年,就娶了两房小妾。李清照去信问为什么?赵明诚回答不孝有三,无后为大。原来,两人婚后二十年,李清照并未生下一儿半女。

赵明诚的信越来越稀,难道是贪恋新欢、忘了旧人吗?李清照一个人独守青州,想起以往生活的点点滴滴,不禁悲从中来,泪洒衣襟。几年过去了,两房小妾依然没有怀孕。赵明诚这才意识到,原来是自己有问题。恍然大悟后,赵明诚倍感内疚,给李清照写信说错怪她了。

1124年,赵明诚改任淄州太守。一日,他偶然得到了白居易的真迹《楞严经》。他高兴坏了,骑上骏马,狂奔回家。可一回到家里,他的狂喜之情顿时降到了冰点。他想找人分享这种喜悦,但家中两妾竟无一人懂他。那天晚上,他失眠了。第二天,赵明诚就给李清照写了一封信:你来淄州吧!世上懂我灵魂者,唯有你。

什么是最好的爱情?最好的爱情就是灵魂深处起共鸣,心有灵犀一点通。

二十、巾帼英雄——梁红玉

【题记】中国历史舞台上,男人长期是主角,尤其是在金戈铁马、杀伐征战中。但也出现过令人刮目相看的奇女子,她们用自己的努力,书写出了精彩的人生!有这样一位女子:她虽然是官伎出身,地位卑贱,但后来却成为一代名将、巾帼英雄,甚至挽救过南宋王朝。她便是南宋中兴四将之一韩世忠的夫人梁红玉。她有着怎样的传奇人生?

惺惺相惜诉衷肠

北宋末期,朝政腐败,对外献币乞和,对内巧取豪夺,农民苦于繁重赋税盘剥,流离失所。宋徽宗喜爱花石竹木,宣和年间在江南设"苏杭应奉局",派人到东南各地,专事搜刮民间奇珍异宝,用大船运往汴京,每十船组成一纲,时称"花石纲"。青溪县多产竹木漆,是应奉局重点酷取之地。方腊家有漆园,受害尤甚。对朝廷充满怨恨的方腊,趁着百姓怨声载道,秘密吸收贫穷之人,救济并结交他们。

1120年,方腊假托"得天符牒",号召起义,青溪远近的农民闻风响应,很快发展到数万人。12月,方腊军攻克睦州,占据寿昌、分水、桐庐、遂安等县,不久又向西攻下歙州,东进攻克富阳、新城,直趋临安。次年,方腊军攻入临安，获得广大群众的热烈拥护。各地农民望见方腊军的旗帜、听见鼓声，就跑来迎接。方腊军在极盛之时建立了包括今江苏、浙江、安徽、江西等六州五十二县在内的政权，严重威胁北宋统治。

方腊军骤然兴起，切断了宋朝经济命脉，宋徽宗惊慌失措，命大太监童贯为主帅率兵镇压方腊起义。因起义军声势浩大，童贯手下有个叫王渊的将领到杭州后畏缩不前，三十出头、血气方刚的裨将韩世忠瞒着王渊带了几千士兵，埋伏起来伺机攻击。方腊军自起义来，无往不胜，因此十分大意，中了韩世忠的埋伏，伤亡惨重。主将王渊得知后大喜，非但没有责怪韩世忠，反而赏赐给他很多金银，视他为兄弟。

方腊军主要由农民组成，对付地方武装还可以，对付正规军中的精锐之师却显得力不从心，只过数月便土崩瓦解，最后退到了睦州清溪。韩世忠带一支孤军一路尾随，从一民妇口中探知方腊的藏身之所，一马当先，直捣腊巢，生擒方腊。不料，征讨方腊的另一主将忠州防御使辛兴宗抢下了方腊，据为己功。

童贯平定方腊起义后，班师回朝，行至京口大摆庆功宴，并召来艺伎弹唱助兴。众将大吹大擂，欢呼畅饮，韩世忠因大功被抢而闷闷不乐，独自坐在一庙柱下，引起了一个艺伎的注意。

该艺伎梁氏，原本出身于武将世家，聪明好学，不仅精通琴棋书画，更是从父亲那里学得一些拳脚功夫，"能挽强弓，每发必中"。但在平定方腊之乱时，父亲因贻误战机被朝廷所杀，梁家由此中落，梁氏沦为京口营伎，即由各州县官府管理的官伎。尽管做了官伎，但她并未随波逐流，庆功宴上毫无献媚之色。英姿飒爽的梁氏也引起了韩世忠的注意。

一个是郁闷的低级军官，另一个是历尽风尘的营伎，两人各通殷勤，互生怜惜，结成眷属。此后，二人一起书写了一段夫妻报国的美谈。后人有憾于巾帼英雄缺少一个名号，便给梁氏起名"红玉"。

二十、巾帼英雄——梁红玉

飞马传召假劝降

　　1127年靖康之变后,赵构在南京应天府(今河南商丘)即位,改元建炎,是为宋高宗,史称南宋。南宋政权初建,赵构迫于形势起用主战派李纲为宰相,但不久赶走李纲,同宠臣汪伯彦、黄潜善等放弃中原,从南京应天府逃到扬州。

　　在扬州住了一年多,形势又紧张起来。1129年,元祐太后离开扬州,乘御舟到临安(今杭州)避难,由御营统制苗傅带领所部八千人扈从。随后,宋高宗又将皇太子和六宫送往临安,由威州刺史刘正彦率三千官兵扈卫。赵构也经镇江来到临安,住在临安南面凤凰山脚下的府治里。当时随驾扈从除了御营都统制王渊和中军统制吴湛率领的一部分精兵卫队外,主要就是苗傅和刘正彦的人马,其他主要大臣和统兵将领大都驻防在长江沿岸要害之地,以阻止金军南侵。

　　宋神宗忌日那天,百官行香祭祀。这天,临安街头出现了一队队全副武装的士兵。他们从北向南急速行进,到了朝天门后分散把守在各个街巷口。各座城门也同时封锁,禁止通行。接着,临安城里发生了一连串大事:御营都统制王渊被杀,头颅被挂在朝天门;内侍押班康履被腰斩;赵构被迫宣布退位,年仅三岁的皇太子即位称帝,改年号为"明受",元祐太后垂帘听政。所有这些让人震惊的大事,都在这一天上午发生。显然,临安城里爆发了一场兵变!

　　原来,赵构从扬州出逃时有两条路可选,一条路是逃往建康(今南京),一条路是逃往临安。大部分人都建议皇帝去建康,以便和江北的抗金形势相呼应。而御营都统制王渊利用职务之便已经提前把家人和家产转到了临安,出于私人目的,他力主皇帝逃往临安,这激怒了众人。逃到临安后,王渊又借镇压部队哗变之机搜刮富商和百姓,引起了很大民怨。这样的奸佞之臣,赵构不但不治罪,反而大加褒奖,升他为枢密院副使,这让驻守临安的将士更加寒心。

苗傅和刘正彦所部将士愤慨至极，发动了这场兵变。

得知临安兵变的消息后，据守平江（今苏州）的侍御史张浚，立即联系吕颐浩、韩世忠、刘光世、张俊等将领，商议发兵勤王。随后，韩世忠先行率兵开赴秀州，据守粮道。因为投鼠忌器，韩世忠在秀州暂缓进兵，称病不行。

这次兵变中，梁红玉与儿子也被扣押在城内。宰相朱胜非机警过人，深知梁红玉的为人。他与元祐太后密商，由太后封梁红玉为安国夫人，封韩世忠为御营平寇左将军，派梁红玉出城前往秀州，催促韩世忠火速进兵临安勤王。与元祐太后商量妥当后，朱胜非又前去对苗傅说："韩世忠听到事变后，不立即前来，说明他正在犹豫，举棋不定，如果你能派他的妻子前往迎接，劝韩世忠投奔你，那么你力量大增，就不用惧怕其他人了。"苗傅听后大喜，认为此计甚妙。

梁红玉假意答应劝降韩世忠，带着儿子，跨上马背，疾驰而去，一昼夜赶到秀州。第二天，苗傅派出的劝降使者才姗姗来迟，他们本以为韩世忠会归附苗、刘麾下，谁知迎面而来的却是冷血的兵刃。在韩世忠等人的努力下，这次兵变很快被平定。

宋高宗赵构喜出望外，亲自到宫门口迎接韩世忠夫妇。韩世忠因救驾有功晋升为武胜、昭庆两镇节度使。而梁红玉的处变不惊也让人啧啧称奇，宋高宗称赞她："智略之优，无愧前史。"她因此又被封为"护国夫人"，享受俸禄。在历史上，以功臣夫人身份领取俸禄的，梁红玉是第一人。

从此，梁红玉束起长发，穿上盔甲，骑上战马，与韩世忠一道肩负起保家卫国的重担。虽是女儿身，但巾帼不让须眉！

桴鼓相应战镇江

一波刚平，一波又起。苗刘兵变引起的南宋内乱，给了金军可乘之机。1129年，金军在金兀术率领下长驱直入，攻破建康，直逼临安。宋高宗应对的唯一办法就是逃跑，先从临安逃到明州（今宁波），再从明州逃到海上。金军一路追击，声称"搜山检海捉赵构"。幸运的是，金军多为北方人，水军实力较差，逃至海上的赵构勉强保命。

这时金军已经孤军深入江南五个多月，加之江南到处爆发汉人的反抗。金兀术见再待下去就要"淹没在人民战争的汪洋大海里"，于是大肆掳掠之后率军北返。

此时的韩世忠正担任浙西制置使，听说金军北撤，便和妻子梁红玉一起率水军八千人急赴镇江截击。金军号称十万，兵力远超韩世忠。况且，兵法有云"归师勿遏"，否则思乡心切的军队往往会爆发出超常的战斗力。所以，韩世忠无论从兵力、士气还是战斗力上都不如金军。金兀术大概也觉得韩世忠是在以卵击石，于是下战书给韩世忠。

到了约定日期，金军开始北渡长江，韩世忠率军拦截，双方激战。眼见金军逐渐占据上风，梁红玉当机立断，穿上盔甲，登上城墙，拿起鼓槌奋击军鼓，指挥宋军作战，并为将士助威。金军则调集了最好的弓箭手，向梁红玉射击。很多箭矢飞过来，落在城墙上，落在梁红玉的脚边，也有不少从梁红玉耳边飞过……但即便身处箭雨中，身上多处受伤，梁红玉手中的鼓槌仍然重重地敲在大鼓上，一下又一下。宋军士气大振，连续打退金军十几次进攻，金军始终不能渡江。直到听到胜利的号角，梁红玉才把鼓槌扔到地上，此时，她的两个胳膊已没有了知觉。

金军北撤遭遇重挫，大出金兀术所料。于是他派使者对韩世忠说，只要肯放他们一条生路，他愿意归还所有在江南掠夺的财物，另外还送给韩世忠名马作为谢礼。韩世忠严正答复："还我两宫，复我疆土，则可以相全。"

功亏一篑黄天荡

金兀术率船队沿长江南岸西上，另寻渡江之路。韩世忠则率水师沿北岸堵截，并出三十余艘轻舟进逼南岸。金军不谙长江水道，在宋军追击下，仓促驶入建康东北死水港黄天荡。

　　韩世忠水军多海船，形体高大，稳定性好，攻击力强，而金军多操轻舟。为了发挥己方优势，韩世忠令工匠制作了许多用铁链联结的大铁钩，并挑选健壮的水兵练习使用，用以对付金军的小战船。1130年，金水军率先发起进攻，韩世忠水军分两路迎战，陷敌人于腹背受击的境地。南宋战船乘风扬帆，往来如飞，居高临下用大钩钩住敌船一舷，使劲一拽，敌船便随之倾覆，宋军再次获胜。

　　此时本是消灭金军的最好时机，但韩世忠和梁红玉的兵力实在太少，又没有陆军配合，金兀术趁机凿通湮塞已久的老鹳河故道三十里，撤向建康，但途中又遭到岳飞的阻击，不得已又折回长江继续北渡。韩世忠率军沿江西上，至建康以北江中扼守，继续阻截金军渡江。

　　金兀术突围无望，出重金求破宋军海船之策。被俘的一个汉人教金军在舟中填土，上铺平板，以防轻舟在风浪中颠簸及被铁钩拽翻，并在舟的两侧置桨，以加快行船速度，便于机动作战；有风勿出，息风则出，并以火箭射宋军船篷。完颜宗弼连夜赶制火箭，并命兵士在建康西南白鹭洲开掘新河，乘韩世忠不备，率船队迂回至宋军上游。

　　这天，天晴无风，宋军海船庞大，难以行驶。完颜宗弼以轻舟载善射兵士偷袭宋军船队，用火箭射燃宋军船篷。宋军海船成了金军的靶子，不多时全被烧毁，大将孙世询、严允战死，韩世忠败回镇江，被困四十八天的金军终于突围而去。

　　韩世忠虽以失败告终，但以绝对弱势兵力阻击金军达四十八日，且金军北去后不敢南顾，已经达到了击退金军的战略目的。然而，梁红玉不但不居功请赏，反而上疏弹劾丈夫韩世忠"失机纵敌"，请朝廷"加罪"。这一大义之举，令全国上下人人感佩，传为美谈，朝廷为此再加封她为"杨国夫人"。

以身殉国忠勇彰

　　1135年，韩世忠移屯楚州（今淮安），梁红玉随其率领将士以淮河为界，

二十、巾帼英雄——梁红玉

旧城之外又筑新城，抗击金军。此时的楚州因为战乱，已是满目疮痍，军民居无屋、食无粮，梁红玉带头用芦苇造房子，寻找野菜充饥。"披荆棘以立军府，与士卒同力役，亲织蒲以为屋"，便是当时的真实写照。相传淮人食用"蒲儿菜"，即从梁红玉始，"蒲儿菜"因此也被称作"抗金菜"。在韩世忠、梁红玉与军民的苦心经营下，楚州逐渐恢复生机。

10月初，天朗气清，梁红玉接到金兵来犯的消息，从容地束起长发，穿上铠甲，拿起兵刃，骑上战马，领兵出征。由于金人早已闻知韩世忠和梁红玉的厉害，故派重兵埋伏在淮河岸边。梁红玉率兵士与金军作战时，被对方诱到此地，一声炮响，万箭齐发，一时间梁红玉所率兵士完全暴露在金兵的箭雨之下，损失惨重。

金兵统帅对梁红玉敬重有加，在梁红玉被金军围困期间，派人前去劝降。但梁红玉不但骂退了来人，更是率领兵士一连数日不断突围。只可惜，由于金军人多势众，宋军虽拼尽全力，还是无法突围。在金军的箭雨和刀枪之下，梁红玉身受重伤，被射中处血流不止，被刀枪所伤之处更是不计其数，肠子都从腹部流出来了。但她用头上的汗巾将肠子裹住，仍然上马征战，以至于流出的鲜血把战袍都浸透了。

左右随从看梁红玉受此重伤，实在难以为继，劝阻道："金兵逼迫甚急，何不暂避锋芒，妥为保全？"梁红玉马上朗声答道："我夫妇二人受朝廷恩遇多年，我以低微的身份多次受封，实在是有愧圣恩。今日若能以死报答皇上的恩情，正是死得其所。我此生恐怕无法看到王师北定了，唯愿大宋将士个个奋勇争先，以报君恩。"说罢，突然纵马突入敌阵，刀落处，几名金兵头颅已被斩下。

金兵看梁红玉虽身受重伤仍英勇无惧，于是竞相放箭。梁红玉被乱箭穿身，落马而死。史书记载，梁红玉的遗体被金兵肢解，并置于集市上曝晒三日。死于梁红玉手中的金兵多如牛毛，金兵这么做既是为了解恨，同时还想以此达到震慑宋军将士的目的。

金兀术听说梁红玉的死讯，沉默良久后说："梁红玉与我有大仇，她曾与韩世忠将我逼退黄天荡。我挣脱不得，几欲身死，狼狈惨状实在是平生少有。

但是我们各为其主，梁红玉忠勇可敬，卓有胆识，又与民为善，实在难得，尔等且将她遗体妥为保存，以表我敬慕之心。"

梁红玉的遗体几经辗转被运送回南宋，朝廷为她举办了隆重的葬礼。宋高宗特意下诏赐白银五百两，布帛五百匹用来治丧。梁红玉一生虽然很短暂、曲折，但却令人敬佩！她虽是女儿身，但干的皆是惊天动地事。

韩世忠带着对妻子的怀念，继续抗金事业。1140年，金兵再次南下，韩世忠再次率军击退来犯之敌。此役后，他官至太保，授正一品。正当韩世忠扩大队伍、谋划进取之时，形势急转直下，投降派获得赵构支持。秦桧一日之内连发十二道金牌，强令处在抗金最前线的岳飞罢兵回临安，岳飞父子被捕下狱。韩世忠因早年的救驾之功而未遭陷害，反被升为枢密使，但实为明升暗降，被剥夺了兵权。

慑于秦桧独霸朝政，朝中无人敢为岳飞父子说话。韩世忠毫不畏惧，当面指斥秦桧："岳飞父子何罪？为何将其关押？"秦桧答曰："飞子云与张宪书虽不明，其事体莫须有。"韩世忠斥道："'莫须有'三字，何以服天下？"好友劝他，得罪秦桧日后难逃报复，韩世忠却说："今吾为己而附合奸贼，死后岂不遭太祖铁杖？"岳飞父子被害后，韩世忠毅然辞去官职，誓不与奸臣同流合污。

1151年秋，韩世忠病逝。已下葬十六年的梁红玉迁葬，与韩世忠合葬于苏州灵岩山下。《宋史》载，韩世忠被"追封通义郡王。孝宗朝，追封蕲王，谥忠武，配飨高宗庙庭"。宋孝宗还下令竖碑建祠，以纪念韩世忠和梁红玉。

【延伸阅读】

将门虎子

韩彦直是韩世忠和梁红玉的长子，聪明能干富有才华，1148年考中进士，先后在京城和地方担任官职。1174年前后，他受命出使金国，谁知刚入金境，就遇到金使蒲察故意刁难,不接国书。韩彦直毫不示弱,据理力争,反复与之抗辩,蒲察理屈词穷,只好乖乖把国书传呈上去。韩彦直出使期间,守节不屈,赢得对方尊重,期满时被以礼相送,胜利完成使命。

1177年,韩彦直任职温州太守,他亲授将士作战韬略,很快打败了为非作歹的海盗,并抓获匪首。温州是著名的柑橘产地,他详细了解柑橘的生长情况,总结推广种植经验,写出了世界上最早的一部柑橘专著《橘录》。此书具有较高园艺学价值,后来还被译成多种文字传到国外。

和父母一样,韩彦直为人正直,公正廉明。在他的建议下,朝廷对靖康以来的爱国人士进行了表彰。韩彦直还设法帮助追回被人霸占的原属岳飞的财产,并清算了一些以前参与诬陷岳飞的坏人。

晚年,韩彦直潜心学问,搜集宋以来的史事,撰成《水心镜》一书。此书史料价值很高,深受史臣和宋光宗的赞赏。韩彦直死后,皇帝赐爵蕲春郡公。

二十一、海上丝路先驱——郑和

【题记】 郑和是我国历史上伟大的航海家,被梁启超誉为"海上巨人"。二十八年间,他统帅舟师,一下东洋、七下西洋,访问亚非三十余国,规模之大、人数之多、行程之远,历史上前所未有,被孙中山称为"超前轶后之奇举"。他贯通了"海上丝绸之路",成为海上丝路先驱,拉开了世界大航海活动的序幕,是世界大航海活动的先行者。郑和为何不辞劳苦、冒死西行?面对波涛汹涌的浩瀚海洋,他又是怎样做到万里远洋航行的呢?

首下东洋开先锋

1398年,朱元璋的长孙朱允炆继位后,因担心藩王势力难控,决定削藩。此时,就藩北平、镇守北疆的燕王朱棣发动"靖难之役",并于1402年称帝,是为明成祖。

明成祖励精图治,天下太平。想起汉唐之时,国威远扬,四夷摅诚来朝,遐迩募义来归的盛况,令人神往。如今海内殷富,正是奋发作为之时,岂可空言壮志?于是,他决意扬威异域、懋迁有无,便派员出使古里、满剌加、爪哇和苏门答腊等国,但他并不满足于这些近距离的小范围交流。而此时连接东西方文明的交通大动脉——陆上"丝绸之路",因战乱影响中断已久,于是他决定航海远洋。

一日,明成祖诏群臣于朝堂,把欲遣水师远洋的打算告诉朝臣。听说远洋,四座皆惊,禁海令以来,海道被倭寇霸占,尤其是陈祖义在旧港一带聚众上万,无恶不作,远洋乃是履薄临深之举啊!

见反对者众,支持者寡,明成祖思索片刻,示意取来笔墨。近侍支案铺毡,上置五尺素馨雪笺,又捧来巨笔,搬来海砚,以棒槌粗的墨柱磨墨。准备妥当后,明成祖抓起斗笔,置入砚中,待笔毫饮饱喝足,便悬腕运肘,一口气将斗大的"郑"字赐予一旁的太监马和:"今日起你就叫郑和了!"马和伏于案前,双手举至头顶接过赐字,这个字像强劲的闪电,照亮了马和的心。他深知其分量和内涵,感奋不已,四年前发生在郑村坝那场磅礴壮烈的战争情景,飞速地掠过脑际。

马和为云南昆阳宝山乡和代村人。1382年,年仅十一岁的他被明军掳至南京,净身做了太监,后来,被选入燕王府服役。勤奋好学的马和在府内接触了学识渊博的导师,又博览群书、学以致用,很快成了智勇双全之人。"靖难之役"中,马和跟随朱棣出生入死,屡立战功,尤其郑村坝一役,他奋勇救朱棣于危难,被视为心腹。

古代皇帝赐姓是至高无上的荣耀,而太监被赐姓更是前无古人。群臣立即明白过来,下西洋是君心已定,领队人非马和不可,一位持嫉妒之心的大臣抱拳迎向郑和:"恭喜,恭喜郑公公,想不到你变马为人了!"

就在郑和为下西洋做准备的时候,东南沿海倭寇骚扰事件频发,明成祖决定派他前往日本交涉。1404年,郑和率水师十万,从浙江宁波"桃花渡"出发,越东海出使日本。郑和使团与日本室町幕府第三任大将军足利义满进行交涉,传达明成祖旨意:"自行剿寇,治以本国之法。"足利义满下令捉了二十余盗魁来献。之后,郑和宣以大明威德,强调睦邻友好,经谈判双方达成共识:足利义满接受大明皇帝给予的"日本国王"封号、金印和冠服等,回称"日本国王,臣源义满";双方签订《勘合贸易条约》(即《永乐条约》),日本以属国的名义与明朝开展朝贡贸易;足利义满承诺积极解决倭寇犯边问题。

下东洋告捷,郑和凯旋。此次东洋之行,不仅彰显了天朝国威,也积累了航海经验。

万事俱备候东风

1403年，江西、湖广无数山头的参天大树被伐一空，巫山深处的巨杉被拖下悬崖……这些木料都用于造船了。两年间，郑和造出了两百余艘大船。船只按用途分类建造，分宝船、马船、粮船、坐船、战船。宝船六十二艘，最大的长一百五十余米、宽六十余米，排水量五千吨以上，可容纳千人，时为世界上最大的航海巨舶。宝船中的帅船称旗舰，外表豪华壮观，里边金碧辉煌，结构精巧，布局复杂，从船头至船尾，排列官厅、穿堂、库司、头门、仪门。上层有书房、聚堂，中层有宫室、餐室等，雕梁画栋，象鼻挑檐，就像一座宫殿。不过这精致的宝船不是用来吃喝玩乐的，是用于会见沿途各国王室、政要，建立外交关系，传播中华文明，洽谈商业往来，彰显天朝国力的。

同时，郑和组建了前所未有的混合舰队。舰队由舟师、两栖部队、仪仗队三个序列编成：舟师相当于舰艇部队，基本单位是战船，它们被组成编队，叫前营、后营、中营、左营、右营；两栖部队用于登陆行动；仪仗队担任近卫和对外交往时的礼仪。

郑和组织了两万七千余人的队伍。人员组成按照出海任务分为五个部分：指挥部、航海部、外交贸易部、后勤保障部、军事护航部，编制完善、功能齐全、组织严密、保障到位。船队成员中，既有航海经验丰富的水手、懂得多国语言的翻译，也有医术精湛的医生、熟悉外交的官员、维护船舶的技工和观天测地的能人，连裁缝、保洁员、戏班演员、动物饲养员等也一应俱全。

郑和下西洋之前对东南沿海海道多次测量，广集航海资料，钻研航海技术。《顺风相送序》记载："永乐元年，奉差前往西洋等国开诏，累次较正针路，牵星图样，海屿水势山形图画一本山为微簿。务要取选能谙针深浅更筹，能观牵星山屿，探打水色浅深之人在船。深要宜用心，反覆仔细推详，莫作泛常，必不误也。"

二十一、海上丝路先驱——郑和

远航者心中必有星辰大海。有了强盛的国力，先进的设施，精良的执业者，运筹帷幄的管理人员，此时的郑和万事俱备，只等明成祖一声令下。

二十余年泛海行

1405年7月11日是钦天监择定的吉日。明成祖在苏州太仓刘家港为郑和赐酒饯行，再三叮嘱："海上行船，颇多艰险，常有瘟疫瘴疠之灾，不乏翻船覆舟之祸。神仙虽灵也难免有打盹的时候，否则便不会有灾难，卿当警惕无懈！另外，祖训以用兵异域为戒，非万不得已，休动刀兵！"明成祖又将一柄蟠龙宝剑赐予郑和："剑在朕在，诸将若有刁顽鼓抗不服者，即可便宜行事。"郑和只觉得全身热血沸腾，抑制不住地迸出眼泪，扑通一声跪下："圣君谕示，奴婢当铭心不忘。此番远行，定与众齐心协力，兢兢业业，效张骞、班超之法，为皇上宏图壮举尽犬马之劳……"明成祖拍拍郑和的肩膀："那朕就赏你一片大海，任你遨游吧！"

要起航了，送行的百姓纷纷涌向岸边，想看看船队的阵容，想看看起锚的那一瞬间。

"起航！"郑和一声令下，二百余艘大小帆船云帆高挂，浩浩荡荡，渐渐驶出刘家港，进入浩瀚的长江。郑和立于船头，目视远方，心潮澎湃，想着皇帝如此信任，不禁泪润眼眶。这不只是荣耀，更是重托。

按照计划，船队相继到达占城、爪哇、满剌加、旧港……至旧港时，广东侨领施进卿前来求助："海盗陈祖义绑架了满剌加公主和多名阿丹商人，敲诈勒索。"陈祖义原籍广东，好勇斗狠，因身负命案到处逃窜，又私造假币被问死罪，押解途中毁枷逃脱，流窜到旧港为王，是明朝悬七百五十万赏金要捉拿的要犯。其团伙成员过万，战船三百余艘，雄霸于日本、台湾、南海、印度洋等海面，劫掠船只，杀人越货，无恶不作。郑和派副帅王景弘劝谕，陈祖义诈降，欲袭船夺宝。郑和看穿其阴谋后，布兵海面，以引蛇出洞之计，剿灭贼党五千余人，生擒除陈祖义儿子陈士良以外的所有贼首，解救了人质。百姓听说陈祖义覆灭的消息，不约而同地涌至旧港，犒劳明军将士，帮助打扫战场。当看到大如山丘的宝船，顿时惊得面面相觑，不由对中国天朝钦佩得五体投地。

接着船队继续前行，到达阿鲁、苏门答腊、南巫里，又从南巫里进入印度洋到达锡兰山，再到达小葛兰、柯枝、古里。郑和在古里立碑纪念："其国去中国十万余里，民物咸若，熙皓同风，刻石于兹，永昭万世。"这是郑和在国外建立最早的一块碑。之后船队从古里返航。

1407年秋，首次远航回国复命后，郑和船队又奉命护送外国使节，再度西洋远行，这次出访仍以柯枝和古里为目的地。船队对沿途国家施金散银，经过锡兰时，向有关佛寺布施了金、银、丝绢、香油等，并在锡兰山立《布施锡兰山佛寺碑》记述所施之物，此碑现存斯里兰卡科伦坡国家博物馆。

1409年，郑和第三次奉旨下西洋。经过锡兰时，锡兰国王亚烈苦奈儿因早年"蒙古铁骑"之事，"负固不恭，谋害舟师"，郑和并不计较，离开前往他国。返程时郑和再访该国，将船只停泊在别罗里海湾。亚烈苦奈儿觊觎船上物品，以迎诏之名诱骗郑和到国中，发兵五万围攻郑和船队，又伐木阻断郑和归路。郑和见其军队倾巢出动，防御空虚，便率两千官兵，取小道出其不意攻克王城，生擒亚烈苦奈儿全家。

锡兰战役之后，天朝名气大振，明成祖非常高兴，让礼部拟《下西洋官军锡兰山战功升赏例》，对郑和船队大加宴赏。至此，中国通往西域各国的海道基本开通，明朝与海外的交往愈加密切，各国前来朝贡的使臣络绎不绝，明朝在福建、浙江、广东设立"市舶司"，在京师设"会同馆"专门用于接待。明成祖期待的那种"四夷顺，中国宁"的局面基本实现。

1413年冬，明成祖派郑和四下西洋。这一次的主要任务是解决苏门答腊问题，同时给予沿途各国国王印诰、冠带、锦绮、纱罗、彩绢之类赏赐。原来，明成祖不久前接到苏门答腊国王宰奴里·阿必丁的告急信，说其境内匪徒侵扰，欲谋王位，请求派兵助剿。临行前，明成祖对郑和说：希望船队走得更远，诏谕更多的国家尊崇中国、遣使朝贡。

郑和整装出发，来到苏门答腊，国王宰奴里·阿必丁头戴三山金花冠，骑着披红挂绿的大象，前呼后拥，出郊相迎。五百余名番兵手捶木鼓，口吹椰笛,列队等候。见了郑和,国王下象膝行,感沐天恩,奉贡方物。郑和代表大明赐国王印信金秀龙衣一袭,麒麟衣一袭,帷幔衾裯悉具,仪仗鞍马、锦绣纱罗等。接着,郑和查明匪患背后欲谋位之人原来是国王的异父同母之兄弟。他巧妙地化干戈为玉帛,让国王兄弟二人激动得热泪盈眶。苏门答腊问题解决之后,郑和一路西行。想起皇上希望船队走得更远的嘱咐,他觉得肩上的责任更大了。

在明成祖的安排下,郑和又分别于1417年和1421年两下西洋。这两次行程遥远,航线复杂,郑和遍历诸番,沟通无限,一边赏赐各国,一边贸易交流,把丝绸、锦缎、茶叶、瓷器、纸张、书籍等运往国外,以物易物。仅第五次远洋,船队带回的货物就有一百六十多种,包括珍禽异兽如狮子、大象、骆驼、金钱豹、梅花鹿等,都是我国罕见的动物。

兄弟之争家国情

1424年,北征蒙古的明成祖因病崩于回师途中,太子朱高炽即位,是为明仁宗。仁宗主张对内减轻民困,对外战略收缩,在即位诏书中宣布停止下西洋,命郑和为南京守备太监,率其"下番诸军"守备南京。其间,朝中大臣以各种理由弹劾郑和,并向仁宗进谏废船队、绝海洋。然而,郑和掷地有声、慷慨激昂地向仁宗陈述:"欲国家富强,不可置海洋于不顾。财富取之于海,危险亦来自于海……一旦他国之君夺得南洋,华夏危矣。我国船队战无不胜,可用之扩大经商,制伏异域,使其不敢觊觎南洋也。"尽管郑和力争,奈何君心已定。

1425年,明宣宗即位后,郑和听说宣宗有其祖气度,心想兴许宣宗会效永乐故事,便欣然写了一道请复西洋宝船的奏折,托人转呈。宣宗看罢,勃然变色:"郑三宝又想逛西洋!如今府库不丰,国用支绌,哪有钱财供他玩乐?"闻此,郑和心灰意冷,便依了副帅王景弘的劝慰,告假省亲。

1428年,郑和启程返乡,王景弘任上无事,索性也告假陪郑和前往。二人乘船溯长江抵叙州，然后经月余跋涉，来到滇池湖畔，傍晚时分，他们来到月山脚下和代村一家红漆门楼跟前，郑和伸手敲门，须臾红门开启，走出一位年约六旬的锦袍老人，见陌生人站在门口，不知所措。郑和认出是大哥马文铭，便上前一步哽咽着说："大哥！我回来了！""你……是二弟马和？"马文铭一把抓住郑和的手，激动得浑身发抖。满村百姓闻讯赶来，院子里围得水泄不通，郑和连连抱拳施礼。

次日，马文铭让儿子带王景弘去观音山游玩，自己携家人陪郑和祭扫祖墓。一行人来到月山坡下，将祭品置于墓前，对祖上分别上香、化纸、叩首。拜毕，马文铭让家人回去备宴，自己与二弟在墓旁树林中叙谈。

马文铭问道："二弟，那王景弘带着许多物品，他可是靠得住的人？""啊，此系愚弟同侪，彼此情同手足，他此次前来是有一笔生意要做，想赚一点钱资助我置办航船之事。"马文铭一听，心中不适，便说："二弟呀，不再下洋不行吗？你也是花甲之人了，当做些养老打算，这五百里滇池虽说没京城繁盛，可也风光不减，我将二子马赐过继与你，正好可安享晚年。再说，父亲的临终遗愿也是希望你将来能叶落归根。你何必还在是非之地过着提心吊胆的日子？"郑和听了直摆手："大哥啊，我志在大海，何处不可为家？更何况我受先帝之恩，托负之重，当效张骞、班超以回报。眼下，小弟部属流落异邦尚未寻回，苏门答腊之南还有一块荒僻之地尚未找到……诸事未了，怎能就此罢休？"马文铭立刻气上心来，但他强忍火气道："你为大明建功非小，却反遭朝野非议，为兄实在痛心。你六番出海，漂泊半生，也该够了，知足常乐，休再自寻烦恼！"郑和还想再说些什么，但见兄长语中带气，便叹了口气道："大哥，难道小弟远航是糊涂了吗？"马文铭说："你志在大海固然无错，可六番出海使多少人葬身海底？凄苦了多少孤儿寡母之心？这实在让人痛心！"郑和侧然苦笑，轻抚着大哥的肩膀："大哥，不要生气了，小弟回来是省亲祭祖的。西洋之事的功过是非留给后人去说吧！"

郑和在家盘桓月余。临别，马文铭洒一腔悲泪，拉着郑和的手依依不舍："二弟呀，你我皆是耳顺之年，此番离别，无异于不再相见。另外，你若真是还下西洋，记着天方朝圣！"郑和禁不住泪水夺眶而出："大哥的话我会牢牢记住的,此别无期,只希望哥嫂各自保重。"

魂归大海铸永恒

1430年冬,明宣宗想起祖父当年"万方玉帛风云会,一统山河日月明"的盛况,便开始筹划下西洋。次年,宣宗赐诗于郑和,赞其功绩,封他为"三宝太监",遣郑和、王景弘带船队出使西洋各国,这是郑和船队第七次下西洋。此时郑和已年届六十,但他心系海洋,接到圣旨兴奋不已。

船队行驶月余至旧港,郑和命令停止前行,派军士搜索陈祖义残匪余孽无果。行至满剌加后,船队休整了半月,分艅而行:王景弘带队前往忽鲁谟斯,杨庆、费信等带队去木骨都束,郑和率剩余船只向南,去寻找那片荒僻之地。

郑和一路南行不知不觉又是月余,天海茫茫,看不到任何岛礁陆缘。一日傍晚,不知是谁在甲板上大喊大叫起来:"快来看呀!快来看呀!"郑和第一个冲出船舱,只见远处有一团隐约的光亮。随行人员说:"大人,恐怕是荒僻之地就要到了。"顿时,人们一阵喧哗,整个宝船沸腾了。

郑和厉声喝止:"岸上有人,不要惊动!""郑大人,容末将上岸擒贼!"几个将校同时请缨。郑和颔首,开始从容布阵。他安排一船人留下观察,见机行事,其余约千名将士悄悄登陆并迅速冲向火光之处。

乱石密布的海岸上有一堆篝火,一群人围坐一团,正在撕嚼熏烤的海鱼。除一个汉子外,其余全是衣不蔽体的妇孺。明军将士迅速将他们一网打尽。郑和审讯那汉子,还没开口,那汉子便仰天狂笑道:"郑三宝,你不认得我,我可认得你,我就是你做梦都想捉拿的陈祖义之子陈士良,你不是想赶尽杀绝吗?如今老子儿孙上千,遍布西洋,你奈我何?"郑和见此无须再审,遂命将陈士良押入底舱。

次日,船员们都想在这荒凉之地有所发现,然而,从早晨到天黑一无所获。郑和留下两艘船在这里继续踏勘,其余船只返航。踏勘的船只沿着陌生的海岸线行驶了半月仍没有发现人烟,也只好返航。

　　1432年岁末,郑和船队到达古里,正好与王景弘相遇。按照计划,他们将继续开往阿丹、天方。起航的时间就在当晚,可是,天就要黑下来了,主帅的桅顶上却迟迟不见信号灯亮。王景弘觉得不对,便带着侍从,大步流星地朝主帅宝船奔来,才得知郑和劳累过度,又中了瘴疠晕倒了。次日,郑和的病情愈加严重,王景弘寸步不离守在身边。郑和吃力地睁开眼睛,用微弱的声音对王景弘说:"我还有一事未了。"王景弘赶紧贴近,想起主帅出发前说过想去天方朝圣之事便问:"是天方朝圣吗?"见郑和不语,又赶紧说:"我知道了,是寻找失散的船员兄弟!"郑和这才微笑着闭上眼睛,再也没有睁开。

　　就这样,一代精英在七下西洋中魂归大海。王景弘在悲痛中料理完后事,率船队返航回国。从此,大明宝船再也没有在西洋各国出现。

　　郑和船队七下西洋,贯通海路,邦交万国,为世界大航海活动拉开序幕。五十多年后,欧洲大航海活动欣然兴起,他们效仿郑和,成功绕地球航行。然而,郑和下西洋和欧洲大航海活动的目的是不同的,结果也不一样:郑和下西洋"宣德化而柔远人",一路善行,"外抚四夷,和谐安邦",从而"四方归之"。而欧洲大航海则是以寻找黄金为目的,所到之处,无不进行殖民侵占和掠夺杀戮,从而加快了资本的原始积累,特别是葡萄牙与西班牙成了"黑风双煞",垄断并主导世界经济一个多世纪。

　　2002年12月,英国海军退役军官加文·孟席斯先生在郑和国际学术会上旁征博引、语惊四座地发表他全新大胆的观点——中国航海者不仅到达了非洲,而且早于西方航海家到达了美洲、澳洲,甚至进入了南极圈,进行了环球航行。

　　六百年来,亚非人民一直追忆和纪念郑和,到处传颂着郑和的故事,为他建庙树碑,对他顶礼膜拜。如今,中国提出共建"21世纪海上丝绸之路"的重大倡议,得到国际社会高度关注。

　　郑和地下有知,当含笑九泉。

【延伸阅读】

兰芳共和国

明末清初，新旧政权更替，不堪战乱的百姓与没落的权贵纷纷移居海外。由于毗邻关系，东南亚成为中国移民的迁徙地和避难所。这种漂洋过海到南洋谋生的移民浪潮史称"下南洋"。

1776年，"下南洋"讨生活的人们自发组织起来，在加里曼丹岛西北角，建立了兰芳共和国，罗芳伯担任首任国家元首"大唐总长"，被当地人尊称为"坤甸王"。在罗芳伯的带领下，全体侨民艰辛努力，很快将婆罗洲（世界第三大岛屿，今属印尼、马来西亚、文莱）大片荒凉之地建成富庶的"金矿之乡""鱼米之乡"，国势最强时，势力范围占整个婆罗洲及周边海岛。

兰芳共和国的富足很快招致西方列强的觊觎。1886年，荷兰殖民者猛烈进攻兰芳共和国，兰芳政府决定投靠清政府，想回归祖国。当罗芳伯几经周折将回归之意报给乾隆皇帝后，乾隆皇帝却以"如此卑微蛮夷，也能入我泱泱大国，简直可笑"而拒绝。后来，兰芳共和国携手当地土著居民进行顽强抵抗，但终因武器落后而失败，最后在荷兰人坚船利炮的打击下，这个存在了一百多年的华人共和国烟消云散。

兰芳共和国作为一个华人异域小国，制度先进，商业发达，也是亚洲第一个现代共和国家。如果当初这块领土能够顺利回归清朝，那中国将能控制整个东南亚的贸易要道，并通过商业及时了解世界局势。如今那里的港口寸土寸金，还是"海上丝绸之路"的交通枢纽。

二十二、风流才子——唐伯虎

【题记】唐寅,字伯虎,号六如居士,苏州人,自称"江南第一风流才子",明朝著名书法家、画家、诗人。他才华横溢,诗文擅名,通晓音律,与祝枝山、文徵明、徐祯卿并称"江南四才子";画名更著,与沈周、文徵明、仇英并称"吴门四家"。同时,他又是放荡不羁的浪荡子,牡丹花下死的风流鬼,风流韵事漫传海内。那么,唐伯虎风流背后隐藏着怎样的无奈?世人对他又存在怎样的误解呢?

仕途初现家多舛

1470年3月6日,苏州城内一唐姓人家一男婴呱呱坠地,因为是寅虎年出生,所以父亲给他取名"寅",又因是长子,按照伯仲叔季的顺序,给他取字"伯虎"。伯虎还有一弟一妹。

阊门是苏州西城门,门市繁荣,唐伯虎的父亲在此开了一家酒肆。唐家家境小康,薄有积蓄,唐伯虎天资聪慧,于是父亲请来老师教他,希望他能考取功名,光宗耀祖。对于唐伯虎来说,读书无异于开辟了一个新天地,淡淡的书香、深沉的思考和韵味悠长的吟咏,陶冶了他的心智。

1485年,十六岁的唐伯虎参加府学生员考试,"童髫中科第一,四海惊称之"。明代的官办学校有两类：国学和府、州、县学。国学是中央一级的学校，府、州、县学是地方学校。凡录入府、州、县学的读书人通称生员，俗称秀才，这是功名的起点，其后还要参加乡试、会试、殿试。乡试考中的称举人，俗称孝廉，第一名称解元；中举后才能参加来年春天礼部主持的会试，考中者称贡士，第一名称会元；取得贡士资格后，才能参加由皇帝亲自主持的殿试，通过者称进士。唐伯虎考入府学，也就进了举人、进士的养成所。

青年时期，唐伯虎诗词书画样样精通，名扬苏杭，春风得意。十九岁时，唐伯虎娶妻徐氏，婚后生活和谐。然而好景不长，温暖安定的婚姻生活刚刚开始，死亡的阴影就笼罩着唐家。1494年，先是久病的父亲去世了，唐伯虎担起了家里的重任，勉力为之。其间他操办了妹妹的婚事。不久，唐伯虎的母亲去世了，结发妻子徐氏也因难产死了。唐伯虎无比悲痛，"抚景念畴昔，肝裂魂飘扬"。更悲惨的是，没过多久，儿子也夭折了。然而悲剧还没有结束，一向体弱多病的妹妹，出嫁后遇人不淑，心情忧郁苦闷，没多长时间也死去了。唐伯虎很是悲伤，写了一篇情深意挚的《祭妹文》以抒悲痛。

舞弊疑案亲离叛

亲人先后离世，让年轻的唐伯虎深切感受到世事无常，产生了"生命短暂，及时行乐"的思想。已经是府学生员的唐伯虎，生性豪放不羁，对死板的八股文不感兴趣，加之还没有完全从丧亲之痛中解脱，所以准备功课心不在焉。

1497年，参加录科考试期间，唐伯虎与好友张灵宿妓喝酒，放浪形骸。提学御史方志十分厌恶，以致唐伯虎名落孙山。苏州知府曹凤惜才，加之苏州名士文林、沈周、吴宽等为其求情，方志才同意"补遗"唐伯虎参加乡试。

1498年秋，唐伯虎到南京参加乡试，高中榜首，立刻名震东南。中举后的唐伯虎并没有收敛，反而变本加厉地流连欢场。朋友纷纷规劝，祝枝山对他说："是千里马不光看表面，还要看他的品质，一时得意后千万别太张狂。"

文徵明也写信给他:"我父亲说,你有才情,但为人轻浮,恐怕一事无成。"而唐伯虎并不领情,还回了一封《与文徵明书》,大意是:我生性如此,你若看我不顺眼,就别和我交朋友。态度嚣张,言辞刻薄。

1499年初,唐伯虎动身进京,准备参加礼部举行的会试。从苏州到北京大约有两千多里水路,为了节省开支,举子们往往两人合雇一船。赴考期间,运河里到处可见这种小船,单调的咿呀橹声应和着舱内抑扬顿挫的吟诗声。徐经力邀唐伯虎同舟而行,一路殷勤相待。徐经,江阴人,其曾孙就是赫赫有名的徐霞客。徐家拥田万亩,富甲江南,徐经豪放不羁,喜欢结交名士。唐伯虎高中解元时,徐经曾带一百两银子前来庆贺,两人一见如故,结为好友。

到达北京后,两人同住一家客栈,往来密切。考试结束后,举子聚餐,酒后的唐伯虎异常亢奋,居然大发豪语,说自己必中会元。在座的都是全国的优秀举子,难免有人心中不服。

不久,户部给事中(专门监督弹劾百官不法行为的言官)华昶上疏说:"朝廷及街头巷尾都在议论翰林院学士程敏政出卖考题。"还直指唐伯虎和徐经"狂童孺子,天夺其魄,或先以此题骄于众,或先以此题问于人"。

明孝宗将此案交与礼部处理,大学士李东阳调查后上奏:经过对程敏政批阅的朱卷、录取的考卷重新审阅后,没有发现问题;对决定录取的三百份考卷核对考号、姓名,然后对考官做的批注进行比对,也没有发现问题;且唐伯虎和徐经不在录取名单内。显然,礼部的结论是:程敏政没有泄露试题。

科考舞弊是大案。为慎重起见,明孝宗又将此案交与锦衣卫调查。程敏政、唐伯虎、徐经等被捕入狱,受尽皮肉之苦,尊严扫地。每次审讯,徐经的供词都不相同,唐伯虎也坚称自己无罪,锦衣卫也没查出所以然。

最终,明孝宗决定在午门会审,由三法司(刑部、大理寺、都察院)联合审理,自己主审。审案现场,徐经对皇上道出了事情真相:他和唐伯虎仰慕程敏政已久,到京后拜程敏政为师,交钱求学。当时程敏政还不是考官,考前辅导过程中,给他们出过一些练习试题,他们做完后,在举子间传阅讨论。后来程敏政当上了考官,考卷上出现了曾经的复习内容,举子们就怀疑唐伯虎和徐经买通程敏政,得到了考题。

真相大白后,程敏政因不拒钱财、出题不避嫌、有失公允被强令退休。程敏政出狱四天后,愤恨而死。华昶因不分缘由弹劾他人被降职。唐伯虎和徐经因设法攀附关系取得功名被取消名籍,永世剥夺参加科举的资格,发往浙江为吏。这自然是劫后余生,但"为吏"对于心高气傲的唐伯虎来说,无疑是奇耻大辱。

功名离去后,等待他的不是家人的安慰和温暖,而是不解和冷漠。首先是继室的反目。原配妻子徐氏亡故后,唐伯虎娶一继室,科考舞弊案后,继室感觉再无出头之日,经常借故吵架,最后竟卷财而去。

由于多年应试花销,再加上在京城吃官司上下打点,唐家开支巨大,积蓄耗尽,父亲留下的酒肆经营困难,弟弟提出分家。唐伯虎将酒肆给了弟弟掌管,自己成了孤家寡人。

一个前程似锦的才子,一下子从得意的高峰跌入了失意的深渊。这场疑似科考舞弊案彻底改变了唐伯虎的人生轨迹。

桃花庵里桃花仙

科考舞弊案后几年间,是唐伯虎生命历程的调整期。经过一番思索,唐伯虎决定远游。这次远游历时一年多,主要目的有两个:其一是借助自然美景淡化仕途的失意感,其二是研习丹青。

1505年,三十六岁的唐伯虎打算在苏州城外的桃花坞筑桃花庵,筑庵钱款是他卖字鬻画所得。那么他为何要建桃花庵呢?脍炙人口的《桃花庵歌》里或许可以找到答案:桃花坞里桃花庵,桃花庵里桃花仙;桃花仙人种桃树,又摘桃花换酒钱……但愿老死花酒间,不愿鞠躬车马前……别人笑我忒疯癫,我笑他人看不穿。这首长诗反映了唐伯虎及时享乐、老死花酒、背世傲俗的生活态度。

唐伯虎豪爽好客，景色优美的桃花庵自然成了文人骚客的聚会之所。经常参加聚饮的徐祯卿、文徵明、王宠、周臣、王鏊等，都是当时江南的一流名士。才子们聚会都做些什么呢？

饮酒。唐伯虎饮酒的最大特点是：无花不成饮。桃花庵不仅有红灼灼的桃花，还有千姿百态的牡丹。花开时，花香蝶舞，流光溢彩。才子们赏花饮酒，觥筹交错，高谈阔论。在唐伯虎的诗中，常常花酒并举，饮酒畅怀。"江南人尽似神仙，四季看花过一年"就是他的真实写照。有时，才子们会趁着酒兴，赶到虎丘，是去凭吊吴宫的遗迹，还是探寻云岩寺塔的清梦？只有他们自己知道。

吟诗。才子们坐卧花间，肆意畅饮，酒入柔肠后，趁着醺醺然的醉意吟诗作乐。这种文酒之会源于东晋王羲之等人"曲水流觞"的兰亭会。今存唐伯虎及其师友集中，尚有不少以桃花庵聚会为题材的诗歌，如唐伯虎的《社中诸友携酒园中送春》、王宠的《九日过唐伯虎饮赠歌》、王鏊的《过子畏别业》等，盛况可见一斑。

作画。唐伯虎和他的朋友们很多是有声望的画家文士。他们习惯于在酒酣耳热、狂呼高啸之际乘兴挥毫，或是几人合作一幅画，或是互相题跋。他们认为，醺醺的醉意有助于超尘脱俗、腕指出奇。"乘醉涂抹"的作品是很多的，其中唐伯虎的《梦仙草堂图》《王蜀宫妓图》《嫦娥图》等收藏于北京故宫博物院，《山路松声图》《双松飞瀑图》《金阊别意图》等收藏于台北故宫博物院。

狎妓。明代中后期，狎妓之风盛行，文人世子常常在酒宴歌席上与歌儿舞女檀板丝弦，放浪形骸，醉生梦死。当时的两京、苏杭、扬州都是笙歌妓乐荟萃之地，生性放浪任达的唐伯虎生活在这样一个"翠袖三千楼上下"的环境里，把与歌伎为伍视为平常之事。唐伯虎在歌伎圈中名声大噪，烟花巷陌中也不乏红颜知己。

风流潇洒间，唐伯虎将自己的图章镌刻为"江南第一风流才子"，真可谓前无古人！

宁王府里伴狂癫

唐伯虎筑庵桃花坞后,过着"花中行乐月中眠"的日子,并且意欲在此终老。然而,突如其来的一件事再次把他卷入政治旋涡。

宁王朱宸濠是朱元璋的五世孙,封国南昌。此人野心勃勃,想夺取皇位。为达到目的,他招纳奇才异士,笼络人心,博取名声。后来,他把目光扫向文人荟萃的苏州,注意到了唐伯虎和文徵明。

1514年,宁王派专人分别给文徵明和唐伯虎送来聘书和聘金,淡泊名利的文徵明以生病推辞,而始终怀才不遇的唐伯虎却接受了。来到南昌,英俊潇洒、风流倜傥、谈吐不凡的唐伯虎,立刻成为宁王府的上宾。宁王十分得意唐伯虎的到来:文章巨擘、风流魁首,如今是自己的座上客,这件事在全国传为佳话,正说明自己礼贤下士,天下归心。

但是,唐伯虎是何等聪明人,来到宁王府不久,他就觉察出宁王有谋反的野心。他分析了朝野局势和宁王府的动态,最后判定宁王会举兵造反,但终归失败。他认为自己犯不上为眼前的功名利禄,和那些目光短浅的狐朋狗友坐在这座随时可能喷发的火山上,等待大祸降临。

唐伯虎心想,如若不辞而别,宁王定会怀疑并加害自己。于是,他决定向前人阮籍学习。主意已定,唐伯虎就整日喝得醉醺醺的,眠花宿柳,到处胡闹,在宁王府做事也错乱颠倒,甚至对宁王府的丫鬟仆人任意调笑,有时用语污秽不堪,举止失态。有几次,宁王的妃嫔坐轿出入,唐伯虎居然衣冠不整地对着轿子撒尿,还喃喃道:"骄其妻妾。"("骄"和"浇"谐音),仆人上前呵斥,他或放声大哭,或仰天大笑。种种癫狂行为,很快传到宁王的耳朵里。起初宁王不太相信,后来暗中观察,竟然属实,不由勃然大怒,派人将唐伯虎送返苏州。

正如唐伯虎所料,1519年,宁王造反失败被王阳明擒获,后斩于通州。昔日宁王府的座上客,有的身首异处,有的被监禁,有的被流放。虽有人举报唐伯虎曾受宁王礼遇甚隆,但并没有他介入谋反的确凿证据。

出入宁王府，是唐伯虎经历科考舞弊案后又一个人生转折点。事后他曾作诗忏悔，认为人不可有傲气，但不可无傲骨，这种傲骨文徵明有，自己也应该有。

经过一番折腾后，唐伯虎依旧和诗朋酒友聚饮桃花坞，过着放浪形骸的生活，不久，体弱多病的他思想渐趋消沉，皈依佛法，号六如居士。

九个妻妾属谬传

民间相传，唐伯虎艳福不浅，有九位夫人，甚是风光。但唐伯虎是个穷文人，依靠卖画为生，维持生活尚且艰难，哪有银子来养活九位夫人。经考究，唐伯虎一生有三位夫人。

第一任妻子徐氏是徐廷瑞之女，读书人出身，可惜因难产去世。后唐伯虎又续弦一女，经历科考舞弊案，二人分道扬镳。

1505年，唐伯虎在青楼中认识了官伎沈九娘。九娘很敬重这位才子，经常在经济和精神上援济他，让他潜心书画。为了使唐伯虎有个绘画的良好环境，她把妆阁收拾得十分整齐，唐伯虎作画时，九娘总是给他洗砚、调色、铺纸。有了这个好伴侣，唐伯虎画艺日益精湛。他画的美人，大都含有九娘的风姿神采。九娘见唐伯虎不把她当作官伎看待，便越发敬重他。两人日久生情，结为夫妻，不久得一女，取名桃笙。

1509年，苏州发生水灾，唐伯虎的卖画生计自然艰难了，有时连柴米钱也无着落，一家人的生活全靠九娘苦心撑持。九娘终因操劳过度病倒了，唐伯虎尽力服侍这位红颜知己，然而不久后九娘还是辞世了。唐伯虎的《扬州道上思念沈九娘》：相思两地望迢迢，清泪临门落布袍。杨柳晓烟情绪乱，梨花暮雨梦魂销……表达了对爱人深切的思念之情。

后来的日子里，唐伯虎一个人带着年幼的女儿艰难生活，再也没有续娶妻室。桃笙长大后，嫁给了书法家王宠的儿子王阳，唐伯虎和王宠是诗文朋友，又成了儿女亲家，可以说是翰墨姻缘了。

或许是因为沈氏名"九娘"的缘故，唐伯虎渐渐被误传娶了九个妻妾。

1523年，唐伯虎病逝，享年五十三岁。他先是被草草安葬在桃花坞北面，二十多年后才迁葬到苏州西郊横塘王家村。这位风流才子，少时风光无限，不幸家遭巨变，失足科考舞弊案，半生醉卧花间，天纵奇才却贫困潦倒，没有光耀门庭，只留一世风流。

【延伸阅读】

唐伯虎点秋香

唐伯虎"平生风韵多"，而流传最广的要数"三笑姻缘"，就是后来被人们津津乐道的"唐伯虎点秋香"。

一日，唐伯虎应文徵明和祝枝山相邀游虎丘，恰好华府华夫人来吴中进香。唐伯虎看见华府众人中有一位婢女风姿明丽，不由怦然心动，便尾随进入寺庙，跪在小婢女旁边。小婢女无意中遗帕在地，被唐伯虎拾得。

华府的人再来虎丘时，唐伯虎将绢帕还给小婢女。婢女看着他，嫣然一笑。这个女子便是秋香。华府一行游罢虎丘回到船上，唐伯虎雇船相随。途中，秋香往外泼水，正好泼在唐伯虎身上，为示歉意又向他嫣然一笑。船到无锡，华府的人上了岸，唐伯虎也急忙追去。在华府门前，秋香看见唐伯虎傻里傻气跟着，嫣然一笑走进门去。至此，唐伯虎已获美人三笑。

为追秋香，唐伯虎委身到华府为仆，改名华安，终日伴公子华文和华武读书。二位公子的师爷在和华安"较量"后，对其刮目相看，但总以为他是一位落魄公子。后来，华安成了师爷，华文、华武大有长进，不久双双中举。华太师为答谢华安，允许他选一个丫头为妻，于是唐伯虎就点了秋香。

"三笑姻缘"其实是一起张冠李戴的错配。据考证，秋香确有其人，是当时南京颇具名气的青楼妓女林奴儿，至少比唐伯虎大十几岁，根本不可能与他产生瓜葛。

二十三、知行合一——王阳明

【题记】 王守仁,字伯安,号阳明,世称"阳明先生",明代著名思想家、教育家、军事家。他在前人基础上提出"心即理""知行合一""致良知"等观点,成为心学的集大成者;他一生跌宕起伏,事功显赫,文能提笔安天下,武能上马定乾坤,在朝有美政,在野有良俗,是中国历史上立德、立功、立言皆有建树的不朽圣人。

少年立志做圣贤

1472 年,王守仁生于浙江余姚一个诗礼簪缨之家。爷爷王伦喜欢观竹、读书、抚琴、助人,人称"四好先生"。父亲王华才学出众,被世人尊为"五经司令"。

相传,王守仁出生时颇具神奇色彩。其母郑氏怀孕十四个月还没生产,把全家人急坏了,一心想抱孙子的婆婆岑氏更是整天围着儿媳转。

一晚,岑氏梦中到了天庭,云雾缭绕,仙乐盈耳,美不胜收。忽然,祥云深处飘来一位红衣仙女,笑盈盈地将一个活泼可爱的男婴交给她。岑氏从梦中笑醒,居然听见婴儿啼哭声,便急匆匆跑进儿媳房内,她发现刚出生的孙子与梦中的一模一样。于是,她抱着孙子见王伦,并讲述了梦境奇缘。王伦惊喜地打量着孙子说:"彩云仙女送子,就叫王云吧!"

王云性情活泼可爱,但美中不足的是五岁还不会说话,一家人尝试了各种方法都无济于事。一天,王云与小伙伴在外玩耍,一僧人路过,摸着王云的头叹息道:"多好的孩子啊,可惜被点破了!"王伦在院内听到,急忙赶到门外,发现僧人已飘然远去。这时,王伦恍然大悟,"云"为"说"也,遂为孙子改名"守仁",取《论语》"知及之,仁不能守之,虽得之,必失之"之意。改名后,奇迹发生,小守仁会说话了。

1481年,王华高中状元,供职翰林院修撰。第二年,王华让家人赴京同住,王伦便带着王守仁出发了。途经镇江时,朋友宴请王伦,大家以"金山寺"为题,轮流吟诗助兴。轮到王伦,他一时想不出。一旁的王守仁说:"爷爷,快给我笔。"王伦非常惊讶:"孺子亦能赋耶?"王守仁当即提笔赋诗一首:"金山一点大如拳,打破维扬水底天。醉倚妙高台上月,玉箫吹彻洞龙眠。"顿时,四座皆惊。但有人怀疑这是王伦事先为孙子准备好、来众人面前求赞的。于是,众人又以"蔽月山房"为题,让小守仁再赋诗一首。王守仁稍加思索,脱口而出:"山近月远觉月小,便道此山大于月。若有人眼大如天,当见山高月更阔。"一时,喝彩四起,众人皆服,纷纷赞其将来必成大器。

到了京城,王守仁就读私塾。一天,先生问:"世上什么是第一等重要的事?"同学纷纷回答:"登科及第。"王守仁却答道:"做圣贤!"

听闻三十年前明英宗在宦官王振的蛊惑下,率五十万大军亲征瓦剌、兵败被俘一事,一心想做圣贤的王守仁颇为震惊。他以北宋理学大师张载"为天地立心,为生民立命,为往圣继绝学,为万世开太平"的名言自励,熟读兵书、研习战法、苦练弓马、勤学"为万世开太平"的本领。

格竹始疑圣人言

1488年,十七岁的王守仁到南昌迎娶远房表妹——江西布政司参议褚养和的女儿。大喜之日,张灯结彩,大家忙里忙外。王守仁却无所事事,便信步走出家门,来到一所道观,见一道人鹤发童颜,遂与之攀谈起来。两人谈兴甚欢,不知不觉天色已晚,但意犹未尽,继续秉烛夜谈。直到东方既白,王守仁才猛然想起成亲之事,急忙打道回府。

次年,王守仁携妻回浙江余姚,途经广信,特意下船拜访大儒娄谅。他向娄谅请教成为圣贤之法,并问:"为万世开太平不是最好的方法吗?"娄谅说:"拥有圣人的才德,才能施行王道。为万世开太平只是外王的方法,还要具有内圣的才能和德行。"并告其圣人必可学而至。

娄谅的一番话解开了王守仁多年的困惑。回乡后,他重新系统研读朱熹理学著作,立志"为往圣继绝学"。如何才能悟"理"呢?朱熹主张"格物致知"。格,就是探索、研究之意,只有通过不停地"格物"方能"致知"。二十一岁那年,王守仁读完朱熹的著作后,有感于其"一草一木,皆涵至理"之语,便邀请朋友一起到家中"格竹"。二人端坐竹林前,不吃不喝,希望能参透竹子之理。三天后,朋友病倒了。七天后,王守仁也大病一场。二人什么"理"也没有"格"出来,王守仁感叹道:"圣人之说可疑也!"

三十一岁时,王守仁回余姚养病。途径杭州虎跑寺,听说寺中有一禅师参禅已有三年之久,便前去拜访,希望得到更多启示。可是一番交谈下来,王守仁有点失望了,因为这位禅师与别的禅师一样,与他谈论的都是佛经禅理。后来,他问禅师:"大师,你有家吗?"禅师答:"是人都有家。"王守仁又问:"家在何处?还有何人?"禅师答:"吾家河南,去家已有十余年,家中尚有老母,不知存亡。"王守仁继续问:"你可曾想念她?"禅师沉默不语,良久才慨然长叹道:"怎么不想啊!"然后缓缓低下了头。王守仁站了起来,看着禅师说:"想念母亲,没有什么好羞愧的,这是人的本性啊!"禅师默默地流下了眼泪,第二天便还俗回家,侍奉母亲去了。

通过与禅师的对话,王守仁认识到:人性不会泯灭,人的本能也是正常的、合乎情理的。将天理和人欲刻意分开是不对的,不能强行用所谓的"天理"来压制。这时,他对朱熹"存天理、灭人欲"的观点产生了怀疑。

在余姚养病期间,王守仁在会稽山阳明洞修炼道学,自号"阳明子",世人称其"阳明先生"。王阳明先后在"任侠、骑射、词章、神仙、佛事"等方面寻找成圣之法，兜兜转转始终找不到成圣的钥匙。但他所不知的是，经过十几年的思考和求索，他已无意中突破了朱熹思想的藩篱。

龙场悟道破玄关

1505 年，朱厚照继承大统，是为明武宗。明武宗不理朝政，宦官刘瑾擅政。1507 年，给事中御史戴铣等人，上疏弹劾刘瑾，却遭捕入狱。一心想做圣贤的王阳明亦上疏论救，触怒刘瑾，被杖四十下狱，后被贬至贵州龙场（贵阳西北七十里，修文县治）任驿丞。同时，父亲王华也被赶出京城，改任南京吏部尚书。

王阳明出发后，刘瑾派人一路追杀，他巧施金蝉脱壳之计，写下遗书，佯装跳水自杀，实则潜伏在船舷下，最后趁机脱身。经过生死磨难和种种考验，王阳明和仆人终于到达龙场驿。说是驿站，其实连个房屋都没有，此地荆棘丛生，虎狼出没，瘴气流布，加之语言不通，外地人来此基本上是送死。但王阳明抱着"人生达命自洒落"的乐观态度，带领仆人们自力更生，找了一个山洞住下。

一天，一个自京城而来的吏目，带着儿子和仆从赴任，经过龙场，投宿于一户苗族人家。第二天快中午的时候，有人说："那个吏目死在坡下，旁边两个人哭得很悲痛。"傍晚，又传来消息，吏目的儿子也死了。次日，有人看到仆从也死了。王阳明怜悯他们暴尸山野，便与仆人商量前去掩埋。仆人听后，面露难色，王阳明心有凄然地说："我们几人的命运不是和他们一样吗？"说完，主仆相视无言，竟潸然泪下。归来后，王阳明悲愤难抑，写下千古名篇《瘗旅文》。

来到龙场，王阳明对功名利禄不再萦怀，唯有生死一念横亘于心："吾惟俟命而已！"日子久了，他常以自身处境思考：圣人处此当何为？如何以有限的生命来穷尽天下之理？

1508 年，一个雷电交加的雨夜，一声长啸划破夜空，打破四野的宁静。

王阳明从洞中狂奔而出，大呼："圣人之道，吾性自足，向之求理于事物者误也！"他终于认识到圣人之道就存于每个人的心中，故不必向心外去求。人要想成为圣贤，求理于心就可以了。"心即理"的命题就此开启，一门伟大的哲学——"阳明心学"诞生了。这就是历史上著名的"龙场悟道"。

龙场悟道后，王阳明多年的疑惑烟消云散，心境也豁然开朗。他开始在龙场驿的龙冈书院授课，因俗化导，为民众讲解心学。四方民众及学子纷纷前来，王阳明声名远扬。

1509年，贵州提学副使席书邀请王阳明到贵阳的文明书院讲学。公务之暇，席书多次与王阳明讨论心学，有时旁听的学生达百人之众。在这里，王阳明第一次提出了"知行合一"，即当你明白了一个道理，就应该去付诸实践。明白一个道理后不行动，那就不是真的懂得了这个道理。实践若符合这个道理，那"知"才算真知。实践若与道理相悖，那"知"就不是真知。

1510年秋，一向飞扬跋扈的刘瑾被处死。王阳明随即被召入京，任吏部验封清吏司主事。回京后，王阳明常与至交好友湛若水在北京大兴隆寺一起谈学论道，四方学者云集于此。一日，京城知名理学爱好者黄绾前来蹭课。王阳明说："心即理，天理存在于每个人心中，人人都能成为圣人，只是凡人的心被物欲遮蔽了，只需在心上用功，把物欲扫除就可以成为圣人。"黄绾好奇地问："如何在心上用功呢？"王阳明答道："你的心能知是非善恶。当恶念产生时，你就消除它；当善念出现时，你就保持它。"

黄绾不以为然地说："您这与禅宗何异？禅宗说，人人都具佛性，佛向心头做，莫向心外求。"王阳明笑着摇摇头说："禅宗说了'人人都有佛性'后就只是枯坐，什么都不管了；说了'佛向心头做'后就只在心头做，不去实践了。而我说了'在心上用功'后，必须去实践。"

黄绾又反驳道："这不还是回到朱熹的'去万事万物上格真理'了？"王阳明又摇头说："朱熹通过格物来寻找真理。而我认为真理在心中，实践只是去验证这个真理。"黄绾恍然大悟。

当时，许多人误以为王阳明的心学与陆九渊的心学一样只是坐而论道，或者王阳明的"知行合一"理念与朱熹的"格物致知"理念没有实质区别。经过激烈的思想交锋,王阳明回应了他与朱、陆学说的区别,消除了许多人对自己学说的误解,"心即理""知行合一"的理念更加深入人心。

建功立业若等闲

回京后,王阳明的官越做越高,"阳明心学"的名气也越来越大。他把"知行合一"用在报国理政上,达到了个人功业上的巅峰,留给后人一段惊叹的传奇。

1516年,在兵部尚书王琼的举荐下,王阳明被擢为都察院左佥都御史,奉命巡抚赣、闽、湘、粤四省交界地。当时,这一带匪患猖獗。到任后,王阳明并没仓促出兵,而是分析以往剿匪战例,摸清匪情。这一分析,他发现一个惊人巧合:每逢官兵出击,不是扑空就是遭伏击。王阳明由此断定:官府之中必有内贼。

一天,王阳明发布消息:"各军营做好准备,明日将出兵剿匪。"次日,官兵整装待发,可是等到天黑也不见命令下来。原来,这是王阳明设下的计谋:佯装剿匪,让内贼去通风报信。果然,内贼纷纷上当,被王阳明秘密逮捕。但王阳明并没杀这些人,而是让他们戴罪立功,当官府的卧底,成为双面间谍。加之实行"十家牌法",猖獗数十年的山匪之患,在不到两年的时间里就被王阳明平息了。

要确保一方长治久安,必须注重教化,以正人心。王阳明剿匪结束后,在当地兴办学校和书院,讲授心学,所辖之地,民风焕然一新。

1519年,明武宗欲巡游江南。怀有野心的宁王朱宸濠借口皇帝荒淫无道,在封地江西南昌举兵叛乱。消息传到京城后,朝中大臣震惊不已,只有王琼十分自信地说:"王伯安在江西,肯定会擒获叛贼。"

果然,王阳明得到朱宸濠叛乱的消息后,立即赶往江西庐陵(今吉安),募集义兵。他深知如果朱宸濠顺江而下,南京肯定保不住,于是到处张贴假檄,声称朝廷援兵已到,会同自己在南赣及湖广的官兵共计十六万,准备进攻朱宸濠的老巢南昌。同时，王阳明还写离间信给朱宸濠的心腹，让他们劝朱宸濠离开南昌去攻南京，以配合他偷袭南昌。于是，朱宸濠怀疑心腹通敌，不敢贸然进攻南京。

等了十多天，朱宸濠探知朝廷根本没有派那么多兵来，才发兵攻下九江、南康两城，逼近安庆。而此时，王阳明率仓促组建的八万平叛军，直捣朱宸濠的老巢南昌。朱宸濠回援，双方在鄱阳湖决战。王阳明下令制作了无数竹牌、木牌，上书："宸濠叛逆，罪不容诛。协从人等，有手持此板、弃暗投明者，既往不咎。"并将这些免死牌投入湖中，叛军纷纷动摇，军心随之哗变。最终，朱宸濠战败被俘，历时三十五天的"宁王之乱"得到平息。

然而，一些奸佞之臣想让王阳明将朱宸濠释放，然后再由明武宗御驾亲征"擒获"。面对这样复杂的情势，王阳明将朱宸濠交给了当时尚属正直的太监张永。

1520年初，许泰、张忠等佞臣又向明武宗进谗："王阳明企图谋反，请皇帝下诏让其速来觐见，如果王阳明不来，请立即除之。"昏庸的明武宗命王阳明立刻前来朝见，但张忠等人害怕阴谋泄露，又让走在半路上的王阳明返回。经历此事后，心灰意冷的王阳明先后四次请求回家祭祖，实则辞官。但明武宗不允，任命王阳明为江西巡抚，继续讨贼。

终明武宗一朝，王阳明平叛之功也没有得到朝廷封赏，令人不可思议。直到1521年，明世宗即位后，才加封王阳明为"新建伯"，世袭。

此生光明圣梦圆

对于"宁王之乱"，王阳明感触良多。朱宸濠的妻子娄妃是王阳明的精神导师娄谅的孙女。朱宸濠起兵前，娄妃曾劝谏力阻，兵败后，娄妃以白色锦帛裹身投水自尽。朱宸濠被生擒后，也悔恨自己不听娄妃之言，请求王阳明礼葬娄妃。加之自己被诬谋反，王阳明对善恶有了更深的思考：人的内心其实都有良知，但良知必须身体力行，否则良知只是一种隐形的道德存在。

二十三、知行合一——王阳明

1520年秋，王阳明在江西南昌正式提出"致良知"学说，认为人只要唤醒心中的良知，便可成为圣贤，这标志着心学体系的初步形成。他自称"致良知"三字是他从百死千难中体悟出来的。

1522年，父亲病逝，王阳明回老家服丧。其间，他在绍兴、余姚两地讲授心学，四方求学者云集响应，心学很快风行东南诸地。一日，一聋哑人上门求教。王阳明下笔写道："你口不能言是非，耳不能听是非，你的心呢？"聋哑人写道："心知是非。"王阳明又写："是也，口不能言，耳不能听，心却和大家一样。有了这颗心，你也可以成为圣人。"聋哑人看了，扣胸指天。

有一次，王阳明在讲学间隙对弟子们说："人人心中都有个圣人，只是不自信，又不肯努力，所以埋没了这位圣人。"弟子们唯唯。王阳明看着其中一位弟子说："你心中有个圣人。"这名弟子站起，慌恐地说："不敢。"王阳明请他坐下，笑着说："众人皆有，你怎么就没有？天下万事都可谦虚，唯独这事不可谦虚。"弟子笑诺。

1527年，王阳明提出了"无善无恶心之体，有善有恶意之动，知善知恶是良知，为善去恶是格物"的观点，即"四句教"，这标志着阳明心学体系的成熟。同年，朝廷令王阳明前往广西平叛。在临行前的话别会上，学生钱德洪和王畿就对"四句教"的理解又展开了争论。钱德洪认为"四句教"为师门定本，丝毫不可更易。王畿则认为应该因材施教，"四句教"并不是永恒不变的。送走其他客人后，王阳明在天泉桥上对他们说："我就要远行，正想找你们谈一谈。我讲学主要针对两类人：对于身心通透之人，我就直接教他们致良知。对受不良习气影响之人，我教他们在心上用功，让他们为善去恶，等不良习气克治干净后，也就致良知了。王畿的理解，是我教前类学生的方法；德洪的理解，是我教后类学生的方法。你们两人的理解合二为一，是比较稳妥的教法。如果各执己见，就不全面了。"这就是著名的"天泉证道"。

平定广西之乱后，王阳明身体愈发虚弱。他清楚自己的病情，多次上书请求告老还乡，但一直没有得到批复。无奈，他一边北上，一边等皇上恩准。进入南安时，王阳明的身体已极度虚弱，学生周积早已备船等候。看到瘦骨嶙峋、咳嗽连连的恩师，他十分难受。

1529年1月9日，王阳明精神突然好转，召集学生到身前。学生们看到先生是回光返照之态，心情十分沉重。周积俯下身子问先生还有什么话要说，王阳明看着众弟子，微微笑了一下："此心光明，亦复何言！"说完，溘然长逝，享年五十七岁。

【延伸阅读】

盗亦有道

1510年春，王阳明谪戍期满，被任命为庐陵知县。到任不久，捕快抓到一个江洋大盗，此盗顽固不化，面对讯问负隅抵抗。

王阳明亲自审问，这大盗摆出一副死猪不怕开水烫的架势，大声喊道："要杀要剐随你便，别废话了！"王阳明说："那好，今天就不审案了，我们随便聊聊。不过，天气太热，你还是把外衣脱了吧。"大盗说："脱就脱！"过了一会儿，王阳明又说："天气实在是热，不如把内衣也脱了吧！"大盗仍满不在乎地说："脱了，又咋地！"

又过了一会儿，王阳明又说："膀子都光了，不如把内裤也脱了，一丝不挂岂不更自在？"这回大盗却一点都不"豪爽"了，慌忙摆手说："不方便，不方便！"王阳明说："有何不方便？你死都不怕，还在乎一条内裤吗？看来你还是有廉耻之心的，并非极恶之人！"最终，在王阳明的感化下，大盗悔过自新。

王阳明秉承善念，以心学为本开导教化，庐陵政风民风为之焕然一新。执政仅八个月，他便赢得了庐陵百姓的拥护。

二十四、不惧倭寇怕老婆——戚继光

【题记】 戚继光,字元敬,山东蓬莱人,明朝抗倭名将,杰出的军事家、诗人、民族英雄。戚继光一生文韬武略,东南抗倭,令来敌闻风丧胆;塞北防虏,使蒙古铁骑不敢南犯。战场上,他敢于创新,募新军、练阵法、制新器、编兵书,百战不殆,被誉为军中"戚老虎"。然而居家时,面对将门虎女,他惧内有名,"特请夫人阅兵"成了家喻户晓的趣味神语。

英雄出世志不俗

世袭登州卫(今蓬莱市)指挥佥事的戚景通,事业有成,但一想到子嗣问题,心中难免纠结。他五十六岁了,不知道即将临盆的妻子能否完成延续香火的使命。

遥想当年,五世祖戚祥随洪武皇帝征战,依靠军功封百户之家,后转战云南,血染疆场,马革尸还。朝廷感念其忠勇,自四世祖戚斌起,世袭"明威将军"、登州卫指挥佥事。三世祖戚圭不但精通武艺,而且"倜傥有侠节,能文章,诗赋骈俪有唐风",著有家训垂世。祖父戚東力气过人,能独自与猛虎搏斗,为乡人称颂。戚東育有两子,长子戚宣无后。次子戚宁早逝,留有一子过继给戚宣,他就是戚景通。

想到此，戚景通无限惆怅，难道家族香火要在我这儿中断不成！他吸了一口凉气，望着窗外绵绵秋雨。这时，一声响亮的啼哭惊醒了鲁桥小镇，戚家的儿子出生了。第二日，秋雨骤停，云开雾散，一瞬间，天垂异象，东方飘来一抹红晕，万道霞光打在将军府……戚景通从夫人怀里接过孩子："我要让这个孩子，继承我戚家的荣耀，助我大明，光我华夏！就叫他继光吧！"

戚景通为官清廉，且武艺高超，所到之处，政声颇佳。他经常教育儿子："武将须有舍身报国的高尚气节，打仗时应有身先士卒的勇猛精神。"显然，老将军希望子承父业。

将门出虎子，戚继光小时候就显示出不同寻常的军事天赋，喜欢玩军事游戏，常常用泥巴砌墙，瓦砾筑营，削竹剪纸做旗帜，自任最高指挥官，排兵布阵，并分红、蓝两军，分进合围、奔袭包抄，颇似军事演习。有一次，妹妹跟他闹着玩，拿走了他的军旗，他追着妹妹要，妹妹不给，他就到田里逮了条毒蛇吓唬妹妹，逼着她把军旗还给自己。妹妹气嘟嘟地说："不就是有颜色的纸嘛，有什么了不起！"才七岁的戚继光答道："没有令旗，将士不知进退，仗还如何打？"

戚继光十二岁时，家里房屋年久失修，父亲请来匠人安设四扇镂花门户。工匠们对继光说："公子将门，请绮疏十二户。"戚继光向父亲转述了建议，不料，父亲严厉斥责他爱慕虚荣，并借机启发他："立志何在？"答曰："在读书。"父亲教育道："读书在识忠孝廉节，否则读书何用。"他还命人把"忠孝廉节"四字刻在墙壁上，让戚继光时时省览。

十五岁时，戚继光在堂前的柱子上刻下一副对联："功名双鬓黑，书剑一囊轻。"他的功名不是世俗的荣华富贵，而是报效祖国。在其后来写的五言律诗《韬钤深处》中，戚继光也表达了"封侯非我意，但愿海波平"的爱国豪情。

1544年，父亲去世，戚继光继任登州卫指挥佥事。但戚继光想靠实力获得世人认可，决定走武举之路。于是，他苦学兵法、练就非凡武艺，曾两次上书应对俺答进犯的策论。1549年，戚继光参加山东乡试，一举中第。来年春，他赴京参加礼部会试。不曾想试没考成，却遭遇了一场战争。蒙古鞑靼统治者俺答率大队人马一路烧杀抢掠,直逼京城,史称"庚戌之变"。事发突然,朝廷不得不临时将一千名京城武举派到战场上救急。

这时,戚继光的一篇《备俺答策》,在京城举子中广为流传。兵部主事计士元看后,认为戚继光将来必是大明朝不可多得的将才,遂以"国士"之名向朝廷举荐,还将《备俺答策》发放各军营。戚继光因此在北京保卫战中被任命为总旗牌官,协助督防京城九门。这在当年参加武举的考生中是绝无仅有的。

将星出世,便熠熠发光,英雄终有用武之地。

飚发电举倭寇怵

嘉靖年间,日本海盗与中国海盗汪直、徐海等相互勾结,在中国沿海攻乡掠邑,倭患大起。

1555年初,戚继光被调到倭患严重的浙江任都司佥书。1556年,戚继光升任参将。慈溪龙山之战是他到浙后的抗倭第一大仗。此战,戚继光三箭射杀三酋,凭一己之力挽回战局,战后,戚继光针对明军在龙山作战中暴露出的军令不行、松散怯阵等弱点,向浙江巡抚胡宗宪提出了《练兵议》,"现在,官兵们都不听指挥,很少训练,军心不稳,军令不知,行军不带军粮、炊具,攻时又没统一号令,守时不筑营壁。这样的军队怎能够抵挡武艺高强、身经百战且不畏生死的倭寇呢?"然而胡宗宪给了他一个十分经典的回答:"浙江兵要是能训练出来,我早就去练了,还用等你来吗!"初遭挫折后,戚继光再次向胡宗宪条陈练兵强兵之策,并保证"诚得浙士三千,亲行训练,比及三年,足堪御敌,可省客兵岁费数倍。"几经周折,戚继光终获准练兵。但时隔不久,岑港之战爆发,练兵计划暂缓。

1557年,胡宗宪招抚了海盗汪直,后因担心遭弹劾,遂把汪直杀了。其党羽一千余人盘踞岑港,声称要为汪直报仇。岑港在舟山岛的西面,地形非常复杂,倭寇只留一条小路以便出入,其余通路一概堵死。

1558年春，各路官兵攻打岑港，戚继光带兵由左路进攻。倭寇居高临下，明军仰攻不利，死伤惨重。岑港久攻不下，朝廷归结于将官作战不力，革去总兵俞大猷等人职务，限令一个月内攻克岑港。不久，嘉靖又下旨，自总兵官以下，全部戴罪立功。

戚继光见此困局便主动请缨当先锋。他每日只派一小部分人马喊杀震天地冲关，动静不小，动作不大，十余天后，岑港依然固若金汤。离一月之限还有最后两日，戚继光命所属各部整装待发。出发前，各队推出几个临阵逃脱的士兵，就地正法，以示军威。戚继光对全军将士说："一月以来，我们屡攻岑港不克，皆因每次都有这等贪生怕死、临阵退缩之人！十余日来我们以疲敌之计麻痹敌人，今日务必奋力杀敌，不下岑港，绝不生还！"此战，戚继光身先士卒，最终获胜。

经岑港一战，戚继光认识到：抗倭不能靠这帮兵油子，必须重新练就一支新军！于是，戚继光把练兵事宜重提日程。1559年，戚继光无意中目睹了义乌矿工与永康矿工几万人械斗的场面，惊呼："如有此一旅，可抵三军。"之后，戚继光在义乌招募新兵，并制定了"四要四不要"的标准：要标准的农村的人、黑大粗壮皮肉结实的人、目光有神的人、见了官府还得有点怕的人；不要城里的、在官府里任过职的、四十岁以上的和长得白的、胆子特别小和特别大的。最后选定三千多人，组建队伍，分发武器，进行严格训练。

据《纪效新书》记载，但凡新兵入伍，戚继光总要训话："诸位都听了，练武不是你答应官家的公事，是你来当兵、杀贼救命的事，你武艺高，杀了贼，贼杀不了你，你武艺不如他，他便杀了你。若不学武艺，是不要性命的呆子。"

思想教育之后，戚继光便严格训练士兵，如果谁转错了方向，走错了队列，不但要拉出去罚站，还要打板子。练完队列之后，学习号令。在完成既定课程之后，便教习武艺。教官都是从各地选来的有实战经验的武术高手。考虑到士兵的个体差异，戚继光把成绩分成九等，定期实战考核：双方对打，打赢了升一级赏银一分，打输了降一级挨五棍。经过严格的训练，新兵练就了非凡的武艺。

二十四、不惧倭寇怕老婆——戚继光

戚继光不仅严格训练新军，而且还善于创新战法，因敌变化而制胜。在战争中，他根据倭寇小规模作战特点，灵活摆兵布阵，发明鸳鸯阵法；借鉴毛竹枝叶属性发明了狼筅，改制火炮和唐刀；作战勇猛，令倭寇闻风丧胆，因此，戚继光带的兵也被称为"戚家军"。

1561年，倭寇大举进犯浙江，船只数百艘，人数两万余，直逼台州府城。战斗中，戚家军首次排出"鸳鸯阵"，毙敌一千余人，解救被掳百姓五千余人，而戚家军伤亡仅三人！

戚继光创新军事理论，把多年行军打仗的经验编成兵书《纪效新书》《练兵实纪》，为后世"谈兵者遵用焉"。戚继光军事思想注重实效，基于实际，主张通晓古法，但不墨守古法。戚继光的战神之路也是军事理论的创新之路，成就了他"戚老虎"的称号。

1562年，戚继光受命入闽剿倭，先后荡平横屿、牛田、林墩三大倭巢，班师回浙。倭寇立即弹冠相庆："戚老虎去了，我们还怕什么！"活动又猖獗起来。1563年，戚继光二次抵闽，败倭平海卫，解仙游之围，灭海盗吴平。两年后，残余倭寇全部被肃清。从此，历时二百余年的东南沿海倭患销声匿迹。

1567年，工科给事中吴时来上书皇帝，说东南沿海倭寇已经被俞大猷、戚继光等将领共同剿灭，暂时难起风浪，而北部蓟门地区经常被蒙古人侵扰，守将不能抵挡，请求下旨让俞大猷、戚继光到蓟门戍边，抵御蒙古人。戚继光北调戍防，胡虏十六年不敢犯境，戚继光成了名副其实的钢铁长城，被朝廷封为太子太保，后升少保。

戚继光戎马倥偬四十余年，率戚家军"飙发电举，屡摧大寇"，东南扫灭倭寇，廓清海疆；北方戍边御敌，蓟门安然，被誉为我国"古来少有的一位常胜将军"。

军中戚老虎，在家又如何呢？

军中戚虎惧内族

被称为"戚老虎"的戚继光天不怕、地不怕，却怕一个人，她就是夫人王氏。这并非空穴来风、稗官野史,而是有史可证、有据可查。这在男权社会,尤其是在名将戚继光身上,简直匪夷所思。

戚继光十八岁娶王氏。王氏乃将门虎女,自幼习武,性情泼辣、脾气倔强,动不动就跟戚继光顶撞动手,而戚继光总是被打得落荒而逃。

戚继光怕老婆,其部下皆不平,纷纷表示要为他出气,想给其妻一个下马威。戚继光被部下所激,命亲兵接老婆入军营。帐内众将皆盔明甲亮,手执利刃,一派杀气腾腾,不一会儿,王氏来到营帐,却无丝毫恐惧之色,对着戚继光喝道:"唤我何事?"戚继光见势,胆战心惊,慌忙改口道:"特请夫人阅兵。"

又有一次,戚继光架不住部下的极力怂恿,冲入家里想用利剑吓唬一下老婆,以振夫纲。当时其妻午睡刚醒,看见戚继光进来怒吼道:"你拿剑干什么?"戚将军吓得浑身哆嗦,宝剑掉地,慌忙应答道:"我想给夫人杀只鸡吃补补身子。"夫人一听,开口说:"以后杀鸡再不要大声嚷嚷。"戚继光连连称是。

这些故事多少有点夸张,但也说明一个事实,无论戚继光打过多少胜仗,战功多么卓越,英名多么响亮,但他就是——怕老婆!

曾有高人总结:怕老婆有势怕、情怕、愧怕三种。戚继光则"三怕"俱全。

首先是势怕。岳父官至总兵,属高级将领,而戚继光世袭的四品官衔则属中级军官,况且,当时人们对子承父业的军官多少有些小鄙视。所以从门户上讲,戚继光就低了几分,对"屈尊下嫁"的老婆自然而然地便有了几分"怕"。

其次是情怕。从《年谱》来看,王氏颇为贤惠。戚继光蓟门巡边时,家中诸事均由王氏操持,连弟弟戚继美的婚事也是夫人张罗。王氏甚至卖掉陪嫁的首饰备办待客酒席。面对勤俭持家的夫人,戚继光情不自禁地有些"情怕"了。

三是愧怕。据传,王氏虽生了几个女儿,但都不幸夭折,况且儒家文化有"不孝有三,无后为大"的传统观念。如此一来,世袭职位就又面临巨大危机。于是,戚继光瞒着王氏分别于三十六岁、三十七岁、四十八岁时纳三妾,生五子。王氏得知此事后,"日操白刃,愿得少保而甘心"。

但逃避终非长久之计,于是戚继光不带兵器,不穿盔甲,老实回家。王氏一见分外眼红,可还没等她发作,七尺男儿戚继光竟扑通一声双膝跪地,抱着老婆一边哭,一边痛说"革命家史",从先祖戚祥说到戚家世袭的荣耀,说到父亲对自己的期望,说到戚家传宗接代的重任,最后说得王氏把刀"咣当"扔到地上,抱着戚继光痛哭起来。

后来,戚继光为安抚王氏,让她养育最喜欢的儿子戚安国,王氏也不得不接受他纳妾的事实。遗憾的是,安国早夭。

戚继光对老婆除了有怕、有情、有愧,还有敬。

1561年,倭寇偷袭新河,王氏与"戚家军"家眷正居城内,守军很少,情势危急,一片大乱。王氏带人走到街上,扯开嗓门喊道:"乱什么乱!乱什么乱!"只两嗓子,就喊静了一座城。王氏召集亲兵张贴安民告示,然后来到军械库,准备打开库门,发放武器。没想到,军械库守卫却说:"没有戚将军的将令,卑职不能打开库门!"王氏大喝一声:"倭寇兵临城下,新河人心大乱。我的命令就是将令,你过后只管让戚继光来找我!"说完一把推开守库军士,打开军械库,将武器分发给百姓,带着大家走上城头。顿时,新河城头鼓声大作,喊声震天,旌旗飘扬。

见此阵势,倭寇以为城中有重兵防守,不敢轻易攻城。第二天拂晓,倭寇再聚城下,王氏又和守兵在城头严阵以待,倭寇再次犹豫。就是这宝贵的一天一夜,给了援军时间。戚家军马衔枚、人不语,借着清晨薄雾,趁敌不备,出其不意,猛击倭寇。王氏则率众奋勇杀出,里外夹击,倭寇全线溃败。新河之役,倭寇死伤二百八十余人,戚家军仅阵亡三人。

戚继光在宁海得知新河之役的战果后笑了。他不只为新河之胜开心,他还为有一个能打败倭寇的老婆而开心。

成败居正将星枯

戚继光是一个执着理想的现实主义者,虽有"封侯非我意,但愿海波平"

的家国情怀，但面对明朝后期的社会环境，也懂得圆融之道。作为一个将领，他省天时之利，察地理之要，顺人情之和，详安危之势，与身边每一个人相处都恰如其分。

每次京城来人，戚继光都亲自作陪，并送成车的土特产。戚继光在任期间，直接上司胡宗宪、谭纶、刘应节、梁梦龙等，监军汪道昆、赵大河等都很支持他，朝中执政的徐阶、高拱也对他信任有加。他每到一个地方都先去拜码头，认同族找祖宗，然后与之结为兄弟朋友。协调是需要雄厚的经济基础的，仅靠戚继光的俸禄绝无可能。《明史》说戚继光与俞大猷"均为名将，操行不如而果毅过人"，戚继光的操行不如俞大猷，却比俞大猷更加果毅。然而，无论戚继光用什么手段博取上司和同僚的支持，目的都是为了社稷苍生。他清楚地知道："（边防）其机不在边鄙，而在朝廷；不在文武疆吏，而在议论掣肘。"

戚继光为将数十年，地位稳固，即使老上司胡宗宪倒台，也丝毫未影响到他，虽偶尔也有言官弹劾，但始终没有结果。当吴时来上疏请召俞大猷和戚继光北上戍边时，最终成行的不是名望比戚继光更大的俞大猷，而是戚继光。

戚继光虽只是蓟州总兵，但没人敢小看他，即使兵部尚书下来视察，也是客客气气的。这一切除了得益于赫赫战功和关系协调，关键是后台硬，这个后台就是当朝首辅张居正。

张居正是中国历史上优秀的内阁首辅，明代伟大的政治家。张居正前后当国十年，实行了一系列改革措施，整饬朝纲，巩固国防，推行一条鞭法，使奄奄一息的明王朝重获勃勃生机。作为帝师，张居正也较严格，令自小受其教导的万历皇帝一直耿耿于怀，对他既有感激的一面，也有恨的成分，野史传闻张居正与万历帝母亲李太后关系暧昧，因此张居正与万历帝关系也颇为微妙。

戚继光和张居正到底如何相识相知并结成特殊关系已无从考证。但毫无疑问，他是张居正最得力的心腹，每次给张居正写信都非常谦卑地自称"门下走狗小的戚某"。张居正的大门永远对戚继光敞开，即使深夜，传送书函的边

二十四、不惧倭寇怕老婆——戚继光

关骑士也畅通无阻。每年春节,张居正都在京城把猪头肉做好,派人送到蓟辽总兵行辕,因为戚继光喜欢吃猪头肉。

张居正批准戚继光把两万浙兵调到蓟州,这在兵无常帅、帅无常兵的明朝实乃罕见,也在某种程度上暗示:戚继光的这支军队是特殊的。事实上,不论在当时还是后代,这支军队都被众口一词地称作"戚家军"。

张居正对戚继光的信任和支持是空前的。为使戚继光能统筹北部边关全局,他创立了一个叫总理蓟州军务的官衔,以区别于其他地区的总兵。这一做法遭到铺天盖地的批评,最终只得作罢。但他把蓟州境内其他高级将领调往别镇,避免他们成为戚继光的绊脚石,并授意另一心腹谭纶向皇上提出:蓟州等边地文官不得干预军事,戚继光在三年练兵期内可不受言官批评,这一建议得到了皇帝的恩准。此后,凡有意为难戚继光的官员,都被张居正不动声色地迁调他处。

在军政首脑关系的处理上,张居正也全力支持戚继光。当时总督是地方行政长官,总兵是地方军队一把手,总督领导总兵。只要总督和总兵产生矛盾,朝廷一定撤换总兵。但戚继光不一样,当他这个总兵和总督产生矛盾时,被撤换的都是总督。而每一位总督上任,张居正都提前谈话,要其支持戚继光的工作。

戚继光没有让张居正失望,他"在镇十六年,边备修饬,蓟门晏然。继之者,踵其成法,数十年得无事"。可以说,这既是戚继光的功劳,也是张居正的功劳。明末清初史家谈迁在《国榷》中写道:"非戚将军附江陵(张居正)也,江陵自重将军耳。"张居正在书信中说:"戚帅才略,在今诸将中,诚为希有。"

1578年,张居正回乡葬父,戚继光派一整队鸟铳手为其保驾护航。而张居正也生怕短期离职会引起戚继光不安,特意安排学生梁梦龙担任戚继光的主管,并写信让他不要担心,自己会很快回来。其间,军中大事,戚继光均快马直报。这种做法成为日后反对者痛击他们的有力证据。

张居正推行新政得罪了既得利益集团。他死后,险遭鞭尸,家中被抄,家人或饿死或流放。作为张居正的心腹,戚继光被指为同党,有人说:戚继光是伏在宫门外的一头猛兽，这头猛兽只听张居正的调遣，别人无法节制，张居正和戚继光虽没有谋反的事实，却有谋反的能力。由此，戚继光迅速从壮年的辉煌步入晚景的凄凉。

1583 年春，五十六岁的戚继光被调往广东，实际上是被降职闲置。1585 年冬，他被罢免军政职务回到山东登州老家。1587 年初秋，戚继光在家庙祭文中写道："游子三十年行间，先后南北水陆大小百余战，未尝遭一劫。"董承诏《戚大将军孟诸公小传》云："（戚继光）四提将印，佩玉三十余年，野无成田，囊无宿镪，惟集书数千卷而已。"1588 年，戚继光被夺俸。

1588 年 1 月 5 日，腊八，年仅六十岁的戚继光突然病重不治，与世长辞。他的墓志铭是"蜡日，鸡三号，将星殒矣"。

【延伸阅读】

河东狮吼

东晋宰相王导背着老婆养了个小妾，老婆发现后，赶来兴师问罪。正与人高谈阔论的王导，慌忙赶着牛车溜走。牛车跑得慢，他很着急，把麈尾当鞭子用，偏偏车辕很长而麈尾很短，够不到牛屁股，自己急得要命，旁人笑得要死。

唐朝的管国公任环，怕老婆上升到了新高度。他总结了一套"为何怕老婆"的哲学："刚结婚时，她端坐在洞房中像尊菩萨。难道有人不怕菩萨吗？时间长了，生了子女，又像护犊的老虎。难道有人不怕老虎吗？待到年老时，脸上打皱像佛经上吸人精气的冬瓜鬼。难道有人不怕鬼吗？"

苏东坡被贬到黄州，与"怕老婆"的名人陈慥交往甚密。陈慥，自号"龙丘居士"，喜宴宾客、蓄声伎。陈慥的妻子柳氏却凶悍善妒，每当陈慥与其他声伎欢歌宴舞时，便醋性大发，大喊大叫。有一次，陈慥听见老婆怒吼，吓得手中的拄杖竟掉在地上。苏轼见景便写了诗句送给他："龙丘居士亦可怜，谈空说有夜不眠。忽闻河东狮子吼，拄杖落手心茫然。"苏轼的本意只是调侃一下老友，却没想到"苏子文章天下闻"，诗句流传至今。"河东狮吼"也成了悍妇大喊大叫的代名词。

二十五、木匠皇帝——朱由校

【题记】 朱由校，明朝第十五位皇帝，是中国古代十大"怪癖皇帝"之一。他没有把先贤"效法尧舜、宪章文武"的教诲放在心上，而是一门心思当"鲁班"，整天与斧子、锯子、刨子打交道，是个心灵手巧的木匠大师。他懒得去见群臣百官，更不理朝政，一切都让魏忠贤主持操办，导致晚明出现了阉党专制的黑暗局面。他不务正业，在龙椅上抡锛弄斧，把大明王朝的元气消耗殆尽。

东林渐彰士风转

1572年，隆庆帝朱载垕驾崩，年仅十岁的儿子朱翊钧继位，是为万历帝。由于新帝年幼，帝师张居正担任内阁首辅。面对政治经济困境，张居正开始推行改革并取得了明显成效，使明朝出现了"万历中兴"局面。年长后，万历帝对张居正专断朝政和限制他追求声色享乐怨恨日深。1582年，张居正病故后，万历帝亲政，张居正的许多新政被废除。国家很快陷入政治黑暗、军事软弱、财政拮据的状态，苛征暴敛日益严重，反抗事件层出不穷，日益崛起的关外满洲人也逐渐脱离明朝管辖，逐渐成为威胁。面对国是日非，一些有识之士发出了改革弊政的呼声。

二十五、木匠皇帝——朱由校

万历帝的皇后多年不育，皇长子朱常洛是恭妃王氏所生。1586年，宠妃郑氏生下皇三子朱常洵。按照"有嫡立嫡，无嫡立长"的礼制，应立朱常洛为太子，但万历帝不仅封郑氏为皇贵妃，还想立朱常洵为太子。朝臣深恐郑氏家族窃权，纷纷上书，要求尽早依制立朱常洛为太子。万历帝不好公然违反"祖制"，立太子的事便一直拖着。1593年，万历帝下诏将朱常洛、朱常洵、朱常浩同时封王，而不明确皇位继承人，以便为朱常洵留有被立为太子的机会。吏部员外郎顾宪成犯颜直谏，和许多大臣一起阻止这一诏令颁发。万历帝迫于公议，收回了三王并封之命。不仅朝臣，就连万历帝的母亲慈圣皇太后也坚持立长。1601年，万历帝只得册立年届二十岁的皇长子朱常洛为太子。这就是万历年间长达十五年之久的"国本之争"。

因立储事件引起万历帝反感，顾宪成被罢官。1604年，革职还乡的顾宪成在常州知府欧阳东凤、无锡知县林宰的资助下，修复了宋代"程门立雪"主角之一杨时讲学的东林书院。他在东林书院"讲学之余，往往讽议朝政，裁量人物"，还题写了一副对联"风声雨声读书声声声入耳，家事国事天下事事事关心"。东林书院既讲学又议政，吸引了许多有志之士，包括一些因批评朝政被贬的官员。他们不顾道路险远，纷至沓来，人数之多，竟使东林书院的学舍都容不下了。一部分在朝任职的正直官员，也同东林讲学者遥相呼应。东林书院成了舆论中心，这里的人们逐渐由一个学术团体发展为一个政治派别，被称为"东林党"。他们反对皇帝派遣矿监、税使到各地掠夺，主张减轻赋役、发展东南经济，开放言路、实行改良等，得到社会的广泛支持。但终万历一朝，东林党人大部分时间被排斥在朝堂之外，难以有所作为。

继位入主金銮殿

1605年，太子朱常洛的选侍王氏生下一子，取名朱由校。困境中得子，朱常洛自然十分高兴，可一想起父皇不免又有点惶恐。他灵机一动想出了个办法，分头将喜讯报知祖母老太后与父皇。朱常洛知道，只要祖母高兴，父皇即便不高兴也无可奈何。老太后听到第一个曾孙出生，觉得是天大的喜事，高兴得忙往儿子那里跑，待她到了乾清宫，万历帝已得知消息。见母后开心得合不拢嘴，万历帝自然也很高兴，传令将王氏封为才人，朱常洛这才放下心来。

由于朱常洛不得万历帝的宠爱，朱由校自幼也备受冷落。因生母去世，万历帝让朱常洛比较宠爱的李选侍抚养朱由校。李选侍为了控制朱由校，要求他与自己同居一宫。朱由校常受李选侍"侮慢凌虐"，终日涕泣，形成了惧怕李选侍的怯弱性格。

1620年对于明王朝来说，是个多事之秋。8月18日，万历帝去世，临死前册立朱由校为皇太孙。8月28日，朱常洛继位，是为泰昌帝，朱由校和李选侍随之移居乾清宫。一个月后，朱常洛因病驾崩。

朱常洛临终前，召朝臣入宫。李选侍见朝臣们来了，带着朱由校避进内房。朱常洛安排朱由校继位事宜，并封李选侍为贵妃。李选侍在里面听见了，唆使朱由校出来向父皇请求改封李选侍为皇后。朱常洛没有答应，在场的朝臣对李选侍的做法也十分不满。朱常洛死后，李选侍仍住在乾清宫不走，把朱由校带在身边，企图挟之以自重。

东林党人杨涟、左光斗等朝臣深知李选侍的用意，于是直奔乾清宫请见朱由校商谈继位之事，但受到李选侍阻拦。在朝臣们的力争下，李选侍方准朱由校与他们见面。杨涟、左光斗等见到朱由校即叩首高呼万岁，簇拥他离开乾清宫，到文华殿接受群臣参拜，并决定于10月1日举行登基大典。诸大臣暂将朱由校安排在太子宫居住，由太监王安负责保护。

李选侍挟持朱由校的目的落空后，又提出凡大臣章奏，先交由她过目，然后再交朱由校，朝臣们强烈反对。乾清宫是内廷正宫，朝臣们要求李选侍移出乾清宫，遭其拒绝。李选侍要求封自己为皇太后，亦遭朝臣们拒绝，矛盾日渐激化。

朱由校登基日期迫近，至9月30日，李选侍尚未有移宫之意。内阁诸臣十分愤慨，站在乾清宫门外促请她离开。杨涟说："皇太子明天就要登基为天子，哪有天子住在太子宫里，反让一个选侍住在正宫的道理！今天选侍不搬出乾清宫，我们死也不走！"其他朝臣也高声附议。迫不得已，李选侍只得悻悻然离开乾清宫。10月1日，朱由校御奉天门，即皇帝位，第二年改元"天启"。继位当日，朱由校下旨令李选侍到仁寿殿中的哕鸾宫居住，这是明代宫女养老之地。至此，李选侍当皇太后垂帘听政的企图化为泡影。

朱由校是在东林党人大力支持下登上皇位的，所以万历朝时不得志的东林党人纷纷出山。在东林党人的主持下，朱由校革除了万历朝的许多弊端，吏治稍显清明。如停罢杭州织造、革除南京的鲜品进贡；赈济重灾区；免除天下待征钱粮及京畿地区钱粮的加派，减轻一些地区的赋税；对历史上的一些重大问题重新定论，肯定万历朝张居正对国家的重大贡献，恢复其官荫；也给因拒绝为朱棣写即位诏书而遭族诛的方孝孺等人平反，恢复他们的名誉，免除他们后代的奴籍等。

醉心木工学鲁班

万历帝在位时只顾寻欢作乐，无心于子孙的读书问题，且朱常洛一直生活在恐惧和忧虑之中，也根本没有顾及儿子的教育问题。因此，朱由校文化程度并不高，被称为"文盲天子"。贪玩、会玩的朱由校做了天下之主后，玩兴依然不减。

《三朝野记》载："（朱由校）性好走马，又好小戏、兼善房屋，自操斧锯凿削，巧匠不能及，又好油漆。"朱由校喜欢名马，经常跃马挥鞭，在皇宫乱跑。为了跑马方便，宫内许多长了数百年的松树都被砍掉，窄小的门洞也被拆除。他爱打猎，尤爱亲手砍掉野兽的头后看野兽的眼睛转动，从鲜血淋漓中追求刺激。

朱由校玩起来根本不顾危险，常常上树掏鸟窝，下水摸鱼虾。有一次，他从高树上掉下来，摔得头破血流。还有一次，他在宫内观看施放炮铳表演，一个小太监在他面前装药点火，结果"轰"的一声发生爆炸，将小太监的手炸飞一只，还险些伤及朱由校，但他只一笑了之。

在所有玩乐活动中，朱由校最喜欢木工活。这源于万历年间三大殿的火后重建，年纪尚小的朱由校在宫里天天与重修三大殿的木匠混在一起，久而久之，居然爱上了木工活，从此一发不可收。凭着爱好和天赋，朱由校全套木工活样样精通，油漆也极为在行。

由于朱由校经常在木工房里一待就是好几天，废寝忘食，累时嫌寝宫太远，而将龙床搬来搬去又太麻烦，于是，他亲自设计做出了一张木制的折叠床，轻巧方便，易于搬运，人躺在上面还能调整仰度，精巧绝伦。

宫中有十个作坊负责土木营造，原本由太监管辖，现由朱由校亲自管辖。他看哪里不顺眼就毁掉重造，常常是造了毁、毁了造，忙得不亦乐乎。朱由校不但能造大的楼阁，而且擅长细致的雕刻。他在不盈尺的屏风上雕刻花鸟虫鱼、人物走兽，栩栩如生。他令太监将屏风拿出去卖，要求每扇卖一万两银子。第二天，太监告诉朱由校屏风真的卖了一万两银子，他十分兴奋。

如果朱由校专做木工，中国历史上可能会多一个鲁班式的大师。然而，他把太多时间和精力花费在木工上面，忘掉了江山社稷、列祖列宗、黎民百姓，忘掉了自己是一国之君。

乳母僭越规制乱

明代皇城东安门外，设有"礼仪房"，俗称"奶子府"，归司礼监管。这里常年养着四十名坐季奶妈以备皇家用，另有八十名点卯奶妈随叫随到。朱由校出生后，由于生母奶水不足，礼仪房里的奶妈就被派去为朱由校哺乳，但朱由校并不认这些奶妈。太监急了，派人全城去寻，只要是哺乳期妇女就带来试喂。终于，太监又带来一个妇女，朱由校很快在她怀里吃饱安心睡去。此女便是朱由校的乳母客印月。

客氏长得皮肤白皙，身材苗条，眉清目秀，刚生下一个女儿没有成活，恰在此时被选为朱由校的乳母。她虽然目不识丁，但非常机敏，加上长得漂亮，又会针线活，所以很快在太子府混熟。入府第二年，丈夫病逝，客氏便带着儿子在太子府居住下来。

客氏对朱由校的"起居烦躁,温饥暖寒",都能"业业兢兢,而节宣固慎,艰险备尝"。大明皇宫里有规矩,皇子皇孙满百日后,头发要剃掉,到十五岁时才开始蓄发,宫里的"篦子房"就是专管这类事的。客氏是个有心之人,从朱由校小时候起,就将他的胎发、疮痂,还有历年的剃发、落齿、指甲,都收集起来,珍藏在小匣子里。

按规定,皇子皇孙断奶后乳母就要离开,但因客氏对朱由校太好,朱由校对她产生了深深的依恋。每当客氏离开,朱由校便大哭不止,绝食罢饮。生母王氏没办法,同时也看客氏孤儿寡母可怜,便破例将她留下来,继续服侍朱由校。后来,王氏病逝,养母李选侍又对朱由校不好,所以他就特别亲近客氏。

朱由校登基不到一个月,就封客氏为"奉圣夫人",并给她极高的待遇:有单独的宫殿居住;吃穿用度和出行礼仪近于皇后;出入宫门必定是清尘除道、香烟缭绕,众人跪接跪送,口中还要高呼"老祖太太千岁",喧声响彻云霄。

朝臣对此多有不满,接连上疏"请出客氏"。迫于舆论压力,1621年,朱由校只得让客氏搬出宫去。结果,人走当天,朱由校传谕内阁,"客氏……今日出宫,(朕)午膳至晚未进,暮思至晚,痛心不止",甚至"思念流涕"。没几天,客氏又被召回。吏科给事中侯震旸、御史马鸣起等人先后上疏谏阻,都被贬官或罚俸。他们几个都不约而同地提到,客氏如此出而再入,受宠过甚,"有不忍言者","道路流传,讹言不一",或者"狎溺无纪","内外防闲尽废"。就是说,朱由校与客氏有说不清的关系,这类传言已经流入民间。

从客氏的表现来看,也能看出些端倪。1621年,皇帝大婚,娶了河南祥符县生员张国纪之女,是为张皇后。张皇后文静端庄,知书达礼,朱由校对她很满意。这与客氏本无关系,但她竟醋意大发,对张皇后百般刁难,又对朱由校嗔怒道:"有了新人忘旧人!"朱由校只得给她厚赏安慰。

客氏如此受皇帝恩宠,在后宫越来越跋扈。她害怕后妃产下皇子,母以子贵,便使用各种毒辣手段残害朱由校的后宫。

第一个被她害死的是选侍赵氏。赵氏原为光宗贵人,端庄大方,淑静恬美,因受朱由校宠爱被封为选侍。朱由校不但常到赵氏住处去,还赐给赵氏许多珍玩,引起客氏嫉妒。客氏假传圣旨,赐赵氏自尽。赵氏临死前,将朱由校所赐物品一件件陈列在庭院中,朝朱由校的住处拜了几拜,放声痛哭后悬梁自尽。

第二个被迫害的是裕妃张氏。张氏性情刚直,尽管客氏多次拉拢收买,她始终不为所动,加上朱由校对张氏也很宠爱,客氏一时间对她无可奈何。张氏怀孕后,与朱由校在一起的时间越来越少,客氏便背着朱由校偷偷幽禁张氏,不让她吃饭喝水。一天,狂风大作,乌云翻滚,顷刻间下起了大雨,雨水顺着房檐哗哗直流。奄奄一息的张氏连滚带爬到屋檐下喝雨水,经不住风吹雨打而惨死。

客氏不仅虐害嫔妃,连皇后也不放过,手段更加阴毒。张皇后聪明精干,秉性正派,多次在朱由校面前谈论客氏的过错,还曾经当面痛斥客氏的不法行为。1623年,张皇后怀孕,客氏把张皇后的宫女换成自己人,让宫女打着消除疲劳的幌子给张皇后"捻背",着重捻其腰部,致使张皇后流产,以后再也没有怀孕。

阉党崛起朝堂变

天启初年,大明政坛又崛起了一股政治势力。这股势力因皇帝支持而发展极快,并对明王朝产生了重大影响,这就是魏忠贤的阉党。

魏忠贤是直隶肃宁人,生性黠慧佻薄,不事生产,酗酒赌博,偷鸡摸狗。有一次,他赌博时输了钱,还受到对方殴打侮辱。这严重伤害了魏忠贤的身心,他发誓要寻机报复,左思右想,最后决定进宫当太监,以改变命运。

1589年,魏忠贤顺利入宫,投于司礼监秉笔兼掌东厂的老太监孙暹名下,做了御马监干事,后又被派往甲字库看管仓库。他利用职务之便盗吞库物,手头渐渐宽裕起来。朱由校出生后,魏忠贤买通太子府太监魏朝,靠他引见入了太子府,为朱由校及其生母王氏办理膳食。魏忠贤巧于逢迎,工于心计,经常

二十五、木匠皇帝——朱由校

用掠取来的财物、玩具、果品、花卉等取悦朱由校母子。

朱由校继位后，魏忠贤很快得到重用。1622年，泰昌帝朱常洛的陵寝建成后，朱由校表彰了魏忠贤的功劳，并推恩到魏氏家族，连其侄儿辈也都授予锦衣卫都指挥之职。魏忠贤经常利用朱由校木工活兴趣正浓时，向他报告政事，如官员任免、边境战事、财政支出困难等，这时朱由校总不耐烦地说："我知道了，你看着办好了。"魏忠贤还勾结客氏，形成客魏集团，恣意妄为，打击异己。

魏忠贤的所作所为引起了东林党人的不满，正好初夏下冰雹，东林党人便上奏折说冰雹下得不合时令，是魏忠贤谗言和邪恶造成的。结果，上奏折的东林党人先后都被朱由校罢了官。

很快，魏忠贤便开始向东林党人发起反攻。1623年初，魏忠贤将亲信顾秉谦、魏广徽安插进内阁，成为大学士，从而改变了东林党人一统内阁的局面。之后，魏忠贤又亲掌特务机关锦衣卫，将之扩充至万人，实行赤裸裸的恐怖统治。不少官员见魏忠贤势力日益膨胀，纷纷投靠，阉党逐渐形成。

一些忠良朝臣把希望寄托于内阁首辅叶向高身上，要他面奏皇上弹劾魏忠贤。但叶向高为了笼络魏忠贤，反而具奏其勤劳，这无疑是助纣为虐。

面对魏忠贤的淫威，性格刚烈如火的副都御史杨涟挺身而出，于1624年6月上疏，弹劾魏忠贤二十四条罪状，包括谋杀异己、与客氏谋使皇后堕胎、断绝皇帝子嗣等。奏疏一出，京师为之震动，魏忠贤也害怕了，跑到朱由校面前要求辞职。他痛哭流涕地为自己辩解，说那些人攻击自己实际上是想限制皇上，加上客氏为魏忠贤求情，朱由校便对魏忠贤好言相劝，不准他辞职。第二天，朱由校驳回杨涟的奏疏，并予以严词训斥。

魏忠贤对朝臣的这次进攻惊怒交加，决心彻底清除反对力量。亲信顾秉谦充当了大清洗的幕后军师，将反魏大臣列了一份黑名单，建议逐个清除。

魏忠贤决定用廷杖来立威，最早遭廷杖的是工部侍郎万燝。他因弹劾魏忠贤，被朱由校下旨"杖一百，斥为民"。魏忠贤的爪牙拿着圣旨，蜂拥来到万燝官邸，一顿拳打脚踢后，将气息奄奄的万燝拖至宫中，用锥子往他身上乱戳。受杖刑四日后，万燝死去。

之后，魏忠贤又将同情东林党的内阁首辅叶向高作为清除目标。他唆使爪牙围住叶宅百般谩骂，叶向高不堪其辱提出辞职。这正中魏忠贤下怀。很快，朱由校批准叶向高辞职。

叶向高离职后，阉党势力更加猖獗，正直朝臣纷纷上交辞呈以示抗议，魏忠贤趁机将空缺统统安排成自己人。许多趋炎附势之徒竞相投奔魏忠贤门下，党同伐异。一时间，阉党完全掌控了朝政大权，朝野上下只知有魏忠贤，不知有皇帝。

1626年，浙江巡抚潘汝桢请求在西湖边为魏忠贤建生祠，朱由校批准并亲书祠堂匾额"普德"二字。魏忠贤生祠富丽堂皇，官员进入必须下跪叩拜，口称"九千岁"。阿谀奉承的地方官员还纷纷撰文吹捧魏忠贤，为其歌功颂德。各地官府纷纷效仿，不足一年，魏忠贤生祠遍布全国各地。

1627年，朱由校在魏忠贤等人的陪同下，到西苑游船戏耍。突然，湖上风起，将小船打翻，朱由校跌入水中，虽被人救起，但因受到惊吓落了病根，身体每况愈下。9月，朱由校不治而亡，年仅二十三岁。

《明史》评价说，朱由校在位时"妇寺窃柄，滥赏淫刑，忠良惨祸，亿兆离心，虽欲不亡，何可得哉"。可以说，正是由于朱由校不务正业、玩物丧志、不理朝政，放任魏忠贤之流干政乱政，才造成明末官场腐败，民心涣散，社会矛盾不断激化，大明江山岌岌可危。

朱由校死后十七年，李自成率农民军攻破北京。崇祯帝命人将太子和另几位儿子送往外戚家，令周皇后和袁贵妃自杀，又刺伤、刺死女儿和几位妃嫔，然后在煤山自缢身亡，明朝覆灭。

【延伸阅读】

魏忠贤与客氏的下场

朱由校在位期间，魏忠贤与客氏狼狈为奸，一个把持朝堂，一个把持后宫,架空了朱由校。《明季北略》记述,朱由校死前,魏忠贤和客氏告诉他后宫有宫女怀孕,意在让朱由校留诏遗腹子继位,但张皇后不同意。最终,张皇后说服朱由校传位于弟弟信王朱由检。

1627年,朱由检继位,是为崇祯帝。崇祯帝素知魏忠贤恶行,表面不动声色,暗中却深加戒备。朝臣先是弹劾魏忠贤的爪牙崔呈秀以试帝意,之后更是纷纷论奏魏忠贤,但崇祯帝隐而不发。

后来,嘉兴贡生钱嘉征弹劾魏忠贤十大罪。奏疏呈上后,崇祯帝召见魏忠贤,让内官读给他听。魏忠贤非常恐惧,用重宝贿赂伺候崇祯帝的太监徐应元,求他解救。崇祯帝知道后,斥责了徐应元,随后将魏忠贤发配凤阳。魏忠贤在去凤阳途中,仍豢养一批亡命之徒。崇祯帝闻悉后大怒,命锦衣卫前去逮捕,押回北京。魏忠贤行到直隶阜城得此消息,自知难逃一死,便与同伙在阜城南关一酒馆痛饮至四更,上吊自杀。朱由检诏令肢解魏忠贤,头颅送到老家悬挂示众。

朱由校死后,客氏便再没有居留宫中的理由了。一天,客氏早早地起床。五更时分,她身着哀服进入朱由校灵堂,取出朱由校幼时的胎发、疮痂及指甲等物焚化,痛哭而去。两个多月后,客氏被从私宅中带出,押解到宫中专门处罚宫女的浣衣局,严刑审讯。审讯结果令人大吃一惊:当时宫中八位怀孕宫女,都是她和魏忠贤从外面带进去的,意在给皇室掺水分,觊觎皇位。客氏自然罪不容诛,在浣衣局被笞死。

二十六、成败皆诚信——胡雪岩

【题记】 胡雪岩幼时家贫,常帮人放牛,十三岁出外闯荡,由贫困潦倒的放牛娃成为腰缠万贯的财神爷,由富甲一方的大财阀成为名扬天下的红顶商。然而,胡雪岩苦心经营三十多年的商业帝国,最终在短短三年内轰然倒塌。他两手空空而来又空空而去,一生可谓大起大落,令人感慨!一百多年过去了,人们为什么还记得胡雪岩?他为何大起又大落?他的成功经验和失败教训又有哪些呢?

三迁三成缘于诚

1823年,胡雪岩出生于安徽省绩溪县湖里村一个寒门之家,勉强念了两年私塾就再无缘学堂。十二岁那年父亲病逝。从此,他和母亲过着饥寒交迫的日子。

一天,在外放牛的胡雪岩捡到一包银子,少说也有百两,这对生活窘迫的他来说,无异于天上掉馅饼。然而,他想到了母亲的教诲"人无诚信,不可立于世",便不假思索地把银子藏好,坐在附近凉亭内等待失主。果然,失主心急如焚地找了过来,胡雪岩核实后,将银包还给了他。

胡雪岩的诚实为自己赢来了命运的转机。原来,失主是浙江绩溪县城杂粮

二十六、成败皆诚信——胡雪岩

店的蒋老板,见小小年纪的胡雪岩竟如此聪明、诚实,欲收其为徒。胡雪岩回家后,把事情经过告诉了母亲,母亲很高兴:一是因孩子的诚实,二是为孩子的机遇。她抚摸着儿子的头说:"有这么好的机会为啥不去呢?"于是,十三岁的胡雪岩离开家乡,开始了他传奇的一生。

来到杂粮店,胡雪岩机灵勤快,深受器重。一天,金华火腿商行的一位客商来谈生意,蒋老板让胡雪岩接待。谁知那客商刚来就病倒了,胡雪岩便给他熬药送饭,悉心照顾。客商十分感动,病好后,夸蒋老板怎会有这么好的徒弟,蒋老板讲了与胡雪岩的认识经过,客商极为感叹,临走时找到胡雪岩说:"我们那里的机会比杂粮店多,你随我一起去金华如何?"胡雪岩心有所动,但并没有直接答应,而是说:"谢谢您的厚爱,我得先问问我老板,老板同意,我才能答应您,请您理解。"

过了两天,胡雪岩把金华客商的意思告诉了蒋老板。蒋老板虽然不舍,但考虑到小伙子的前程,还是同意了。火腿商行果然不一样,资金往来大多都使用银票,而银票则由钱庄开出,于是胡雪岩对钱庄产生了兴趣。

经过一番努力,胡雪岩进了信和钱庄当学徒。他很快熟悉了钱庄业务,并且练就了又快又准的算账本领,在对外业务中甚至能心算报账。阜康钱庄的于老板见胡雪岩账算得又快又准,很适合在钱庄发展,便向他抛出橄榄枝。就这样,十九岁的胡雪岩又进入了阜康钱庄。

胡雪岩工作勤恳,一丝不苟,打扫卫生时捡到银元,如数上交的同时还提醒管账人员。后来又多次捡到银元,他便建议加强账房管理。这时,于老板才笑着说:"这是钱庄对你的考验,在众多学徒中,只有你经受住了这种考验。"

钱庄学徒成为正式员工一般需要干满五年,但胡雪岩只做了四年,于老板便破格提拔他为"跑街"(业务助理)。胡雪岩很快进入角色,且表现非常突出,半年后,又升为"出店"(业务主管),有了一定的经营决策权。不久,于老板欲提拔他接任"掌盘"却被谢绝,于老板很诧异:"这么好的机会,别人求之不得,你为何不要?"胡雪岩回答说:"掌盘看家固然重要,但钱庄的生意全靠出店交际招揽,不如让我继续干出店,等外面人头熟了,店里生意稳固了,我再当掌盘也不迟,这样对钱庄的发展更为有利。"

膝下无子的于老板万万没想到这个年轻人竟如此深谋远虑,感慨至极,再三考虑后,萌生了把钱庄托付给胡雪岩的想法。后来,于老板身体有恙,临终前将亲友和股东唤到床前,正式将价值五千两银子的钱庄交给胡雪岩经营。

胡雪岩以至诚之心做人,以谦和之心做事,内不欺己,外不欺人,终从穷门小子成为钱庄老板。

仗义疏财财运通

胡雪岩最早结识的官场人物是王有龄,两人的认识过程史无确切记载,据传源于一场邂逅。

一日,胡雪岩收账回来,走进一家茶肆,无意中坐到一个年轻人旁边,两人便攀谈起来。那人叫王有龄,福州人,出身官宦之家,本想承袭家学,可偏偏屡试不中。

"考不上官,父亲着急,就把仅有的家产统统卖掉,给我捐了个'盐大使',可这是虚职,没有职位。"王有龄满脸忧伤,叹了一口气,接着又说:"我和父亲一路北上,希望能够碰碰运气,毕竟官场上他还有些熟人,谁知到了杭州已是囊中空空。父亲积郁成疾,再加上水土不服,客死杭州。"

听罢王有龄的讲述,胡雪岩说:"你得想办法补个实缺才是,不然岂不可惜?"王有龄苦笑了一声:"话虽如此,但补实缺需要一大笔投供的银子,看我现在如此落魄,哪还敢想这种事情。"

一番推心置腹的交谈后,胡雪岩既同情王有龄的境遇,也看好他的才华,心想,如果能帮王有龄补上实缺,将来对自己也许会有益。

说来也巧,没过几天,胡雪岩收回一笔五百两银子的死账。他马上去招呼王有龄:"我们中午喝酒去。"王有龄说:"没钱跟你喝啥酒呀?"胡雪岩说:"我请你!"王有龄见他诚恳,不再推脱。

几杯下肚后,二人相谈甚欢。见时机成熟,胡雪岩便掏出银票交给王有龄,轻描淡写地说:"这是你做官的本钱。"王有龄拒绝道:"这是钱庄的钱,股东们知道就麻烦了，万万不可！"又喝了几杯，王有龄忍不住问胡雪岩："为什么帮我？"胡雪岩巧妙地答道："朋友嘛，你有难处我心里难过，不拉一把我睡不着觉！"两人越谈越投缘，便效仿古人义结金兰，王有龄年龄稍长，就当了哥哥。

1851年，王有龄奉旨署湖州府，不久又调补杭州府。在王有龄的关照下，胡雪岩代理湖州公库。其间，他利用应上交的公库资金扶助农民养蚕、收购蚕丝，将蚕丝贩卖赚钱后，再把公库资金上交省藩库。后来，他还说服浙江巡抚黄宗汉入股开办药店，在各路运粮人员中安排售药业务，药店快速发展起来。

1860年，王有龄升任浙江巡抚，他资助胡雪岩买断钱庄，又为其捐了个三品候补道，委以胡雪岩办粮械、综理漕运等重任。此时胡雪岩掌握了浙江一半以上的战时经济。两人相互扶持，一个仕途发达，一个财源滚滚。

急公募义首富亨

1861年，太平军围困杭州。危难之际，王有龄拿出两万两银票交给胡雪岩："两件事，一是请援兵，一是运粮入城。"胡雪岩由暗道出城，从上海、宁波购运军火、粮食支援清军，可谁知物资根本无法进城。最终，杭州城破，王有龄自缢殉节。此后，曾国藩举荐左宗棠任浙江巡抚，督办军务。

胡雪岩得知消息后，计划拜见左宗棠，但有朋友劝说："左宗棠脾气暴躁，疾恶如仇，很多人在他面前说你的不是，你现在去只怕凶多吉少，还是慎重为好。"胡雪岩认真分析后，还是准备了两万两银票和二十万石大米去见左宗棠。

左宗棠带领楚军初来浙江，人生地疏，军需短缺。正为难之时，有人通报胡雪岩求见。左宗棠想起初到任时，听说胡雪岩在杭州处于危急时刻时不与王有龄共患难，而是自己"出逃"，因此对胡雪岩颇有成见，但他还是答应见胡雪岩。

胡雪岩来到左宗棠跟前，将杭州城破的前因后果向左宗棠作了详细禀报，然后拿出购粮款两万两银票和二十万石大米交与左宗棠。左宗棠问他为什么这么做，他答道："一为死去的王中丞，二为杭州百姓，三为左大人您。"

经此一举，左宗棠对胡雪岩的看法有所改观，便说："还了公家的钱就行了，粮食可以用来给你补缺。"胡雪岩立马回答："我只会做事，不会做官。"这句话正是左宗棠的人生信条，左宗棠一听眉开眼笑。二人愈谈愈投机，左宗棠便留胡雪岩吃饭。

饭后，左宗棠与胡雪岩下棋，两人刚刚摆好棋盘，左宗棠便吩咐一士兵取来钉子和锤子，把自己的"帅"钉死在棋盘上，然后问胡雪岩："可知我此举何意？"胡雪岩慢慢说道："左大人恐怕是拿棋盘当战局吧，俗话说，棋盘如战场，这被钉死的'帅'应该就是现在的杭州城，我们只有扫清周围之敌，收复杭州才能指日可待。""聪明！跟聪明人说话就是痛快！"左宗棠非常高兴，开心笑道，"好，只要你能让我动'帅'，这盘棋就算你赢！"一番博弈后，胡雪岩"双车夺帅"，左宗棠只得服输。尽管输了，左宗棠依然开心，因为他清楚，眼前这位年轻商人绝对是一个既聪明又能成大事的人。

杭州收复后，左宗棠让胡雪岩打理杭州一些琐碎事务，并上报朝廷，请求将"急公募义，勤干有为"的胡雪岩调入大营。不久，胡雪岩成了楚军的后勤总管，调配浙江全省的钱粮、军饷。阜康钱庄因此大获其利，胡雪岩成了江浙首富。

戒欺治业信义盟

"言而有信，至诚至义"是胡雪岩的经商信条。阜康钱庄发展之初，一个与胡雪岩有业务往来的军官战斗中不幸身亡。胡雪岩悲痛之余，想到那个军官的手下可能来取钱，便吩咐伙计备足现银。果然，这些士兵很快就来取款，胡雪岩热情招待之后，令伙计取来账本，认真核实。这些士兵没想到胡雪岩竟将他们的账目管理得这么好，最让人意外的是，每个人的银子都多了近一半。他们非常感激，商量之后，决定只取走战死军官的安抚费，其余的银两继续存在钱庄。不久，又有很多士兵将银子存入了阜康。

1862年，胡雪岩常以亦官亦商的身份往来于宁波、上海等洋人聚集的通商口岸。他在经办粮台转运、接济军需物资之余，紧紧抓住与外国人交往的机会，购买国外先进武器用于左宗棠训练精兵，这支军队与太平军作战，参与收复宁波、奉化、绍兴等地，时称"常捷军"。

太平军被消灭后，胡雪岩的阜康钱庄专为左宗棠筹办军饷和军火，同时又在各省设立阜康钱庄二十余处，兼营药材、丝茶等，操纵江浙商业，资金最高达两千多万两，相当于当时清政府半年的财政收入。此时的胡雪岩富埒陶白，成为全国首富。

有了钱，胡雪岩不忘社会责任。他捐款赈灾，设立粥厂、善堂、义塾，修复名寺古刹；收殓数十万具曝骸；恢复了因战乱而终止的牛车，为百姓提供方便；开设钱塘江义渡，赢得了"胡大善人"的美名。此外，他还向官绅大户劝捐，以解决政府财政危机等。更鲜为人知的是，在轰动朝野的杨乃武与小白菜一案中，他活动京官，赞助钱财，为此案的昭雪起了重要作用。作为爱国商人，他还两赴日本，高价购回流失的中国文物。

第二次鸦片战争后，左宗棠与曾国藩、李鸿章等人认识到西方先进技术的重要，便兴起洋务运动。但由于左宗棠等身份特殊，不便与外国人交往，胡雪岩便协助他引进西方先进军事技术，培养海军人才，开办中国第一家新式造船厂——福州船政局。就在造船厂动工不久，西北事起，左宗棠受命任陕甘总督。赴任前，他委托胡雪岩协助料理船政局的一切事宜。

1869年秋，第一艘轮船"万年清"号成功下水，从闽江口马尾港启航直达天津港，当人们首次看到中国自制的轮船时，万众欢腾，盛况空前，连洋人也深感惊奇。1871年初，"镇海"号兵轮下水成功。远在边陲的左宗棠得知消息，特别写信给胡雪岩："闽局各事日见精进，轮船无须外国匠师，此是好消息……阁下创议之功伟矣。见在学徒匠日见精进，美不胜收，驾驶之人亦易选择，去海之害，收海之利，此吾中国一大转机，由贫弱而富强，实基于此。"

1874年，胡雪岩筹设胡庆余堂雪记国药号。

1876年，胡雪岩于杭州涌金门外购地十余亩建成胶厂。

1877年，胡雪岩帮左宗棠创建"兰州织呢总局"，这是中国近代史上最早的一家官办轻工企业。

1878年，胡雪岩创建的药号"胡庆余堂"正式营业。与其他药号不同的是，胡庆余堂将救死扶伤的对象定位于天下百姓。在他的主持下，胡庆余堂推出了十四大类成品药，并免费赠送辟瘟丹、痧药等民家必备的太平药。胡庆余堂一直到今天仍受中外人士所喜爱，它和北京的同仁堂并称为中国著名的南北两家国药老店，是国内保存最完好的国药字号。"北有同仁堂，南有庆余堂"，传播着"江南药王"长盛不衰的故事。

佐收新疆建伟功

新疆，面积一百六十六万平方公里，约占中国陆地面积的六分之一，古称西域，物产丰富，为中国西北屏障。清朝时期，乾隆皇帝平定了准噶尔部的叛乱后，将之更名为新疆，意思是"他族逼处，故土新归"。1867年，中亚浩罕汗国头目阿古柏，在英、俄支持下侵占新疆大部。1871年沙俄侵占伊犁，企图长期殖民统治，新疆局势危急。但由于两次鸦片战争，列强均自海上入侵，加之1874年日本人剑指台湾，清廷发生"海防"与"塞防"之争。李鸿章等人力主海防，湖南巡抚王文韶主张塞防，左宗棠则主张两防并重。

1875年，时任陕甘总督的左宗棠奉命远征新疆。大炮一响黄金万两，战争打的就是钱，而大清恰恰没有钱。经过预算，八万西征军每年需要军费八百万两白银。由于清廷公信力已经透支，既不为国民信任，也不为洋人信任，军费筹措无门，左宗棠深感绝望，感慨西征大业"将如海市蜃楼，转眼随风变灭矣"。一筹莫展之际，他想到了胡雪岩，请胡雪岩出面向外国银行贷款。胡雪岩东奔西走，前后向洋商六次举债，共借得白银一千八百七十万两。

胡雪岩一介商人，竟能一次又一次地从洋商那里借来巨额真金白银，足见他的信誉、胆识和手段。信誉靠日积月累，胆识、手段靠临场把握。胡雪岩借外债时常说一句话："谈得成功，我代表朝廷；谈不成功，我只代表自己。"

胡雪岩成功解决了左宗棠的难题，也解决了朝廷的难题。

有了军费，士气大振。左宗棠率领西征军，经过两年奋战，成功收复除伊犁之外的新疆全境。这一切，坐镇上海的西征转运局总办胡雪岩功不可没：军饷、粮草、医药等都由胡雪岩承办，士兵水土不服、疾病四起时，也是胡雪岩的雪记药厂免费供药。可以说，以大清的国情，如果没有胡雪岩，就没有左宗棠的成功。左宗棠赞叹："雪岩之功，实一时无两。"

左宗棠西征凯旋，被朝廷封为二等恪靖候，一等轻骑都尉，赏穿黄马褂，以内阁大学士的身份入军机处。但他没有忘记胡雪岩，在给朝廷的奏折中多次夸奖胡雪岩："商贾中奇男子也。人虽出于商贾，却有豪侠之概"，"急公好义"，"深明大义"，"实与前敌将领无殊"云云。在左宗棠的提携下，胡雪岩觐见了慈禧太后，太后一高兴，把江苏、江西、浙江、福建四省的税收代理权都交给了胡雪岩。胡雪岩因协助左宗棠收复新疆有功，被朝廷授予布政使衔，赏穿黄马褂，官帽上可戴二品红色顶戴，成为著名的"红顶商人"。他的母亲也被封一品诰命夫人。

胡雪岩成功的一个重要原因是诚信，他常借鉴名言："志不强者智不达，言不信者行不果。""真者，精诚之至也，不精不诚，不能动人。"他说过的话无人质疑。所以，后人有感于曾国藩的大智和胡雪岩的诚信，总结道："做官要学曾国藩，经商要学胡雪岩。"

谎报利息毁英名

同治初年，海防和塞防问题的争执愈演愈烈，可当时的大清财政无法同时支持两防，由此，两防问题从路线之争演变成朋党之争，李鸿章和左宗棠的矛盾公开化。

1883年，中法战争爆发，左主战、李主和，两人的观点又不一致，矛盾激化。李鸿章及同党盛宣怀认为，要想扳倒左宗棠，首先得灭掉他的"钱袋子"——胡雪岩。恰逢左宗棠不在两江，李鸿章与盛宣怀开始密谋对付胡雪岩。

当时，胡雪岩为解救被洋人欺压的蚕农、打破洋人对蚕丝市场的垄断，投出天量资金囤积生丝，想以此获得生丝控价权，让中国商人扬眉吐气。胡雪岩占尽了上风，洋商缺丝，丝厂无法开工，想加价一千万两白银从胡雪岩手中购丝，胡雪岩没有答应，却把自己树成了洋商的死敌。不巧的是胡雪岩当年为西征军所筹集的一笔借款也正好到期，往常先由胡雪岩垫付还贷，后由地方财政迅速补给。盛宣怀乘机找到上海道台邵友濂，直言李鸿章有意缓发这笔协饷，之后又串通洋行向胡雪岩催款。事发突然，胡雪岩只能从阜康钱庄挤出流动资金补上这个窟窿。李鸿章和盛宣怀估计阜康钱庄资金已被抽空，便一方面托相熟豪绅大商到阜康钱庄提款挤兑，另一方面散布"胡雪岩生意大赔，阜康钱庄面临倒闭"等谣言。一时间，取款人踏破阜康钱庄的门槛。

尽管胡雪岩将地契和房产抵押、低价出售生丝，还是不能解决钱庄挤兑危机。胡雪岩发电报向左宗棠求救，却被掌控邮局的盛宣怀扣下。最终，胡雪岩无力回天，阜康钱庄倒闭，苦心经营了三十余年的商业帝国轰然崩塌。

随后，李鸿章又上奏慈禧太后："当年胡雪岩向洋人借高利贷时，谎报利息，吃了朝廷大量回扣，大发国难之财。"当初胡雪岩为西征军筹措军费向洋人贷款时，确实向清廷谎报了利息。在办理第一笔一百二十万两银子贷款时，向清政府报月息一分三厘，而英国人葛德立曾经告诉时任中国驻英公使的曾纪泽（曾国藩之子）："在英国，承借此种款项，通常不过取息三厘半，重则四厘。"胡雪岩还曾将借款变成发行债券，汇丰为债券承销人，清政府是债券担保人，自己做中间商。债券年息高达15%，汇丰银行承销年息8%，胡雪岩在中间吃掉了7%。

慈禧太后大怒，下旨查抄胡雪岩资产，又将胡雪岩革职，让左宗棠追缴欠款。胡雪岩没有匿报账册，更没有转移资产，而是把全部账册悉数缴出，听候朝廷处理。

李鸿章阵营的打击还在继续，大有不将胡雪岩问斩誓不罢休的架势，而此时的左宗棠因年老失势，也进入了生命的倒计时。1885年，左宗棠辞世，胡雪岩彻底没有了靠山。慈禧太后鉴于李鸿章及各方压力，派人前去抄斩胡雪岩。朝廷上下都对胡雪岩感到惋惜，故意在公文手续上磨蹭，等公文传到杭州的时候，胡雪岩恰好先一天去世，享年六十二岁。胡雪岩给后人留下三条遗训：不要经商；不要亲近官宦；不要与李氏通婚！

富可敌国的胡雪岩在不足三年间倾家荡产，贫恨而终。他的败落，表面上看是由于野心过大，急于扩张，出现决策失误，实际上更为深层的原因是诚信出了问题，被政敌抓住了把柄，掐准了死穴。如果没有谎报利息之事，以他的智商、情商及人脉，完全可以东山再起。但他聪明一世，由诚信而起，他又糊涂一时，由诚信而落，成为政治斗争的牺牲品，不免让人扼腕叹息。

【延伸阅读】

杨乃武与小白菜

同治年间，余杭镇有一漂亮女子毕秀姑，因常穿绿衣素裙，人称"小白菜"。小白菜租住新科举人杨乃武家房子，两家相处和睦，好事者便传言"羊（杨）吃小白菜"。1873年，小白菜的丈夫葛品连口吐白沫，命归黄泉，义母疑其被害，告至县衙。

知县刘锡彤疑小白菜与杨乃武私通谋毒，连日动刑，小白菜屈招。刘知县即传杨乃武。杨乃武与刘素有矛盾，怒斥其诬陷。刘知县遂申请将杨乃武举人斥革后动刑，杨被迫屈招。刘知县将审讯及验尸结果报杭州知府陈鲁，陈审核后报浙江巡抚杨昌睿。杨依"谋夫夺妇"罪断结，报刑部核准。

杨乃武姐姐杨淑英赴京上诉无果，向杨乃武同窗吴以同求助。适逢兵部侍郎夏同善在胡雪岩家做客，吴以同作陪。席间吴以同说及杨乃武与小白菜之冤案，胡雪岩深表同情，并力劝夏同善回京后施以援手。

杨淑英与杨乃武之妻再次进京上诉，夏同善介绍她俩遍叩浙籍京官三十余人，向刑部投递诉状，并请军机大臣翁同龢陈情于慈禧。朝廷派浙江学政胡瑞澜为钦差复审，杨、白翻供又遭大刑，杨乃武两腿被夹折、小白菜十指拶脱，两人再度屈招。刑部审核时发现情节多有出入，如实奏报朝廷。朝廷责成胡瑞澜重审，特谕不得用刑，二人再次拼死翻供。

在胡雪岩的运筹下，1876年，三堂会审，杨乃武否认通奸谋毒，小白菜直陈屈招经过，案情逐渐水落石出，接着开棺验尸，发现葛品连并非中毒。杨、白冤案终于昭雪。

图书在版编目（CIP）数据

好看的中国历史故事. 历史名人篇 / 刘士欣主编. —北京：中央编译出版社，2023.3（2023.6重印）
ISBN 978-7-5117-4295-7

Ⅰ.①好… Ⅱ.①刘… Ⅲ.①中国历史-通俗读物 Ⅳ.①K209

中国版本图书馆 CIP 数据核字（2022）第 180725 号

好看的中国历史故事——历史名人篇

责任编辑	付　瑾
责任印制	刘　慧
出版发行	中央编译出版社
地　　址	北京市海淀区北四环西路 69 号（100080）
电　　话	（010）55627391（总编室）　　（010）55627340（编辑室） （010）55627320（发行部）　　（010）55627377（新技术部）
经　　销	全国新华书店
印　　刷	北京印刷集团有限责任公司印刷一厂
开　　本	710 毫米 × 1000 毫米　1/16
字　　数	247 千字
印　　张	16.25
版　　次	2023 年 3 月第 1 版
印　　次	2023 年 6 月第 2 次印刷
定　　价	68.00 元

新浪微博：@中央编译出版社　　　微　　信：中央编译出版社（ID: cctphome）
淘宝店铺：中央编译出版社直销店（http://shop108367160.taobao.com）　（010）55627331

本社常年法律顾问：北京市吴栾赵阎律师事务所律师　闫军　梁勤
凡有印装质量问题，本社负责调换，电话：（010）55626985